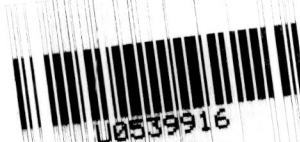

討好世界,不如活成自己喜歡的樣子

鄭文堡——著

療 癒 心 靈 的 秘 密 能 量 Ⅱ

Pleasing the world is not as important as living the way you love.
The Mysterious Power of Soul Healing Ⅱ

自序

用一本書點亮你的光明人生

這本書，是你的密友，也是你在未來一年的親密導師。這是一本引導你走向更深層次、自我探索的指南，一個每天與你分享智慧和靈感的朋友。365 天之旅已開始，我將陪伴你每一步，引導你在生活中尋找秘密的正能量。

當你站在追尋生活意義的深處，體驗著人生轉折的無常，我願與你分享一份來自心靈深處的啟示——這是一本超越八字之外的書籍，一本關於真實成長和心靈探索的旅程。

身為一位擁有多年經驗的命理師，我曾在命盤中尋找答案，發現真正的智慧，不僅存在於星辰運行的軌跡中，更深藏於人們的內心深處。因此，我以《療癒心靈的秘密能量 II》為名，振筆疾書寫下了這本續作，將心靈成長之路留存於文字中，與世人共勉。

經過我多年的觀察體悟，發現批命固然能給人短暫的安慰，卻難以解決他們內在的迷惘和困惑。於是，我決定將個人的深思與啟發，再次著作成書，希望能成為每個迷失在人生追求中的心靈指南。

這本續作，並非僅僅是一份心靈成長的書，更是一種生命的能量啟示，我用文字串起了 20 多年的智慧和經驗，帶領你走過每一天的生活，學會活在當下，擁抱內在的力量，並找到前進的方向，為迷失的靈魂點亮一盞明燈，並在茫茫人生中，找到屬於自己的使命，無論是在十字路口迷惘無助，抑或在逆境中失去了希望，這本書都將成為你此生的良師益友，協助你找回自己，活出最真實的生命。

當你手握這本《療癒心靈的秘密能量 II》，你正站在一個全新的起點，一個充滿希望和無限可能性的地方，它即將引領你踏上一段關於自我探索、成長和改變的旅程。

365 天，一整年，這本書將是你的伴侶，每一天為你呈現一份覺察、反思和靈感；每一天都是一個新的機會，一個新的開始，一個新的可能性。這本書不僅僅是幫助你生活得更有意義，還有啟發你去追求更高的目標，讓你的生活變得更豐富多彩。

在 365 天的旅程中，你將探索各種主題，包括積極思考、情感管理、目標設定、人際關係、創造力、自我關懷和更多。每天的正能量日記，將提供簡單而實用的建議，幫助你應對日常生活中的挑戰，同時激發你的潛能，讓你成為更好的自己。

這本指南不僅僅關於改變你的行為，它更關乎改變你的思維方式和內在世界，它鼓勵你深入思考，自我反省，並尋找內在的平靜和智慧。它也提醒你，你的心靈擁有無限的力量，可以塑造自己的命運。

不論你目前處於什麼階段，這本指南都能提供價值，它適用於那些正在追求夢想的人，也適用於那些正在尋找方向的人，無論你的目標是什麼，這本書都將成為你的良師益友，幫助你實現夢想，創造美好的未來。

在一年的指引中，你將建立更多的自信，發現更多的潛能，並體驗到更多的喜悅，你將學會愛自己、愛別人，並在每一天中感受到生活的奇妙之處，這是一段旅程，充滿了驚喜和啟發，它將改變你的生活，直到你最終成為一個更強大、更快樂的人。

現在就翻開這本指南，準備好開始一年的冒險吧！讓每一天都成為一個新的可能性，一個新的故事，一個新的成就，《療癒心靈的秘密能量 II》將成為你的導師，引領你朝向更美好的未來。

你的旅程即將充滿愛、智慧和成就，讓每天都成為一個珍貴的禮物。前進吧！發現你的秘密能量，改變你的生活！

無論你今天站在什麼位置，無論你面臨什麼挑戰，都要牢記你這本書，以及書中的秘密能量。這些秘密將激發你的內在力量，幫助你克服難關，走出低谷，迎接新的曙光。

每一天都是一個機會，一個新的開始，一個展現你潛能的時刻。

期盼這份心靈智慧，能夠在書中得以溢出，這是我再次出書的初衷，我重視的不是書籍版稅，而是對每一位讀者更誠摯的祝福。

謹以此書，獻給所有追求成長與智慧的人，與我一起攜手同行，共同踏上這段奇妙的心靈旅程。

願你 365 天的旅途中，獲得心靈的豐盛和喜悅！

2024 年 7 月 留筆高雄 鄭文堡

目 錄

Table of Contents

前言

與智慧相遇，與快樂同行

365 天，365 次改變，365 次機會，這一年將成為你人生的一個重要篇章。不要害怕，不要猶豫，接受這個挑戰，相信你自己，因為你有這本書，你有秘密的能量，你有無限的潛能。

在 365 天中，你將學到如何保持積極的思維，如何應對生活的波折，如何在壓力下找到內心的平靜。你將理解自己的目標和願望，學會如何去實現它們，以及如何積極影響你的生活和周圍的人。

你將建立更強大的人際關係，抵抗負面情緒，創造一個更有意義的生活，這不僅僅是一本書，而是一本關於成長、智慧、愛和堅韌的書，將伴隨你走向更好的未來。

每一天的指南都是特別的，每一天都是正向的，每一天都將帶給你新的知識、新的啟發、新的挑戰，這些挑戰將幫助你成長，這些知識將豐富你的心靈，這些啟發將激發你的潛能。每一天都是你前進的一步，每一天都是你成為更好自己的機會。

所以，不管你身處何地，不管你遇到什麼，都要牢記這本書，它是你的朋友，你的導師，你的靈感源泉，在 365 天的旅程中，它將陪伴你，幫助你走得更遠、更堅強、更明智，它將成為你的秘密能量，激勵你前行，成就你的夢想。

在結束這段旅程時，你將發現自己已經變得更強大，更自信，更有智慧，你也將意識到，內在的秘密能量一直都在那裡，只等著你去發現、去釋放。

這不是終點，而是新的起點，一個更美好、更有意義的生活，將在你面前展開。

願你充滿希望、勇氣和成就！追求更好的自己，讓 365 天秘密之旅，指引你走向輝煌的未來。

1 月 1 日

福報真相

你們知道福報的真相是什麼嗎？

福報的真相是，不是因為自己做了這件事有福報，然後老天爺給了你更多的錢，而是因為你幫助了別人，自己的內心處於喜悅的維次。

當你每天活在 540 分的喜悅能量，就能吸引 540 分的人和事，進入你的生命之中！

還記得霍金斯能量層級表嗎？你有看到 540 分是在那個維次嗎？ Yes ！ 540 分代表的就是喜悅，這也讓我想起達賴喇嘛**《最後一次相遇，我們只談喜悅》**的曠世鉅作。

是的！你說的沒錯！我們今生今世相遇，真的就只談喜悅。

讓自己每天保持在高能量以及喜悅的維次，讓身心靈不斷修持自己的靈魂意識，達成無我利他的至高境界。

我愛你如同愛自己！

你的心情 DIARY

1 月 2 日
因果定律

我想告訴你一個驚天的秘密，請隨時默念以下這兩段話，能幫助你化解身邊的一切小人，讓你免受傷害，特別是第二句話。

第一句：「一切惡緣皆有因果，用忍辱去化解。」

你先忍他、讓他、避他，再過幾年，你到時且看他，遲早有人替你收拾他。

「當你被狗咬，就算你把這條狗傷害了，也不可能治好你的傷口。」

所以，若你想快樂，遇到爛人和爛事就放下吧！不要去糾纏，只要馬上離他遠一點。

第二句：「你這輩子遇到傷害你的小人，其實都是來渡你的，在逆境中成為你的貴人。」

他們用自己的福報，作為代價籌碼，來增加你的福報，並成就你的人生。

所以，你得適時地感謝這些黑天使，他們都是你生命成長的貴人。

你的心情 DIARY

1 月 3 日

善與惡

有一對夫妻正在遊輪上度假，不料遭遇了海難！當救生艇只剩一個位置時，丈夫毫不猶豫地將妻子推向後方，獨自跳上了救生艇。妻子孤立無援地站在逐漸沉沒的大船上，望著丈夫，她突然大聲喊出了一句話，讓所有人都震驚不已！

老師迫不及待問學生說：「你們猜猜看，她喊了什麼話呢？」

學生們情緒激動，紛紛大喊：「我恨你！我瞎了狗眼！嫁給一個狼心狗肺的男人！」

此時，有個學生一直沉默未發表意見，老師便好奇地問他：「你覺得她會喊什麼呢？」

這個學生誠懇地回答：「老師！我覺得她會喊：請照顧好我們的孩子！」

老師驚訝地問：「你有聽過這個故事嗎？」

學生搖頭道：「沒有！但我母親在生病去世前，就是對我父親這麼說的。」

老師深深被感動，同時稱讚他的正向思維。

原來，父母親乘坐遊輪時，母親已患絕症。在關鍵時刻，父親毅然跳上救生艇，為了女兒的未來，他必須讓妻子獨自長眠在深深的海底。而在父親的日記裡，他寫道：「我多想和你一起沉入海底，可是我不能，為了女兒，我只能讓妳一個人長眠在深層的海底。」

故事講完後，教室裡一片沉寂，學生都深刻領悟了這則故事，背後所蘊含的生命哲理。

世間的善與惡，有時錯綜複雜，難以分辨，所以凡事不能只看表面，也不可輕易論斷他人。那些願意付出、關心他人的人，並不是因為他們軟弱或愚蠢，而是因為善良、負責、寬容。而真誠是他們的本性；而糊塗，其實是一種幽默的智慧，能夠化解爭端、豁達面對人生。

學會包容、理解、照顧彼此，不要忘記身邊那些真心關心我們的人，珍惜友情、親情和愛情。把善意的種子撒播出去，讓這個世界充滿溫暖與祥和！

你都已經看到這裡了，相信你一定和我一樣十分感動，請將這則故事分享給你身邊的朋友，一起轉發善緣，一同用善良和喜悅，感恩這個美麗的世界。

你的心情 DIARY

1 月 4 日

謙虛之道

我經常跟身邊的人說，無論你現在身處何地，都要懂得謙遜的為人之道。

然而，你得銘記於心，謙遜，需要建立在有能力、有實力、有表現的基礎上，這樣才有資格談謙虛的條件。

如果你沒有能力，卻刻意表現出謙虛，別人可能會認為你很無能，因為你沒有展現優秀的實力和成績，根本沒有謙虛的立足點，讓你失去被他人認同的價值。

謙虛的態度，必須建立在擁有實力的基礎上，這樣不僅能顯現謙虛的品格，也能讓別人難以看透你的底牌。

如果過度炫耀自己，別人會感覺你傲慢自大，即便你真的有實力，也會引來他人的嫉妒和排斥。代表你擁有兩把刷子，卻不懂收斂謙虛的處世。

謙虛是一種值得追求的道德品質，但它需要建立在真正的實力基礎，才能讓人心服口服。

願你學習在適當的時機，以謙遜平和之心，面對這個多變的世界。

1 月 5 日

覺醒：尋回初心的探索

你知道什麼叫覺醒嗎？

覺醒，並非代表追尋新奇的事物，而是在經歷漫長痛苦的歸途，尋回自始至終存在的初心。

初心的長生之處，是上帝為你安排的靈魂前計劃，使你出生在優雅平和的世界。這不僅是心理學所說的「心靈」，更是「內在的本質」。請在這個內在的空間，思考自己從何而來，問自己到底是誰？

現在，請嘗試做兩件你喜愛的事，比如慢跑、閱讀、追劇、旅行、逛街，想像著這兩件事中，有什麼能讓你感受自己活著的那份喜悅。

當你一切都慢慢明朗，便會漸漸覺察讓你痛苦焦慮的，其實並不是這個世界，而是你對這個世界的看法。壓抑與糾結源自於你選擇相信大腦的想法，一旦你勇於接納這些不完美的念頭，內心將能感受真正的平靜，過往的事物也能顯化並放下。

在覺醒的旅途中，重新找回迷失的自我，重新理解與生俱來的初心之地，這是上帝賦予給你的獨特使命，也是探索自我的契機。在這個過程中，請學會愛護自己，尊重自己的情感，接納自己的脆弱。

每個人的覺醒之路都不盡相同，但共通點是，你我都能通過對內心的探索，找到那份屬於自己的靈性根源。讓我們以平和的心境，追尋初心，拾回內在的寧靜，並以慈愛的眼光，面對這個多采多姿的世界。

試著學會放下煩惱，接受自己和他人的不完美，擁抱生命的美好與挑戰，在覺醒的路上，我們不會再被外在左右，而是靜心於內在的深處，從容地面對生活的起伏。

願每一個追求心靈覺醒的人，能在這個紛擾的世界裡，找回屬於自己的一片寧靜之地。

你的心情 DIARY

1 月 6 日

砥礪前行

當你起心動念踏入創業的旅途，你一定會發現：

最先相信你的是陌生人，就像驚喜的春風輕拂面龐，給予你無限動力。

最先鼓勵你的是合夥人，他們如同可靠的後盾，陪伴你勇往直前。

最先看不起你的是身邊的人，嘴裡輕蔑，心裡不解，卻又欲看你的笑話。

最先不相信你的是親人，他們總是眼中充滿疑惑，怕你跌倒，不敢寄予期望。

打擊你最狠的是你最親密的人，他們的一言一語有如利刃，犀利刺痛你的脆弱。

然而，當你有一天功成名就，坐上請客吃飯的寶座，你會驚覺，除了最初相信你、助你成功的那些陌生人不在了，其他的人都在，並湧現在你身旁不離不棄。

我想與你分享的是，每當你遭受到反對聲、議論聲、嘲笑聲、謾罵聲，記住這是生活對你的考驗，同時也是成長的蛻變。

別因這些聲音而放棄你的夢想，反而你要藉著這些挑戰，讓自己的韌性十足、意志更加堅定！

創業的路上或許孤獨，但也是充滿驚奇的冒險旅程，每一個夢想家都在努力揮灑，為了心中的希冀不懈追求，無論是來自陌生人的喝采，抑或親朋好友的不解，都是人生旅程最璀璨的一頁。

這個世界需要更多勇於夢想、勇於追求的人，讓自己在前進的路上互相扶持，一同邁向成功的光芒砥礪前行！

願你我一同齊心協力，共創輝煌！

你的心情 DIARY

1 月 7 日

與自己和解

我們的雙手有限，無法握住所有的東西。因此，你需要學會與自己和解，這意味著接受自己的不完美，也允許他人有其獨特性。你應該釋放對別人的期望，避免內耗產生的負面情緒，專注於喜愛自己，並且活在當下，在盡力後，你也要學會隨緣，接受一切不盡如人意的結果，唯有如此，你才能擁抱內心的寧靜和平和，活得更加自在與自由。

與自己和解，並不代表放棄追求更好，而是要明白人生的路途，並不總是如我們所願。你需要懂得放下對他人的期待，讓他們更自由發展成為他們自己，也要對自己更寬容，過多的期待與比較，只會造成心靈上的負擔，讓你始終懷著內耗的情緒。

與自己和解，也包含學會愛自己，照顧好自己。這不是自私，而是一種人生的愛，只有懂得如何善待自己，你才能全心全力投入的愛護他人，創造更美好的關係。

當你學會與自己和解，也能夠更好地活在當下，過去的悔恨與未來的擔憂，都只會消耗我們當下的力量。且行且珍惜，讓生命的每一刻都充滿意義，從容面對未知的明天。

我的意思是，這並不代表你不該努力，而是盡自己所能，量力而為去追求夢想，但同時也要學會隨緣，一旦你付出了最大的努力，仍無法左右結果時，請學會接受這般無奈，從中學習和成長。

在無窮盡的生命旅程，與自己和解是你一生的指南針，它將指引你走進內心平和與自由，讓自己放下心中的包袱，以寬容和滿足的心，活出精彩繽紛的人生。

你的心情 DIARY

1月8日
願力前行

所謂真正的自由，並不是隨心所欲，而是能夠掌握自己的內心，人最大的自律，莫過於在日常中細心呵護自己，讓心靈得到充足的滋養，給自己一個溫暖的晚安，讓睡眠充足，這樣才能勇敢地面對這個世界的風霜雨雪。

留些時間去賺錢，讓生活有一些底氣，才能在人生的旅途中行穩致遠，更要平日勤於閱讀，讓精神愈發豐盈，讓思想得以開闊。唯有如此，你才能迎接餘生，不斷前行，不斷進步。

願你擁有無窮的生命力，永保活力底氣和自信，讓美好的一切，在你生命中如期而至。每一天都是一次成長的機會，讓你踏實地向前邁進，不斷追求更好的自己。

讓人性綻放出光芒，彼此相愛，相互支持，共同編織出幸福的未來，在這個多彩的旅程中，願你能互相感知，互相包容，擁抱著彼此的不完美，成就更完美的自己。

每一步都堅實踏實，每一天都充實而有意義，不管遇到什麼風雨，你能緊握自己內心的自由，成就自我主宰的人生，用愛去照亮彼此的路，用善意去溫暖這個世界。

一起前行，讓美好的一切，在生命裡與你不期而遇。

願你的心靈綻放溫暖，讓世界因你而更美好。

1 月 9 日

婚姻經營

很多夫妻在婚後，都會面臨一個共同的問題：「不快樂」。

而造成不快樂的主要原因通常是「冷漠」，尤其是丈夫的冷漠。

當你期望她理解你的辛勞、父母的年邁、以及工作的壓力時，她義無反顧地承擔了照顧孩子、家務和照顧父母的責任。她為這些吃力不討好的事情付出了那麼多，可卻得不到來自心愛男人的感激或關心，反而經常會因為一些無緣無故、莫名其妙的責備而感到生活更加不快樂。

「孩子怎麼會照顧得這麼差？生病了還是沒人照顧！」
「家裡妳整理過嗎？怎麼還是這麼亂！」
「不要老是跟長輩頂嘴，能讓一點嗎？」

當一個男人對女人的態度從最初的感激變成了習慣，習慣又變成理所當然，然後演變成冷漠時，哪個女人不會感到心寒呢？這樣的情況下，又有哪個女人能快樂起來呢？

女人的不愛，往往並非突然產生，而是在長期的心寒中積累而成。

解決婚姻問題並沒有最佳的方案，因為所有的解決方法，都需要建立在雙方的協調和妥協基礎上，以達到雙方的最佳平衡，如果無法做到這點，反而讓其中一方受盡委屈，那麼「愛你」這件美好的事情，可能變成一個很糟糕的未來。

因此你得一起努力，不要讓你的另一半感到：「結婚之前，愛你是幸福的；結婚之後，愛你是倒霉的。」

相互理解和尊重，共同經營婚姻，才能創造幸福的未來。

你的心情 DIARY

《療癒心靈的秘密能量 II：第 10 天》

1 月 10 日
心靈濾鏡

人生的旅途中，當你感到快要崩潰的時候，別向他人傾訴心情，也不要委屈自怨。取而代之的是，在夜深人靜的時刻，請靜下心來，細心照顧內心的傷痛，然後安然入夢。

當黎明的曙光照耀，你會發現自己充滿信心，重新振作起來！無論他人是否理解你， 能力是否有限，都要永保內心的寧靜，堅定地去做該做的事情，別讓煩惱和焦慮，摧毀你原本具足的熱情與決心。

一生中，你我都曾經歷許多事情，結識形形色色的過客。你的心靈像一面濾鏡，在人生的波濤中，逐漸篩去了一些人。然而，對於智者而言，**他們濾掉的只是別人的過錯與缺陷，不會刻意懷恨一個人，而是會牢記他人的善意與美德，時刻充實自己那顆感恩之心**，寬容豁達的生活態度，讓我們更容易體會喜悅和安寧。

在逆境中保持堅韌，在挫折中保持淡然，這樣的心境，將讓你的人生充滿感動，更能與他人產生共鳴。因為，每一個內心的修復，都是一次奇蹟的綻放，每一份感激與包容，都是心靈最美好的收穫。

你的心情 DIARY

1 月 11 日
寧靜禪心

生命中的痛苦，並不意味著失去快樂，眼淚的滴落，並不能掩蓋歡笑的光芒，傷害的經歷，並不能撼動愛情的信仰，離棄的遭遇，並不能磨滅美好的期待。

我不因曾失意的風與傷悲的雨，而對世界關上心的門窗，這是與自己過不去的堅持，我渴望遇見溫柔的人，仍然相信一切美好的存在。

隨著年歲增長，我們學會與舒適的人相處，不再有極度的悲喜，不再憂心忡忡，只是一份安心，讓心在寧靜中綻放花朵。

不以物喜，不以己悲。在你經歷種種後，便能漸漸領悟生活的真諦，繁華的浪漫凋零，心也終於平和安靜，如雲如水的禪心，並非一蹴而就，而是經歷了愛與痛的洗禮，成長為一朵菩提蓮花。

在煙火的喧囂中，你我靜心悟禪，心緩緩開放，如同一朵優雅的蓮花。

你的心情 DIARY

1 月 12 日

同頻緣分

問一下，你身邊有這樣的人嗎？

這種人外表看似不合群，行事喜歡獨來獨往，為人善良、老實、單純，大多活在自己的世界裡，過著與世無爭的生活，然後又喜愛研究玄學，直覺非常準，同時幫助許多眾生解惑。

假如，你發現身邊出現這樣的人，代表這是宇宙給你的禮物，世間萬物是個大宇宙，人的身體是小宇宙，當一個人的磁場能量，與萬物磁場能量有交集時，從而產生了我們所說的同頻共振，會讓你吸引到一些同頻的人。

所以，當你身邊有這樣靈性的人，請一定要好好珍惜你跟他的緣分，他會給你帶來意想不到的好福氣。

你遇到了嗎？

你的心情 DIARY

1 月 13 日
做自己

陽光緩緩升起，卻無法挽回枯萎向日葵的命運，儘管陽光如常，卻無法改變事實。

有時，你會自以為是地用自己的觀念試圖說服他人，甚至執著地守護著自己的立場。然而，這種時候，你可能就像井底之蛙，與天爭高；或者像蟲草所言，固執己見，有些人如同 QR 碼，不去掃碼，就無法理解他們的內在。

切勿自傲地企圖改變他人、說服別人，因為在這個世界上，你永遠無法改變任何一個人，你只需要做自己，明白不同的頻道，彼此的聲音無法交融。

你的心情 DIARY

1 月 14 日

凡所有相，皆是虛妄

《金剛經》裡有一句話非常涵養，但讀懂的人卻很少，凡所有相，皆是虛妄，若見諸相非相，即見如來。

這句話是什麼意思呢？

意思是說，我們對一個人的看法不是實相，而是虛妄，因為人有妄念，對事物有一定的想法和動機，這就形成了我們內心深處的虛設，你以為你看到的是真相，其實只是一個表象，它包含著你的妄念。

所以，假如你看一個人不順眼，不是他的問題，而是你心中對他有太多的想法，如果你能把妄念去掉，之後再去看他，他仍然沒有變，但是你的情緒卻消失了。此時你的心中沒有執著，也沒有了妄念，即達到了如來的狀態。

送你一句話：「心若有塵天地窄，眼若無物眾生親，內心如果有平靜，外在就不會有風波。」

你的心情 DIARY

1 月 15 日
苦盡甘來

人這一生，好不好，都得自己走；累不累，都得自己去承受，人生如旅途，風雨兼程，喜怒哀樂，皆由己行；艱辛與負擔，也需獨自承受。

每個人都有難言之苦，每個人都有無聲的淚水，歲月可曾放過誰，再風光的人，背後也有寒涼苦楚；再幸福的人，內心也有無奈難處。當沒人扶你的時候，要自己站直；當沒人幫你的時候，要自己努力。

記住這句話：「苦盡甘來時，春暖花自開，堅信內心勇氣，難關終會過去！」

生命即如一場奇妙旅程，雖有波折卻更增光彩，快樂與挫折，如輪回般交替，催人前行。逆境如暴雨過後的彩虹，深知苦盡甘來，堅毅的心必能綻放希望之花。

你我皆是堅強的戰士，面對困難，勇敢迎接挑戰，用堅韌的意志披荊斬棘，攀登高峰。不論生活多麼嚴峻，充滿變數，只需保持信念，以豐沛的勇氣與堅定的信心，凡事皆能克服。

在曲折的人生道路上，不必恐懼孤獨，因為每一步都鑄造著堅韌，每一次奮進都蘊含成長的力量，就如春天的花朵綻放於冰雪之後，無論風雨經歷，都將綻放美麗。

是故，莫忘初心，堅信堅持，即使前路崎嶇，也別低頭，因為堅持才能讓人生更加精彩。相信自己，你絕對能夠勇敢面對一切，戰勝困境，邁向輝煌的未來！

你的心情 DIARY

1 月 16 日

幸福歸宿

人生的旅程中，你終將遇見一位特別的人，他會用無限的溫柔和關愛，彌補你過去所有錯過的愛，他的心只屬於你，深深地愛著你，不受任何條件的約束。

正如善良的心靈將會與善良相遇，你要相信，在這個世界上，總有一個人，他會心動你的笑容，對你無微不至地照顧，用心守護著你的每個時刻。他會因你而心疼，他會毫不保留地珍惜你，因為你的存在無比珍貴。

當這樣的人走進你的生命，請不要輕易放棄，更不要辜負他的真心，他是那個願意為你付出一切的人，他的愛是真摯的，值得你用一生去珍惜。

你要深信，命運總會帶領我們走向愛的彼岸，**這個人將會是你心靈的歸宿，是你感受幸福的泉源，是你生命中最溫暖的陪伴**。願你能抓住這份美好，用心去愛，用行動去感知，讓彼此的靈魂，在愛的光芒中相互照耀，共同編織出一幅幸福的姻緣。

你的心情 DIARY

1 月 17 日

接納

世間變化無常，人事繁瑣不斷。然而，並沒有一成不變的處世之道適用於四海之內，在這紛擾的世界裡，最大的愚蠢莫過於拒絕正視複雜性，停止自我成長，卻又期望他人與自己一模一樣，拋棄尊重差異的姿態。

實際上，你我應當欣然接納每個相遇的人，他們皆是我們成長的良師，堅持走自己的路，無需苛求他人同行。學會尊重差異，是我們修養的體現；寬容不同，則是更高層次的修行。

切記！成功之路乃是透過改變自我而達成的至高目標，**嘗試改變他人可能將導致痛苦自困**。在人生旅途中，讓你我保持著堅定的方向，不急不躁地向前邁進，欣賞著大千世界的各種美麗風景。

你的心情 DIARY

1 月 18 日

信念

你的人生，可能經歷艱難的階段，這是不可避免的。然而，沉浸在抱怨和煩惱中更是毫無幫助，不如整理一下心情，振奮精神，用喜悅之心面對困境，或許，在最黑暗的時刻，也能找到一線光明。

請相信，夢想是我們寶貴的力量來源；要相信，我們的眼光決定未來的道路；更要相信，成功的信念比成功本身更為重要。在遭遇挫折時，也要相信，這只是人生的一部分，並不代表失敗，**生活的品質取決於毫不妥協的信念。**

請抖擻振作精神，勇敢面對生活的起伏，無論何時，保持內心豐盛，一定能走得更遠，成就更美好的未來。

你的心情 DIARY

1 月 19 日

光彩奪目

人過一百形形色色，人過一千必有內奸，人過一萬必有壞蛋，本想歸隱山林，非逼我出來橫掃天下。如果你有後台，那麼你的後台就是老天爺，就是道，利眾生者無敵。

那些所有殺不死你的，都會讓你變得更強大，你所經歷的困難和挫折，都是為了來照亮你，一個人沒有經歷過生死危機，此生就不可能開悟。

你要感謝那些傷害你的人，是因為他們讓你變得更強大，痛苦的背後是禮物，孤獨的背後是光彩奪目。

世間所有大徹大悟之人，都曾經歷過無藥可救，心不死則道不生，人的末路都是神的開端。

記住這句話：「倘若窮途末路，那便勢如破竹！」

你的心情 DIARY

1 月 20 日

慾壑難填

慾壑難填，這句格言深刻指引你走向人生的智慧，同時也提醒你，不要深陷於無盡的渴望中，也不要脫離現實的實際，因為奢望，就像一陣旋風，會令你陷入瘋狂，甚至不自覺變得貪婪。

走過人生的旅程，你會發現慾望永無止境，慾望的背後永遠伴隨著恐懼。而你的能量卻有其限制，你要明白，知足才是最大的財富，只有懂得知足，才能找回內心的平靜和喜悅。貪婪，只會讓你墮入恐懼的黑洞，成為慾望的奴隸。

你得明白，人生的幸福不在於追逐無節制的欲望，而是在於珍惜當下的美好。你的健康和家人的安康，才是真正的福氣所在，學會知足，學會滿足於飽暖，才能體會到人生的真諦。別被金錢名利的誘惑所迷惑，而是把心思投入到更有意義的事物上。

願你我一同感恩，珍惜已擁有的幸福，並從中體悟，人生的價值不在於貪多求多，而是在於知足，活得輕鬆、過得自在。

你的心情 DIARY

1 月 21 日
人生三件使命

你知道嗎？人生最大的悲哀是什麼？就是不知道自己的使命。

為什麼不趁你還活著，去見你愛的人？去你想去的地方？做你想做的事？我曾經說過，人生想要做到死而無憾，你只需要做到以下四件事。

第一件事：**找到自己的使命，做一番轟轟烈烈的事業。**

第二件事：**交一幫志同道合的朋友，**策馬奔騰、對酒當歌、體驗人生，並遊遍全世界。

第三件事：**找到自己的靈魂伴侶，**不是為了金錢物質在一起，而是因為你們是靈魂伴侶的雙生火焰。人這輩子最大的悲哀，就是找了一個沒感覺的人，做了一件沒感覺的事；人生活著的至高境界，就是找到一個愛的人，在愛的地方，做愛的事業，談一場轟轟烈烈的戀愛。

第四件事：在你臨終以前，知道自己是誰？知道自己從哪裡來？明白自己要到哪裡去？

勇敢找到自己的使命！共勉！

你的心情 DIARY

《療癒心靈的秘密能量 II：第 22 天》

1 月 22 日

只渡有緣人

如果，你平常有在修持自我，即使你修行已到一個非常高的境界，也絕對不能輕易去渡人，不是說渡人這件事不好，而是人不能違反天道，其中包括這一世的父母，你這輩子的功課，就是讓他們學會做自己，讓自己不被影響和消耗，但行好事，莫渡他人。

每個人都有自己的業力與因果，我想告訴你一個很殘忍的真相，當你說的正見超出了他的認知，他會本能的拒絕，就算他不想拒絕，你說了也不算，因為他身上的無形眾生，不允許你傳遞他正知正見，除非這個人主動向你請教，那就代表他的緣分到了，否則你不要妄想做一個救世主，最終只會落得泥菩薩過江自身難保。

正所謂，天雨大不潤無根草，道法寬只能渡有緣人。

你的心情 DIARY

1 月 23 日
敬畏覺醒

你知道人一旦覺醒之後，會出現哪些特徵？

我想與你分享的是，身處在開悟覺醒的人，身上會出現九個明顯的特徵，請聽我娓娓道來！

第一：寡言少語，平常話不多，但說的話能接近本質。
第二：精神乾淨，擁有自己的一片精神天空。
第三：直覺力強，第六感特別敏銳。
第四：喜歡歷史與哲學，對於終極的問題，具有天然的敏感。
第五：相信永恆，對人類整體進化深信不疑。
第六：愛惜生靈，擁有天生的赤子與慈悲心。
第七：習慣閱讀，更喜歡與自己獨處。
第八：善於隱忍，能夠承受生活的各種煎熬。
第九：敬畏因果，願意在因上努力。

您具備以上幾點呢？

你的心情 DIARY

《療癒心靈的秘密能量 II：第 24 天》

1 月 24 日
強者思維

能讓你「快樂似神仙」的三大強者思維， 你想知道是什麼嗎？

第一，永遠不要在乎別人對你的看法，尤其是和你非親非故的人，你想讓所有的人都滿意，那簡直是天方夜譚，你只要對你自己滿意即可。

第二，永遠不要覺得自己低人一等，更不要為自己的身分感到自卑，哪怕這個人是身價億萬的富豪，抑或是美國總統，對你來說，也不過是一個代號罷了。**在你有限的生命裡，唯有你自己才是最重要的，唯一的生命載體就只有你自己。**

第三，你在地球上只能活到 90 歲左右，用 90 減掉你現在的年齡，就是你還能夠生存的時間。每過一天，你就離死亡接近一天，你開心是浪費一天，煩惱也是浪費一天。

三個強者的思維我說完了，你應該知道如何選擇了！

你的心情 DIARY

1 月 25 日

中年感悟

人活到中年，不要去賭天意，也不要去猜測人心，因為天意你看不明白，也賭不起，人心也猜不透，別在意那些虛無縹緲的東西，踏實就是此生最好的享受。

和誰在一起舒服，就和誰在一起，喜歡一個人獨處，就享受一個人的狂歡，追不上的不追，背不動的放下，看不慣的刪除，漸行漸遠的隨意，做自己想做的事，聽自己想聽的歌，見自己想見的人。

中年人的快樂，往往很簡單，就是不給別人添麻煩，也不給自己找麻煩，不計較、不糾纏、不攀比，好好的做自己，陪伴家人，此生已足矣，其餘的，命裡有時終須有，命裡無時莫強求。

你的心情 DIARY

《療癒心靈的秘密能量 II：第 26 天》

1 月 26 日

不再孤單

生命的每個瞬間，宇宙都在細細地與你交流，它以無聲的方式引導著你，與你對話，祂透過回應你的痛點，透露著無比珍貴的訊息，藏在當下的感覺之中。

每當你遇到了問題，代表宇宙正在與你分享它的能量，那種美好的感覺彷彿在跟你訴說：「做這件事，對你的成長是加分的！」假若你不幸遇上一些困境，別害怕！它只是在提醒你，要將負面的能量轉移到更值得專注的事物上。

當你每天仔細觀察周遭的訊息，你會發現宇宙一直在身邊引領著你，它將引導你的存在，你只需要耐心聆聽並微調頻率。

別忘了！你從來都不孤獨，活在一個人的旅程中。

未來的方向可能有些模糊，但請別擔心，你只需持續嘗試、不斷自我探索，必能找到自己的航向。即使前進的道路充滿了挑戰，只要確定這是正確的方向，就別害怕迎難而上。

人生，別忘了擁有自己的夢想，而不是被困在他人的幻想。

如果你感到低潮，別猶豫，趕快向宇宙發送信號吧！要相信你是最棒的！你一定會成功！你充滿才華！你擁有豐盛！你的生活充滿美好！你的幸福和健康無可置疑，因為宇宙總是垂聽你的心聲，並且回應你每一個渴望。

最重要的是，保持一顆善待自己的心，然後是健康的身體，最後才是那些身外的事物。

所以，繼續前進吧！你並不孤單，宇宙一直與你同行，體驗美好的生命真諦。

你的心情 DIARY

1 月 27 日
富足

生活並非是無情的戰場，不必在意與他人的高下之分，也不應成為無謂的選秀競技，無需與人攀比，日子也如同一杯平淡的白開水，或冷或熱皆是選擇，最重要的是適合自己的口味。

四季更迭，春天綻放百花，秋季皓月當空，夏日有清涼的風，冬天帶來白雪皚皚，若能心無旁鶩，不為瑣事而困擾，即是人生中美好的時光。學會淡泊，放下不必要的渴望，別再自我折磨，珍惜愛護自己，活在當下。

做一個充滿善意的人，不忘記感恩於這塵世間所擁有的，如此生活，就是最真實的從容，也是最美好的生命體驗。

不必與他人爭執，不需逞強；也無需模仿，別再放大自己的不足，每個人的生活都是一本獨特的故事，無需與別人比較，跟隨內心的聲音，活出自己的本真。

生活中不乏變數，但你可以選擇面對，放下過去的煩憂，擁抱未來的未知，過好每一天，用感恩的心態去體驗生活的點點滴滴。

減少浮華的追求，讓心靈更加富足，用平和的心態面對一切，不論是喜悅還是挑戰，都能成為人生寶貴的經驗，像一片平靜的湖面，無論風雨或晴天，都能保持內心的寧靜。

踏實地走自己的路，不受外界的干擾，用愛與感恩的心，看待每一個人和事，用善良和堅定的信念，活出精彩的人生。

願內心的寧靜與喜悅，成為你生命最美麗的風景。

你的心情 DIARY

1 月 28 日

放下防備

這輩子，你經常能夠目睹，那些埋伏在人群中的人，無論遇到什麼事都想介入襲擊，手裡握著寶劍，總是急於尋找下個目標，他們總是不停舞動著盾牌，嘴裡不時充滿著咒罵，似乎對自己所擁有的一無所滿。

若你能勇敢放下對他人的防備，生活將會出現令人深刻的紀律。

此刻，你不再背負盾牌和寶劍，而是帶著一顆能漫步於大地的心靈，細心觀察每一片葉子、每一根樹枝、每一塊碎石，用心感受著這一切。你會得到內心的寧靜，並對自己所擁有的一切心懷感恩。

如此的改變，將帶給你生活充滿意想不到的美好，唯有當你敞開心胸，拋棄心中的戒備，你會發現生活中的每件事都值得去珍惜。每一個微笑，每一次感動，都會讓你意識到，幸福就在你的不遠處。

一起學會用感恩的心，去面對這個多彩的世界，放下攻擊的心態，用愛和寬容迎接每一個挑戰，生活的風景因為你的改變，心靈將會變得更加祥和美麗。

你的心情 DIARY

1 月 29 日

困境成長

在這個世界上，沒有人能夠一路順風順水走過人生，但堅持信念的人卻永不消逝，或許沒有支援，但你自己就是你的支援；或許沒有足夠的資本，但你卻能自己賺取。

當你感到脆弱時，所有的挑戰似乎變得強大無比，一旦當你變得堅強起來，所有的障礙都會變得輕盈。生存在這個世界，你應該像開路的勇者，跨越高山；當遇到困難，應如架橋的工匠，跨越湍急之水，這就是你必須培育的信念。

面對困境時，如果你選擇避開、逃避，那麼你只會陷入無盡的墮落，若你選擇懷著積極的心態面對，有可能在極端的處境中找到新生，像英雄一樣翻身而起，創造嶄新的奇蹟。

或許，你正經歷著低谷，但請不要忘記，**生命中的每個轉折，都會是你成長的機會**，讓我們一同以希望為翅膀，勇敢地飛向更遠大的未來。

你的心情 DIARY

《療癒心靈的秘密能量 II：第 30 天》

1 月 30 日

去除雜念

假如你現在陷入了困境，該如何去除心中的雜念呢？

佛教中有一種修行方法，叫做「觀心法」，代表以旁觀者的視角，冷靜包容的觀察，自己心中升起的一切念頭和情緒，重點在於「如實觀照，不參與其中。」

當雜念來的時候，就讓它來，該走的時候，它自然會走，在雜念來去之間，總會有一個空白，也就是你所知道的靜止狀態，然而，這個狀態非常的短暫，稍不留神就會被另外一個雜念所掩蓋。

所以，想要剷除你內心的雜念，必須透過四個階段。

第一個階段：知道自己當下在想什麼，覺察到自己的雜念。
第二個階段：僅僅只是旁觀自己的雜念，但不因此而產生情緒。
第三個階段：體會到雜念來去之間的空隙狀態。
第四個階段：做到萬緣放下，一念不生。

當你通過了四個階段，此時你才有參禪的資格，一旦破參，自然就會明白什麼是道。

記住這句話：「能觀心者究竟解脫，不能觀者永處纏縛。」

你的心情 DIARY

《療癒心靈的秘密能量 II：第 31 天》

1 月 31 日

認知覺醒

永遠不要試圖去改變任何人的想法，包括你的小孩、妻子、兄弟、父母，你想為別人好，別人越討厭你，人的性格都是源自於娘胎自帶，不但非常頑固，而且極度愚蠢，甚至偏執到骨髓。

沒有碰到人生重大的挫折與災難，絕大多數的人，都不會真正的認知覺醒。不要試圖去勸你的兒女好好學習，除非他自己意識到學習的重要性；不要試圖嘗試說服你的配偶去努力賺錢，除非他受盡了社會的毒打；不要試圖說服你父母的老舊思想，除非他們自己想通豁達。

一個人的認知覺醒，不會發生在歲月靜好的時候，沒有經歷人性的險惡、社會的吊打、賺錢的艱難，健康的磨難，這個人永遠都很難成熟長大。

不經一番寒徹骨，焉得梅花撲鼻香！

你的心情 DIARY

《療癒心靈的秘密能量 II：第 32 天》

2 月 1 日

真正的修行

真正的修行之路，其實是一條非常生活的道路，你不必跑到深山、遠離紅塵、剃度出家，也不用穿特定的衣著打扮、追求儀式，當你開始真正的實修以後，你依然是該工作時工作，該學習時學習，該娛樂時娛樂。

與之不同的是，此時你的內在狀態已經和以前不一樣，你不會再去認同與以前的那個在習慣和情緒控制下的肉人，或者各種我執與小我了。而一個真正的修行者，可能你修了一輩子，身邊的人根本就看不出來你在修行，這叫做「潤物細無聲」。

所謂的真正修行，就是在不斷破除世間一切的住相與執著，**時時刻刻都努力向著本心和良知靠攏，隨性自在的使自己內心平和並充滿法喜**，不斷地去驗證，我們內在原本具足的一個無比美妙的過程。

以**王陽明**的心學來說，就是三個字：「致良知」。

你的心情 DIARY

2 月 2 日

接納價值

人生的旅程，總是穿越風雨、經歷坎坷，正是這些挫折與考驗，使你更能珍視彩虹的美麗，無論是成功的喜悅，還是失敗的痛楚，都是自然法則的體現，是人生不可或缺的一部分。

在失敗的背後，蘊藏著成長的機會，而在完美的光芒之下，可能藏匿著微小的缺憾，你應以一顆平和的心，接納這些不同的面向，以一種更加寬容的態度對待生活的起伏。

自信的自我，堅強無比，**當你了解自身的價值，將能夠勇敢迎接生活中的種種挑戰**。不妨思考，相較於依賴他人的庇護，學會自己種下遮陽的樹，寧靜地享受自主的陰涼，外界的恩賜可能隨時消逝，唯有自己的努力，方能開創永恆。

人生的每一段旅程，皆是自然秩序的體現，願你用一顆感恩的心，珍視每一刻，輕鬆愉悅與生活互動，保持與自然共融的時光。

你的心情 DIARY

2 月 3 日

內在平凡

當我們渴望超越平凡，其實顯示了我們尋常的本質；而當我們追求平淡，恰恰已經成就了非凡，這與擁有的金錢和地位無關，卻關乎了內在的生命層次。

若你拼命爭取外在的物質，期望別人對你的羨慕、尊敬和特殊對待，你僅是把快樂和痛苦交付他人支配，隨著他人決定命運。在得失勝敗之間，使你動盪不安，但結果卻非如你所願，這正是生命痛苦的源頭。

然而，當你領悟外在萬象，不受緊握和隨時變幻，便能漸漸從接納的態度中獲得智慧。你接受勝利，也承受失敗，迎接獲得，也容納失去，無需非凡證明自己，反而在平凡中，獲得平靜、信心和勇氣。

如此的心態，不僅賦予自己內在寧靜，也使你能在變幻無常中獲得堅韌，在深層的靜默中，找到了生命真正的力量和自在，**尋求內在的平凡，勝過外在的短暫浮華**。

你的心情 DIARY

2 月 4 日
守護

當一場雨降下，才明白雨傘的重要性；當一場病襲來時，才意識到健康的珍貴。

但，你是否有想過，不是每個時刻都能夠借到一把雨傘；也不是每個時刻，都能借到生病所需要的錢。當雨勢太大時，即使有傘也是無濟於事；當病情太嚴重時，即使有錢也無法化解。

因此，最好的方式，就是在雨小的時候，找到安全的避雨處；在身體健康的時候，摒棄一切壞習慣，以健康的方式去生活。因為，只有在事情尚未發生之前，你才能做出正確的選擇與準備，**趁著雨還沒有變大以前，找到遮風擋雨的港灣；趁著身體還沒有受到疾病的侵擾，找到保持健康的方式去生活。**

願你我一起珍惜當下，用智慧去預防雨天的困擾，用行動去守護身體的健康，唯有如此，你才能擁有更加美好的未來。

你的心情 DIARY

《療癒心靈的秘密能量 II：第 36 天》

2 月 5 日
珍惜

《幸福的人，不受困匱乏的當下》

有一位女士，在工廠不幸被機器割斷了小指，她陷入了巨大的絕望，覺得人生已經一片黑暗。然而，當她被送到醫院急診，看到鄰床上有一位失去整隻手的病人，她突然意識到自己還是很幸運的，只是失去了一個小指。而那位失去手的人，看到身邊還有跟死神纏鬥的病人，也感到自己慶幸，至少他還活著。

生活中，人們常常因為失去或缺少某些東西而感到渴望，然而一旦得到，卻容易忽略它的存在，甚至視而不見。那些失明的人，後悔沒有好好呵護自己的雙眼；那些受傷的人，領悟到平安是無限的幸福。當呼吸、心跳、行動都變得不再輕鬆，需要昂貴的代價時，你才能意識到，幸福其實無處不在。

在愛情裡，一通電話、一句問候、一份小禮物，都能讓我們心情愉悅許久。然而，一旦關係穩定下來，這些甜蜜的舉動卻可能變得理所當然，從而消失無蹤。

人們常常陷入追悔循環中，埋怨自己的不幸，但忽略了幸福就在當下，**太在意已失去的，卻不懂得欣賞擁有的。人生最大的不幸，是活在福中而不自知**。別等到失去一切之後，才開始學會珍惜已擁有的，並懂得何謂真正的幸福。

珍惜生命中的每一刻，上天所安排的一切，都是最美好的禮物，不再受困於匱乏的當下！

你的心情 DIARY

《療癒心靈的秘密能量 II：第 37 天》

2 月 6 日

停止內耗

你知道你活得很累的根本原因是什麼嗎？

不是能力，不是外貌，而是沒有處理好自己與自己的關係，也就是所謂的精神內耗。

送你六句話，將停止你的精神內耗，讓你越來越順。

第一句：與你無關的事，你又無能為力，那就不要去摻和。

第二句：對於那些無關緊要的事，不要去爭對錯。

第三句：無法改變的事，就不要再去糾結，繼續往前走。

第四句：已經發生的事，就不要再去回想，更別太自責。

第五句：別人的評價，不用太在意。

第六句：外界的聲音只是參考，若你不開心，就別參考！

你的心情 DIARY

2 月 7 日

燦爛

人生短暫，24 小時一轉眼即逝，365 天如流水般消逝，八九十年一晃而過，一生匆匆而逝。金錢財富彷彿煙霧般飄渺，名利地位如夢幻一場。

唯有這短暫的一生，真情的陪伴和生活的經歷，才是真實屬於自己的。**請珍惜每個瞬間，走好人生的每一步，因為每一步都在計算著時光。**

人的一生中，我們所經歷的一切，構成豐富的內涵，有家人和伴侶的關愛，有知己的陪伴，是生活中最珍貴的禮物。真正的幸福不在於財富和名利，而是來自於身邊的人情溫暖，和真誠的情感交流。

因此，你應該珍惜所擁有的一切，不辜負這一生的光陰。無論面對風雨還是陽光，多用笑容去迎接生活，活出自己最燦爛的一道光，無論是歡笑還是淚水，皆是人生珍貴的一部分，會讓此生更加豐富多彩。

在有限的時光，用心對待每一個人、每一個瞬間，唯有如此，你才能活出真正的精彩，讓人生在每一步都閃耀著光芒。願你我笑對生活，用熱情去愛，用堅韌去面對，以感恩的心態去體驗，此生才能真正活得有意義、有價值。

2 月 8 日

行動

我們經常以為，自己總有充足的時間和精力，去完成內心深處那些渴望已久的事。

然而，只要細心觀察身邊的人，你就會發現，許多年輕時候懷抱的夢想，隨著歲月的流逝，往往成了未完成的遺憾。很多人往往是如此，若此刻沒有改變，十年後往往也不會有改變。

光陰匆匆，人生無法重頭再來，生活也難以預測安排。你或許該在某個時刻停下腳步，深思自己的人生使命是什麼，究竟是為誰而戰，為何而戰？那些真正重要的事情，是否應在日程上排在優先的位置呢？

人生苦短，從知道到做到，中間必須經過悟道，而行動才是改變命運的最佳方法。

別再猶豫了！時間永遠沒有充裕的餘地，請即刻採取行動，實踐你內心的渴望吧！

你的心情 DIARY

2 月 9 日
信念

當你深入探討心理學的真相時，會發現一個令人難以置信的現實：只要你堅定且實際付諸努力，它將百分之百產生積極的成果。

然而，現今許多人陷入了一個誤區：他們一邊付出努力，一邊懷疑自己並抱怨環境。實際上，能否成功的核心關鍵，在於自己內在信念的強度。換句話說，你越相信自己，你就越容易達成目標。

舉例來說，當你學習游泳時，同時害怕淹死是不可取的；當你學開車時，擔心發生意外事故也不理想。你可以選擇中途放棄，因為有時候放手並非不明智的選擇。然而，如果你決定繼續前進，請務必充分相信自己的能力。

科技社會中，我們都面臨更多壓力和不確定性，在如此的環境下，更容易陷入自我懷疑和焦慮。但請記得，**成功的基礎在於內在的信念，無論你的目標是什麼，都要堅信自己有實現它的能力，並且在克服困難的過程中保持這份信念。**

這也是現代人最需要的心靈力量，能夠幫助你克服種種挑戰，實現自我夢想。

《療癒心靈的秘密能量 II：第 41 天》

2 月 10 日
認知稅

你相信嗎？世界上有 99% 的人都活在假象裡，他們總是被洗腦，只有 1% 的人才能看到真相並識別套路。以下我將與你分享，五個識別人性套路的心法，盼能提升你對事物的認知。

第一，人們最想表達的，並不是內容本身，而是迫切被理解的心情。
第二，人們最想購買的，並不是產品本身，而是背後的歸屬感覺。
第三，人們最想得到的，並不是價值本身，而是捷徑和貪小便宜。
第四，人們最想看到的，並不是真相本身，而是自我的心理安慰。
第五，世界上最昂貴的稅就是認知稅，人的一生總是在為自己的認知買單。

看完後，相信你一定有非常大的感觸。唯有提升你的認知，才能帶來更多的財富與靈魂自由。

你的心情 DIARY

2 月 11 日

你會說話嗎？

你真的會說話嗎？

一個真正厲害的人，從來不講難聽的話，一般來說，他會講以下 10 句話，如果可以的話，盡可能把這 10 句話給記下來，也許會對你受益終身。

(1) 對另一半別說都可以，而要說我聽你的。

(2) 對身邊的同事別說還行，要說你太厲害了！

(3) 對下屬別說你不行，要說你潛力很大。

(4) 飯局被敬酒，別說我喝不下，要說我擅長倒酒。

(5) 對陌生人別問他叫什麼名字，而要說該怎麼稱呼你。

(6) 對討厭的人別說你好傻，要說你真有意思。

(7) 碰到厲害的人別說你很牛逼，要說原來高手就在身邊。

(8) 對於不如你的人別說他太笨，而要說你真有想法。

(9) 朋友破財的時候，別說損失就算了，要說塞翁失馬、焉知非福。

(10) 請教問題的時候，別說我不知道，要說我想聽聽你的意見。

你學會了嗎？

你的心情 DIARY

《療癒心靈的秘密能量 II：第 43 天》

2 月 12 日

不必討好別人的期望

人生，我們不可避免會成為眾人的批評對象，尤其當你展現卓越的才華和能力，這些優秀表現總是會引來妒忌和批評，似乎成了命中注定的宿命。事實上，你越優秀，越容易成為人們談論的焦點，你所取得的成就越高，也越容易成為別人口中的議題。然而，無法控制他人的言論，也難以贏得所有人的喜愛，這是不可避免的現實。

人生，就像一條曲折的河流，無法永遠讓每個人都滿意。**但真正了解你的人，不會因為外界的閒言碎語而否定你的價值**。這些人明白你的內涵和真實，不因身邊的是非改變他們的看法，這些人始終支持著你，無論你面臨什麼難題。

所以，**不必過於在意他人的眼光，也不必過度討好別人的期望。人生的路，你只需要做自己，不必取悅每一個人**。不要讓刺耳的言辭，影響你前進的步伐，輕鬆自在、快樂幸福才是人生的真正目標，自由自在地過自己的生活，才能找到真正的幸福。

你的心情 DIARY

《療癒心靈的秘密能量 II：第 44 天》

2 月 13 日

走好自己的路

人生的每一步，都是你蓄勢而行的路，留下的腳印在心中清晰可見，人生的每件事，都是你一點一滴辛苦打拼的成果，其中的辛酸和艱辛只有自己最了解，無論面對什麼情況，總有答案等待著你，與其困憂和焦慮，不如順其自然，讓事情發展，即使你的雙腳無法踏遍整個世界，但可堅定走好自己的路。

每個人的生命都有起起伏伏，繁華與凋零都是生命的一部分。你不需要與別人比較，也無需追求虛榮，重要的是要懂得知足，珍惜生活中的幸福，朋友是你我此生最珍貴的財富。

人生中有許多挑戰和困難，但你得隨時保持好的心情，並學會如何愛自己，想方設法讓自己快樂起來，你要擺脫那些不快樂的事物和負面情緒，同時執著自己的信念，追求一生的夢想。

擁有快樂，是你生命中最寶貴的財富之一，它絕不能被剝奪，唯有活出愛、活出喜悅，才能體驗生命的美好，紀錄一生的故事，懷抱感恩的心情。

你的心情 DIARY

《療癒心靈的秘密能量 II：第 45 天》

2 月 14 日

平和自若

每個人，都曾經歷生命中無數的考驗與挑戰，這些經歷將成為你內在修養的一部分，也會為你的人生帶來各種效益。就好比香料，當它被搗得更碎，被磨得更細，香氣變得更加濃烈而持久，你的成長過程也是如此，通過不斷的鍛煉和學習，你會變得更加成熟和充實。

然而，社會是一個複雜多變的地方，人心險惡，你必須學會如何在這個世界上生存和茁壯，其中一個重要的原則就是自律和自我提升，代表你要學會克制自己的情緒，不讓情感左右你的行為，並時刻保持冷靜，不要輕易生氣或憤怒。同時，也要掌握自己的舌頭，不要說出傷人的話語，要學會聆聽和尊重他人的意見。

一個平和自若的心態，是實現你目標的關鍵，當你能夠像清風一樣平靜自若時，便可以更好地應對挑戰，不會被外部的干擾所左右。同時，能更專注自己想要實現的目標，不會輕易受到他人的評價或干擾。

這種生活方式雖然看似平淡，但實際上充滿了深度和內涵，在這個過程中，你會發現快樂並不來自外部，而是來自內心的平和與滿足，這樣的生活方式，不僅能使你更好應對生活的變數，還能保持內心的平靜和幸福。

珍惜你每一個腳印，每一個鍛鍊，因為都在塑造你成為更好的人。

你的心情 DIARY

《療癒心靈的秘密能量 II：第 46 天》

2 月 15 日
堅韌

在這個世界上，無論你做什麼，總會有人評論你，嘲笑你，質疑你。這是不可避免的，因為每個人都有自己的價值觀和意見。84,000 個人看我，就會有 84,000 個我。別讓這些聲音左右你的步伐，更不要讓他們損害你的自信心。

反觀，你應該學會從中獲得力量，當有人對你說無法做某事時，用你的努力和成功來回應他們，當有人試圖打擊你的自尊心時，記住自己的價值不是由他們來決定，你是這個世界獨一無二的人，你的價值無可爭議。

保持一顆堅韌的心，持之以恆地追求自己的目標，不要害怕失敗，因為失敗是成功的必經之路。**當你變得更強大，你會發現那些曾經評論和嘲笑你的人，已經變得微不足道，而你卻站在了更高的巔峰，欣賞著更廣闊的風景。**

千萬不要為了別人的評價而改變自己，請堅信自己的價值，按照規律的節奏前進，做最好的自己。無論外界如何嘈雜，你都可以在內心保持平靜，因為你知道，真正的力量，來自於自我的成長和堅持。

你的心情 DIARY

《療癒心靈的秘密能量 II：第 47 天》

2 月 16 日
平靜

你一定有過這樣的經驗，當自己指責別人的時候，或許需要反思一下，你的內心是否出現了許多紛擾。記住！對別人的批評往往反映了自己的內在情感狀態，就像戴著特定色調的眼鏡，就容易看到不同的景象。

學會放下個人的偏見，保持內心平靜，這樣你才能更客觀的看待別人，也更容易發現他們的優點，即便對方曾犯錯或有不好的行為，也會覺察到每個人都有其價值，就像如果沒有病人，醫生的存在也就變得毫無意義。

別忘了！善惡是相對的，如果沒有惡人，也就不會有善人，你需要這種對立和對比，你的原動力才會有成長和進步。

時時刻刻提醒自己心懷善意，擺脫自我的成見，讓內心平靜。唯有如此，你才能看見生活的吉祥和光芒，感受到幸福和喜悅。

保持心境的寧靜，你的內在光芒才能閃耀不已，過上更加自在、健康和快樂的生活，踏上通向更高道德境界的路。

希望你每天都充滿正能量，充滿幸福與歡樂！

你的心情 DIARY

2 月 17 日
奮鬥

在你奮鬥的旅途上，別忘了抬頭向前看，因為地上的路並不鋪滿黃金，而是佈滿了石頭，但這些石頭並不是絆倒你的障礙，而是你前進的踏實基石。

當你繼續前行，你的奮鬥將會為你帶來更多的幸運，不要誤以為奮鬥就是冒著生命危險，或者每天聞雞起舞，把自己逼得喘不過氣。其實，平日的奮鬥，不過是每天一步一腳印，認真過好每一天，完成手頭的小事，不拖延，不抱怨，不推卸，不偷懶。

記住這句話：「你只需要每天進步一點點。」

長年累月的積累，每天一點一滴，將引領你抵達自己渴望的目的地，實現夢想，奮鬥是一種持之以恆的堅持，是一種不斷前行的精神。

願你的奮鬥之路充滿活力，讓你的夢想翱翔高飛！

你的心情 DIARY

《療癒心靈的秘密能量 II：第 49 天》

2 月 18 日
知己伴侶

時間就如同一把篩子，不斷在過濾你生命中的各種人。親情、友情、愛情，這些關係都在時間的篩選下變得更純粹，只有真正的精品才能長久存在。

當你與某人相處越久，經歷越多，你會逐漸明白，哪些人值得留在你生命裡，這些人是你的支持者、知己和伴侶，他們在你最艱難的時刻站在你身邊，分享你的喜悅和悲傷，因為他們的存在，讓你的生命變得更豐盛更有意義。

然而，也有一些人只是短暫出現在你的生命中，他們像過客一樣，只是為了一段時間的相遇而來，然後漸行漸遠。這並不是一件壞事，**因為每個人都有自己的生命軌跡和目的，有些人只是路人甲，卻能為你帶來美好的回憶，然後繼續前行。**

請珍惜那些通過時間篩選，仍然留在你生命中的人，他們是你的寶藏，是你生命中最重要的部分。切勿浪費時間和精力在那些不值得的人身上，因為最終，只有那些真正屬於你的人，才會一直陪伴在你身邊。

且行且珍惜寶貴的人際關係，因為他們讓你變得更光彩絢麗。

你的心情 DIARY

2 月 19 日

保持距離

你和人相處，關係可以拉近，也可以保持距離，當你覺得關係親近時，記得不要佔人便宜，尊重對方的需要和感受。但是一旦你覺得需要保持距離時，請確保不要傷害別人的名譽或造成誤解。

人際關係確實有很大的挑戰，因為每個人都有自己的原則和處事方式，別指望每個人都對你友善，同時也不要太計較別人的錯誤或缺點。重要的是，**做好你自己應該做的事，堅守你的價值觀，走好自己的路。**

人際交往需要抓住平衡點，找到合適的距離彼此相處會更輕鬆愉快，不會產生不必要的壓力或疲憊感。記住，與人相處是一門藝術，需要智慧和耐心，不論是親近還是保持距離，都是建立美好關係的一部分。

你的心情 DIARY

2 月 20 日

詩意

你想將生活過成詩嗎？該怎麼做呢？

你可以和大自然親近，與樹木、花草相伴，感受清風明月的陪伴，和家人、親友共度美好時光，時而簡單，時而充滿精緻，隨著 24 節氣的變化，唱著歌，行走在生命的旅途。

在這個世界上，財富和名利可能不會均分，**但時間對每個人都是公平的，有人擁有金山銀山，卻未必能享受長壽的福祉，有些人過著簡樸的生活，卻能幸福的活到百歲，證明健康和長壽才是真正的贏家。**

一生的歲月匆匆而過，晨昏交替，四季更迭，你所追求的東西，不過是溫暖和陪伴；你走過的路，是時光的印記，路過的風景，早已成為回憶；你可能會撞上南牆，忘記過去的故事，但總是能度過黑夜，邁向曙光。

生活就像落葉知秋，遇難知友，人生充滿挑戰，但請記得，即使困難重重，你仍能堅持走過黑夜，迎接新的黎明，珍惜短暫寶貴的人生，讓每一刻都充滿詩意。

你的心情 DIARY

《療癒心靈的秘密能量 II：第 52 天》

2 月 21 日
脾氣

每個人都有脾氣，我也不例外。但請記得，擁有脾氣並不表示你可以隨時隨地爆發它，有時冷靜思考，判斷何時適合表達情感，何時應保持冷靜，是非常重要的。

如果你確信自己是對的，其實不需要發脾氣，理性的溝通和解決問題的方法更有效。**但如果你發現自己錯了，更應該放下脾氣，因為你並沒有資格用脾氣去爭辯。**

脾氣大不僅對身體健康不利，還會為你的生活帶來不少麻煩，你會因此失去親朋好友的支持，工作上也可能陷入困境，成功的人通常都擁有平和的心態和良好的脾氣，這是他們成功的一個重要因素。

反之，脾氣大的人可能會因此錯失許多機會，也容易引起磨擦和不必要的衝突，好的脾氣是成功的一半，它可以幫助你建立更好的人際關係，解決問題，並取得更多的成就。

建議你在日常生活中，嘗試控制自己的脾氣。當你感到情緒激動時，可以嘗試深呼吸，冷靜下來，再作決定。學會理性溝通，尊重他人的意見，這將有助於你在人生的道路上更好地前進，避免不必要的失敗，這不僅有益於自己，也有益於周圍的人，讓生活更加和諧美滿。

2 月 22 日

和氣

生活在這個世界上，與人相處時，請保持和氣和善的態度，這樣才能期待別人也以同樣的和諧回應你。

與人交往不應該像一場戰鬥，不必計較誰更優越或高低，不要談論勝負，而是追求和諧共處，唯有如此，你才能實現雙贏的局面。

和氣並不表示你在逃避，而是一種智慧的表現，保持和諧的態度，有助於順利處理事情，讓你心情愉快，在和諧中，你可以取得成功，而不和諧中，可能會遭遇失敗。

很多人因為一時的得失而情緒失控，做出冒然的舉動。若你能保持冷靜，情感淡化，以和氣的方式處理事情，就能保持理智和內心的寧靜。

情緒的平和，語氣的溫和，是實現成功和幸福的關鍵。只有在情緒平和、氣氛和諧的情況下，你才能承受生活的風雨，活得自在和堅定。

你的心情 DIARY

2 月 23 日

六樣東西絕不外借

你知道人生中有哪六樣東西，永遠不能外借嗎？無論你現在仍在讀書，或者已經步入社會，請牢記以下的內容，不是要教你學會自私，而是想教你如何保護自己。

第 1 件事：自己的信用絕對不能外借，不要給任何人做擔保，人保永遠是呆。

第 2 件事：自己的身分證不能外借，身分證非常重要，現在科技非常的發達，別人用了你的身分證，做了什麼違法的事，雖然不是你做的，但還是會牽扯到法律問題。

第 3 件事：自己的房子不可外借，你要知道讓別人住進去很容易，但搬出來卻很困難。記住這句話：「**請神容易送神難。**」

第 4 件事：自己的大金額資金不要外借，**因為借錢的時候你是爺爺，要錢的時候你就變成了孫子，**無論是朋友還是兄弟，只要扯到錢，容易反目成仇。

第 5 件事：自己的手機不要外借，手機裡的資料都是個人的隱私，請一定要保護好。

第 6 件事：自己的車子不要外借，出了事跟自己脫不了關係，到時候後悔都來不及。

《療癒心靈的秘密能量 II：第 55 天》

2 月 24 日
低頭

做人，有時候稍微垂下頭，實際上是一種寬容，一種從容，一種避免不必要競爭的智慧，更是生存的一門藝術。

卑微的低頭，不是為了讓你永遠低人一等，而是為了在適當的時候，保留一點退縮的可能性，才有機會在將來脫穎而出。

有時，低頭反而讓你更容易看見自己的不足，這種謙虛的姿態，能讓你更好的理解自己，接納自己的不完美，並從中學習成長。

你也許曾遇到那些一意孤行、執著己見的人，他們總是強勢堅持，奉行「寧可玉碎，不為瓦全」的信念，但你也會發現，這種固執可能傷害了別人，也損害了自己的利益。同時，你也會明白，有時低下頭，妥協一下，是智慧的表現。

還有一些人，他們把低頭視為恥辱和退縮，認為只有直來直去、堅持己見才算得上英雄和鐵漢。然而，低頭並不一定是認輸，而是為了準備迎接未來的成功，需要你的智慧和洞察力。

低頭並不等同於放棄，也不代表懦弱，它是一種明智的選

擇，讓你在複雜的人際關係和環境中保持平衡，不是退縮，而是為了更積極的前進，

記住這句話：「常低頭，才不會撞到頭。」

希望你能善用這份智慧，成為更好的自己。

你的心情 DIARY

2 月 25 日
祝福

如果把短短的幾十年人生分為兩部分，那就是上半場和下半場。人生的上半場講求「升」：升學歷、升職位、升業績、升財富，一路上升不止！

而下半場則講求「降」：降血壓、降血糖、降血脂、降尿酸、降膽固醇，逐步下降，追求健康與平靜。

兩個半場都有其法則：

- **即使沒有病痛困擾，也要定期體檢，健康第一。**
- **喝足夠的水，保持身體水分平衡。**
- **面對煩惱，請學會理性思考，找到解決問題的方法。**
- **即使自己有理，也要學會寬容和諒解他人。**
- **即使擁有權力，也要保持謙遜和低調。**
- **不要讓忙碌壓垮自己，學會休息和放鬆。**
- **即使財富有限，也要懂得知足，感恩當下。**
- **生活再忙碌，也別忘了照顧自己的身體，保持健康。**

人生的兩個半場中，無論生活充滿苦與甜，真誠永遠是最重要的價值，無論道路彎曲還是筆直，每一步都是人生的一部分，都有其美好之處，無論生命長短，善良永遠是我們應該秉持的品質。

最重要的是，無論朋友在你身邊或遠離你，請獻上最誠摯的祝福，因為祝福，無時無刻都能溫暖人心的美好禮物。

你的心情 DIARY

2 月 26 日

無愧

每一個人的背後，都藏著別人難以理解的苦澀，那些深埋心底的痛苦和無助，只有你自己能真正體會，生活充滿了各種滋味，有甜蜜，也有苦澀，這些感受，也唯獨你能深刻領悟。

你不必對每一件事都詳加思索，也不需要一清二楚，**這個世界如此廣大，而你相對微不足道**，所以沒有必要對某些事情過於焦慮，只要你盡心盡力，無愧於心就好。

無論你得到了什麼，或是失去了什麼，只要你感到知足，就已足夠。緣分匆匆而來，也匆匆而去，學會隨遇而安，接納生活的變化。

該來的總是會來，該走的總是會走，這是宇宙的規律循環，學會放手，不用強求，你才能享受生命的每一刻，過上充實美好的生活。

你的心情 DIARY

2 月 27 日

中年篇章

時光匆匆，你還記得年少輕狂的日子嗎？

不知不覺間，你已經踏入了中年，這個階段，年少的輕狂和浮躁早已不再，取而代之的是更多的沉穩和細膩，就像是少年時的稚嫩，逐漸長成參天大樹，承擔起上有老，下有小的家庭重擔。

回首從前，你也許覺得年齡是個焦慮的數字，但經歷人生種種的變化和起伏，你漸漸明白，**人到中年，實際上是生命最美好的時光。**

邁入第二人生，你已積累了豐富的生活經驗，不再像年輕時那樣慌張，你可以更加專注於賺錢、閱讀、品味茶香，打造嶄新的華麗生活篇章，每個人的一生，都是一本書，每一篇都充滿精彩，不該留下任何一頁空白。

中年，不僅是成就的時刻，也是重新定義自己的機會，願你珍惜這段人生中最寶貴的時光，努力書寫每一個精彩篇章，讓生命充滿著豐盛光芒。

無論年齡如何增長，請相信最美好的事，都在生命尚未盡頭時等著你。

2 月 28 日

困境

生活看似複雜，時常讓你陷入種種困境，而人生表面上也讓你感到繁複，負擔了太多的重擔。實際上，人生的真諦不在於如何追求複雜的事物，而是如何面對那些看似簡單卻深刻的挑戰。

有時，你不必過分追逐物質上的享受，也不必不停地抱怨生活的不公平。反之，如果你能心存感恩，細心體會生活的每一個細節，就能發現其中的美好。只要你能簡化生活，讓心境更加開放，學會釋懷，就能讓一切變得輕鬆自在，減少不必要的煩惱。

人生，本身就是一場旅程，有很多事都是注定好的，你只不過是來享受遊戲而已，不必過於焦慮或極力去追求所謂的成功。重要的是，你能夠欣賞過程中的點點滴滴，學會活在當下，讓自己更加豁達，生活就會顯得更加簡單，不再讓你感到煩惱。

你的心情 DIARY

3 月 1 日

不遭人嫉是庸才

你越出色，恨你的人就會越多；討厭你的人，也會尾隨而上，因為你的好，襯托出他們的無能，你的優秀，也會遭受非議越來越多。

記住這句話：「不遭人嫉才是庸才。」

所以對於這些人，沒必要自降身價去迎合，不要和他們分享任何成功的喜悅，或者更多開心的事。人性中最大的惡，就是見不得別人比自己好，越是聰明的人，越是裝糊塗。

這是一種人性的現象，我稱之為「羨慕心理」或「嫉妒心理」。

然而，重要的是，不該因這些負面情感而降低自己的價值，或過於在意他人的評價。**每個人都有自己的路要走，成功和成就都是獨一無二的，有夢想的人，會繼續追求自己的目標，不會因他人的嫉妒而自卑退縮。**

同時，你也該學會慷慨分享自己的成功和快樂，而不是因為嫉妒而隱藏，真正的朋友和支持者，會為你的成功感到喜悅，而那些只會嫉妒的人，無論你做什麼，都難以取悅，保持自己的專業和道德標準，勿受他人的嫉妒做出不當的妥協。

成功帶來的嫉妒是不可避免的，但你可以通過積極的心態和行為應對它，繼續前進，實現更大的成就。

你的心情 DIARY

《療癒心靈的秘密能量 II：第 61 天》

3 月 2 日

學會滿足

總有一天，你會深刻體會到一個道理，那就是屬於自己的東西，無論多大風多大雨，都不會被奪走。而那些不屬於你的，哪怕你竭盡全力，也無法攫取。

金錢固然重要，但它不如感情來得耐用。健康，是無價之寶，勝過一切財富。**錢雖然可以滋補物質生活，但當金錢逝去，你照樣可以堅強地活下去。但如果生命離去，累積再多財富也將毫無價值。**

生活中，你經常追求太多，這種貪心容易使你迷失自己，學會滿足，才是真正的幸福所在，或許上半生你不惜代價去賺錢，但當你進入下半生時，卻需要用金錢來換取健康，這樣的交換方式，不論如何計算，都會讓你吃上悶虧。

人活著，本身就是最大的福氣，每一天都是一份珍貴的禮物。

讓我們一起學會懂得知足，珍惜當下，享受生活中的每一刻，這才是身而為人的真正饗宴。

你的心情 DIARY

3 月 3 日

淡淡之交

這個世界上，充滿了各式各樣的人，每天都要和人打交道，身邊總有人陪伴。但請你記得，不真心的人，不需要讓他們太靠近，對你好的人，也不需要讓他們遠離。保持適當的距離是聰明的選擇，這樣的相處才不會讓人感到疲憊，也不易引發矛盾。

人際關係中，拿捏好分寸是非常重要的，**不要過度比較，也不要盲目順從，懂得保持適當的距離，這樣才能避免失望。**淡淡地交往，輕鬆自如的對話，保持一點距離，讓關係維持新鮮，不要過於評頭論足，也不要刻意討好別人，更不要做作，這樣的狀態，最令人舒適和自在。

我們生活在一個充滿不同個性和背景的社會，學會拿捏分寸，保持自己的原則，同時也不刻意迎合他人，是建立健康和人際關係的關鍵，這樣的態度，可以讓我們更輕鬆的與他人互動，同時保護自己的情感和價值觀。

你的心情 DIARY

3 月 4 日

坦誠

不曾經歷挫折，難以知道誰會伸手相助；不曾缺乏金錢，難以明白誰會施以幫助；不曾經歷疾病，難以體會誰最關心你；不曾歷經波折，難以識破誰欲欺騙你。

人和人之間的信任並非人人都能擁有，心靈相通，真誠付出則不常見。當下雨時，方知誰會為你送把傘；當困難來臨，才明白誰是真心對你。有些人，只懂得在好時光陪伴你，不懂得在困難時伸出援手；有些人，只會表面功夫，不懂得坦誠相待。

請隨時保持警覺，不要輕易相信每個人，同時也要珍惜那些真心對待你的人，這是一種對真誠和感恩的呼籲，並提醒自己須理智看待人與人間的互動。

珍愛那些值得珍愛的人，感激曾幫助過你的人；人心隨緣，失去了，就別再奢望。

你的心情 DIARY

《療癒心靈的秘密能量 II：第 64 天》

3 月 5 日

繽紛

處在生命中最艱難的時刻，切勿過分擔心未來的遙遠，只要鼓勵自己活在當下即可，這個世界充滿不可預測的變數，有些事情根本不值得你浪費情緒和精力，美好時光經常瞬間即逝，生活中的挑戰更是家常便飯，即便世界偶爾顯得冷漠，你也應該努力讓內心繽紛多采。

淺淺的喜悅、寧靜的愛、深刻的理解、輕輕的釋懷，這些情感都是你生命中的珍寶。

不要追求別人眼中的華麗生活，只需以柔軟的心態對待自己的生活，過得從容、自在。美景或許在遠方，但真正的價值在當下。

保持冷靜，珍惜每一刻，並讓自己充實滿足，這才是實現真正幸福的方式。不要讓不值得的事物佔據你寶貴的情緒和時間，只有這樣，你才能以更輕鬆、更幸福的方式生活，真正體驗到人生的美好。

你的心情 DIARY

《療癒心靈的秘密能量 II：第 65 天》

3 月 6 日
熱情

你相信嗎？若你能擁抱一份熱愛，生活就可以變得繽紛多彩。

人的一生，可以像平淡的柴米油鹽醬醋茶，亦可如華麗的琴棋書畫詩酒花，只要心中擁有那份熱愛，便能不屈服於歲月的洪流，亦不受制世俗的桎梏所困，懷有一顆充滿熱情的心，便足以勇敢面對生活的挑戰，堅韌對抗時光的流逝。

你或許並非繁花似錦的玫瑰，但絕對能發散獨特的芬芳；或許你未擁有驚天動地的野心，但總能成為生命的璀璨光輝。四季更迭，秋去冬來，只要心中有愛，即能以堅強的雙臂緊緊擁抱生活，無論現在的日子是平淡抑或華麗，只要你能懷抱著熱愛，人生的每一刻就變得有價值。

生命的旅途，不一定要華麗的外表和大膽的野心，而是內心的熱情和堅持，才是你實現豐盛人生的最好方式。

你的心情 DIARY

3 月 7 日

平常心

生活中，你無法避免出現得失和挫折，會經常讓你感到焦慮，因為你擔心失去，或者害怕挫折擊垮你的信心。但你要知道，如果過於計較每一個得失，或者過於害怕挫折，即有可能困在負面情緒的迴圈難以前進。

反之，若你能嘗試學會放下這些雜念，專注於當下的工作或任務，全身心投入其中，專注於做好你當前的事，不分散注意力，成功和滿足會不知不覺的到來，這不是在說你不應該追求成功，而是在提醒你，過度的焦慮和刻意的追求，將會損害內心的平靜和好運。

真正的成熟是一個內在的過程，需要時間和經驗的積累，保持內心的平和很重要，用平常心面對得失，不輕易被虛榮心左右。當你能自然專注於工作和生活，不被外界的浮華所干擾，你將能體驗到內心的自在和平靜，這種平常心，將引導你走向更有意義、更有價值的人生。

沒事不要過於焦慮，學會放下不必要的雜念，**人生中你所思的壞事，有 90% 並不會發生**，保持內心的豐盛平和，方能追求外在的真正成熟。

3 月 8 日

覺悟

這個世界最好的放生，其實是放過自己，不要跟往事過不去，因為它已成過去；不要跟現實過不去，因為你還要過下去。**如果我的能力，只能讓我窮困潦倒，那麼窮困潦倒就是我此生最大的價值。**

只要不是我覺到的悟到的，你永遠給不了我，即使給了我，我也拿不住。只有我自己覺到的悟到的，我才有可能做到，能做到的，才是真正屬於我的。

生命本是具足，你身邊發生的一切，都是來助你的，並讓你覺悟。沒有人可以救你，只有你才是自己的救世主。

所有大徹大悟之人，都曾經歷過無藥可救，心不死則道不生，人生的末路都是神的開端，倘若窮途末路，那便勢如破竹。

願你全力以赴不留遺憾，身不苦則福祿不厚，心不苦則智慧不開。

你的心情 DIARY

《療癒心靈的秘密能量 II：第 68 天》

3 月 9 日

孤獨

當今的科技時代，想要尋找一個能夠傾訴內心話的人，變得愈加不容易，每個人都過著匆匆忙忙的生活，他們匆匆的路過你的生命，即使是你熟識的人，也未必能真正打開心扉，分享內心深處的想法。

人與人之間的關係，建立在功利的基礎越來越多，變得不再那麼純粹。隨著時間的物換星移，關係逐漸疏遠，感情也變得淡漠。欲找到一個可以真正交心的人變得愈加困難，因為你害怕被傷害，只好自己獨自承受痛苦。

不知道從什麼時候開始，越來越多的人選擇在陌生的網路世界，尋求情感的出口。因為在網路上彼此並不相識，所以沒有顧忌，可以坦誠傾訴內心的困惑和痛苦。那些深藏在心裡的情愫，可以在網絡上說出來，然後再關閉電腦，沒人知道是誰分享了這些秘密。

孤獨，有時也可以看成一種修行，與外人交往，是看清世界，與自己交往，是看清自己。

你的心情 DIARY

3 月 10 日

朋友

真正的朋友，是在你陷入困境時伸出援手的人，在你悲傷時給予安慰的肩膀，在你感到無助時聆聽你的聲音。

真正的知己，不會因你的成功而想分享光彩，更不會因你的失敗而遠離你。卓越的朋友，就像一杯上等的茶，清淡而不苦，散發出淡淡的芬香，讓人陶醉，如同流水般悠然自得。

品德，是一個人最珍貴的財富，也是最堅強的後盾。與高尚品德的人交往，福祉自然會圍繞著你。

生命有限，願你慎選交友，**與勤奮者相處，你不會變得懶惰；與積極者共事，你不會心情低落；與智慧者交流，你將受益匪淺；與卓越者為伍，你將攀登高峰。**

你能否成為高手，取決於你身邊的夥伴是否為高手。

你的心情 DIARY

3 月 11 日

活得精彩

當你全情投入追求所熱愛的事，你會發現遺憾逐漸煙消雲散；當你充實自己的生活，將樂趣融入每個角落，討厭之事會無處安身。

想要保持快樂，別太局限於尋常規則；想要活得精彩，同時也要勇於骯髒一點。積極的心態，是懂得欣賞別人擁有的，即便自己未曾擁有；最佳的狀態，是每晚都能沐浴心靈入睡，每早都能清醒精神的醒來。

美好的人生，是完成當天該做的事情，是付出愛給你關心的人，是品味你當天想吃的美食。

這個世界，並沒有什麼世外桃源，當你對生活充滿熱情，就是在探索通向快樂星球的秘密之路，一個人的一生很長，如果你能擁有快樂，那麼即使時間再長，也都是值得的，但假如不快樂，那麼此生的痛苦就更長了。

看到這裡，我相信你應該知道如何選擇了！

你的心情 DIARY

3 月 12 日

貴人

和什麼樣的人相處，將會影響你的人生方向，與牌友相處，可能只會推崇打牌；與酒友相處，可能只會勸你乾杯。

然而，和正面影響你進步的人相處，則會啟發你向更好的方向前進，人生中最大的幸運，不僅僅是偶然撿到財富或中大獎，更在於有人可以在你迷茫時給予鼓勵、引導，並提供幫助。事實上，**限制一個人成長的，通常不是他們的智力或能力，而是他們所身處的社交環境和工作圈**。因此，周圍的人與朋友格外重要。

所謂的「貴人」，不僅僅是那些能給你直接利益的人，更是那些能夠擴展你視野，帶來正能量的人，如同在風雨中執行任務一樣，在陽光下做人。

你的心情 DIARY

3 月 13 日
選擇放下

人，千萬別讓太多思緒纏繞心情，思考過多，往往只會給自己製造壓力，讓心靈感到疲憊。當你過於關注某事，那件事將會成為你的心魔；當你極度在意，它會變成你的煩惱；當你沉浸於得失之中，你會迷失自己；當你執著於真相，你會感到痛苦，過高的自我期望，往往是痛苦的源頭。

有些事，得到是幸運，失去是命運，學會放手，並不是為了原諒他人，而是為了放過自己。我們總是在人生的道路上遭遇各種不如意，但如何應對這些挑戰，決定了你是否能保持內心的寧靜與平和。

生活中的風險和不確定性無處不在，無法事事掌握。但你可以控制自己的思維，學會放下那些無法改變的事情，唯有放下包袱，方可變得輕鬆自在。

擁有一顆淡定的心，不是漠不關心，而是學會面對困難，接受生活的起伏，並保持平衡。當你不再讓焦慮和擔憂主宰心智時，才能更好的享受當下，獲得心靈的平靜。

所以，當你感到困惑、煩惱時，試著放下那些過多的期望，讓自己活著輕鬆愜意，**學會接納生活的不確定性，因為這是生命不可或缺的一部分。**

走出一步，你會發現，放過自己，才是真正的解脫。

你的心情 DIARY

3 月 14 日

幸福

現在不注重健康，未來就得應付疾病，同時為醫生養家糊口。

幸福並非取決於你住的房子有多大，而是房中彼此的笑聲有多甜蜜。

幸福並非取決於你開的車有多奢華，而是你平安駕駛回家的那一刻。

幸福並非取決於你存了多少財富，而是每天擁有身心自由，追隨內心所愛。

幸福並非取決於你的愛人外表，而是你愛人的笑容多麼燦爛。

幸福並非取決於你身居何官位，而是無論身在何處，人們都稱讚你是個好人。

幸福並非取決於你的飲食和服飾，而是身體健康無病無痛。

幸福並非取決於你成功時的掌聲有多響，而是失敗時有人鼓勵你：「朋友，堅持下去！」

幸福並非取決於你聽過多少甜言蜜語，而是當你傷心流淚時，有人對你說：「別擔心！我在這裡。」

幸福並非累積物質財富或社會地位的結果，而是來自於心靈的平和和人際關係的溫暖。

生命的真正價值在於健康、愛和關懷，這些才是你此生最珍貴的財富。

你的心情 DIARY

3 月 15 日
人心

人和人相處，猶如車輛在路上交錯，有時交通事故，有時愉快行進，但人心更為複雜。

車與車碰撞，是交通事故的開端；而人與人的相遇，卻是一段情感的啟程。不幸的是，車輛在路上總會相互碰撞，而人之間的交往卻常常被忽略。

真正對你好的人，並不是因為有所欠債，而是把你放在生命的最重要位置。然而，如果有一天，他們不再理你，那不是因為他們忙碌，而是因為失去了對你的信任。

真誠的友情，會悄悄地走進你的心靈；虛偽的交往，則會漸漸地從你的生活中淡出。

人與人的相處，建立在真誠和信任的基礎。**寧可當面小氣，也不要在背後中傷；寧可當面計較，也別在背後暗算。真正的朋友，在你最困難的時刻伸出援手，而不僅僅在你成功的時候出現。**

愛奉承的人，只值得一笑而過；愛找藉口的人，讓他自行離去就好。

不必去戳穿別人的真面目，內心的答案足已；討厭一個人，也無需生氣，悄悄地離開就行。

朋友固然重要，但真正的摯友稀少，當你身處困境之中，才能見到誰是真正的朋友。

無論是茶酒間的兄弟，還是在困難中找到的幫助，都應該倍加珍惜。

不論貧窮還是富有，都是一種經歷，**山高路遠才能測試馬的力量，日子久了才會見證一個人的真心。**

請珍惜那些在無人讚譽時陪伴你的人，善待那些在困難中真心對待你的人，永遠記住那些默默給予你滴水般恩情的人。

你的心情 DIARY

《療癒心靈的秘密能量 II：第 75 天》

3 月 16 日
理解生活

遇見一個能理解你的人，是一種奇妙的經驗，當你感到孤獨蜷縮在黑暗的角落，他就像帶著一盞明燈，穿越迷宮找到了你。他並不問你為什麼躲起來，也不著急著試圖把你拽出來，而是以柔和的方式問你：「我可以坐在你的旁邊嗎？」

生活中很多事情，並沒有一成不變的對錯，只有當我們走出去，與不同的人和事互動，你會赫然發現，**我們曾經煩惱的事情，原來是那麼微不足道，花點時間，你就會更清晰的看待事物。**

生活，就像一杯開水，不論是溫的還是冷的，只要是適合你的溫度，都是最溫暖的。

生活，就像一首旋律，不論節奏快慢，只要是你喜愛的音樂，都是最動聽的。

生活，就像四季更替，不論是春夏秋冬，只要你的心情適宜，都是最美麗的。

生活，無論是愛情的陪伴或寂寞的時光，只要是適合自己的，就是幸福的。

且行且珍惜那些理解和陪伴你的人，因為他們的出現，讓你生命變得更加美好。

《療癒心靈的秘密能量 II：第 76 天》

3 月 17 日
幸福快樂

在這個世界上，你並不需要每件事都努力去搞明白，就像水太清澈時容不下魚一樣，如果太理智可能也容不下真正的朋友。有時候，放下內心的煩惱和堅持己見，放下貪婪，用一顆寬容而理智的心態去面對生活，或許才是你贏得人生的關鍵。

愚蠢的人，總是傾向於想像問題的壞處，越想越沮喪，越想越煎熬，最終活在痛苦之中。而聰明的人，則將注意力放在問題的好處，總是以愉快的心情思考愉快的事，從而創造了快樂的人生。

生活本身充滿了變數和複雜性，總會遇到各種困難和挫折。當你過於糾結每一個問題，不斷地尋求確切答案，可能會迷失在迷霧之中。**如果你能夠放下執念，接受生活的不確定性，用一顆開放的心去理解和面對，會發現問題並沒有想像中那麼的可怕。**

與此同時，不要太在意得失，不要為了一時的小利而傷害他人，在人際關係中，寬容和善良往往能夠換來更多的友情和支持，學會放下小心眼，不要過於爭強好勝，以理性和善意來對待他人和事物。

生活的每一刻都充滿了可能性，只要你用一顆開放和積極的心態去面對，無論是遇到挫折還是取得成功，都是寶貴的經驗，都值得你珍惜和感恩。

最終，真正的幸福來自內心的平靜和滿足，而不是外部的物質和權力。所以，讓自己瀟灑做人，理智做事，用積極的心態，走好你人生的每一段路，這才是贏得幸福快樂的秘訣。

你的心情 DIARY

《療癒心靈的秘密能量 II：第 77 天》

3 月 18 日
珍惜當下

一個人最佳的狀態，是每晚都能安心入眠，不帶任何煩憂，心情平和不精力耗竭，每天都能感到清新爽朗，充滿活力，醒來時充滿朝氣。

每個人都有缺點，所以應該互相多一些包容；我們也都有優點，應該互相多一些欣賞。生活中難免有傷心時刻，所以需要互相安慰，而生活中也有快樂時刻，所以我們要一起分享。

人生就是一個過程，其中的人和事都會隨著時間而淡忘，過去的不必過於執著，請好好珍惜當下，只有當下過得美好，才是最重要的。

請不要等到明白的太遲，也不要讓遺憾再次出現，你我之間有緣相識，應珍惜生命中的每一位家人和朋友，開心地過好每一天。

讓我們共同享受當下的美好，用愛和感激來填滿我們的生命。

你的心情 DIARY

《療癒心靈的秘密能量 II：第 78 天》

3 月 19 日
好心情

你知道嗎？世上最好的養生方式，就是保持一個良好的心情，以及良好的睡眠品質。真正的健康，不僅僅取決於高品質的保健品，更在於和那些讓你感到舒適的人在一起。

當你和他們相處時，你可以放下戒備，無需小心翼翼，自然而然地交流，感到非常的愉悅。和舒適的人在一起，選擇與充滿正能量的人來往，不僅滋養了他們，也滋養了自己。

與那些讓你感到舒適的人在一起，就像是趕走了陰霾，留下了歡樂，這勝過世界上任何保健品，因為**只要你的心情良好，各種疾病都會遠離，一切都會平安無事。**

是故，請珍惜和那些讓你感到舒適和愉悅的人，和他們在一起的相處時光，你會發現，健康和快樂將從內而外綻放出光芒。

你的心情 DIARY

《療癒心靈的秘密能量 II：第 79 天》

3 月 20 日
人生流年

人生走過流年，誰都難免犯一兩次違心之事，背負一兩筆人情債。生活在世間塵世中的凡人，就如同穿白襯衫的人，經歷長時間的洗禮，讓我們漸漸失去了最初的純白，但又何妨呢？這些瑕疵、污漬、斑駁，都是我們生命的歷程，證明我們曾經走過，打滾、吃苦、心碎、犯錯，這才是人生的真實面貌。

生命的旅途中，你能誇耀自己是十全十美的人？nobody！

每個人都曾在某個瞬間，犯下違心之事，疏忽了自己的良知，傷害了別人的感情。也曾欠下了一些人情債，或多或少，不論大小，都是你曾經得到過幫助或關愛的證明，這些都是生活不可避免的經歷，不是誰都能免疫。

如同一件白襯衫，經過時間的洗滌，顏色會逐漸改變，但這也是讓它變得更獨特的主因。**你所經歷過的一切，包括過去的錯誤和違心之事，都讓你成為今天的自己，這些經歷塑造了你的性格，能讓你更謙卑、寬容，也更懂得珍惜。**

當你意識到自己的過錯時，最重要的是能夠勇敢的面對，接受自己的不完美。如果別人無法原諒你，那麼至少應該學會原諒自己。別讓一個過錯淹沒，也不要以另一個過錯來掩蓋。時光荏苒，當你回眸會發現，若不面對過去的過錯，將永遠無法找到回家的路。

人生如流年，充滿了色彩和滋味，使我們變得獨特而有價值，不要害怕犯錯，只要你肯從中學習，並不斷前進，生命就會變得豐富多彩。

無論你的白襯衫上有多少瑕疵，最終，都將證明這個世界你曾經來過，而且活得更有價值。

你的心情 DIARY

《療癒心靈的秘密能量 II：第 80 天》

3 月 21 日
初見

人生若只如初見，這個世界將會充滿無限的可能性和驚喜，每一個人、每一個事物都是全新的，充滿了乍見之歡，這種感覺讓人心情愉悅，充滿了期待。

然而，乍見之歡雖然美麗，卻總是短暫的，隨著時間的流逝，激情逐漸消退，內心的火花也逐漸熄滅，我們漸漸變得疲憊，生活的壓力和挑戰，讓我們不再像初見時那麼單純、快樂。

但，這也是生活的真實面，它不是一帆風順的旅程，而是充滿了起伏和挫折的冒險，只有當我們經歷了，才能體會到最美的心境，並不一定是初見時的熱情洋溢，而是一種安靜和淡定。

當你經歷了生活的風雨，從時光的洪流中走來，才能真正明白人生的不易，那些曾經讓你感到痛苦和挫折的時刻，也是你成長的機會，更是讓你變得更強大和成熟的過程。

餘生不應該留下太多遺憾，每一個人都有自己的夢想和目標，應該勇敢地去追求，不要讓任何事情阻礙你的前進，即使遇到了挫折，也不要灰心喪氣，因為每一次的失敗，都是通往成功的必經之路。

人生不一定要華麗，但一定要珍惜，生活中的美麗，往往不在於華麗的外表，而在於內心的善良和深度，珍惜身邊的人和事，感恩每一天的陽光和每一滴雨水，生活是一個寶貴的禮物，你我應當好好珍惜。

你的心情 DIARY

《療癒心靈的秘密能量 II：第 81 天》

3 月 22 日
保持初衷

你的生命旅程，如同一條充滿了曲折和轉折的道路，你的體悟構成了珍貴的人生經歷。然而，不論你身在何處，保持自己的初衷、全情投入，這一點非常的至關重要。

當你清楚自己為何出發，你就不會在旅途中迷路，不管你的目標是什麼，一旦你擁有了熱情和毅力，別人的支持和鼓勵將會讓你更有動力。你就像一團燃燒的火焰，當別人為你喝彩時，你會變得更加強大，但當有人試圖向你潑冷水時，你就像火中的石灰，反而讓內心的熱情更加沸騰。

人生就像一座山，上有高峰，下有低谷。當你站在高峰上時，別忘了保持謙虛，不要驕傲自大，因為謙卑是必要的。而當你處於低谷時，絕對不要自責，你要帶著勇氣仰望高峰，準備迎接新的挑戰。

不論是順境還是逆境，都不能讓你失去平和。**當你處於順境時，不要因為成功而忘記謙虛，請保持一顆謙遜的心；在逆境中，絕不能讓挫折擊垮你，請保持堅強不屈。**

在複雜多變的旅程中，保持心靈的清澈，始終記得為什麼出發，並堅定不移地前行，這是人生的真諦。毫無疑問，道路上的曲折和風景的多樣性，使這個旅程變得如此精彩。

保持初衷，堅定向前，體驗生活的每一刻。

你的心情 DIARY

3 月 23 日

尊重彼此

做人，別用自己的尺度來評價他人，每個人都有自己的處境，每個心靈都是獨一無二的。不要試圖用自己的價值觀來衡量別人的價值，也不要用自己的心情來評斷別人的情感，這個世界上沒有人是完美的，每個人都有自己的缺點和過失。

不用自視過高，也不要對他人抱持傲慢的態度，不要嘲笑別人，不要對他人發火，也不要隨意打斷別人的發言，學會寬容，尊重他人，並理解每個人都有他們的處境和挑戰。

在這個世界上，除了你自己，沒有人能真正了解你的需求和願望，就像一顆雞蛋，如果你只看表面，你只會看到它是食物，但當你打破它，你會發現它蘊含生命。人生也是如此，外在的壓力可能是困難和挑戰，但是當你內在的力量被激發時，便會成長和茁壯。

每個人都在自己的成長過程，你我應當尊重彼此，互相支持，並在彼此的差異中尋找共鳴。唯有如此，你即可建立更加富有同情心和理解的社會，讓每個人都能找到自己的位置，展現自己的潛力。

你的心情 DIARY

《療癒心靈的秘密能量 II：第 83 天》

3 月 24 日

能力

如果，你害怕失敗，即使再聰明，也可能很難成功，成功的路並不總是坦途，而是布滿挑戰和磨難的蜿蜒小路，堅持走自己的路，才有可能找到屬於自己的成功。

你必須具備堅韌的勇氣，因為成功不是一帆風順的旅程，它像是一位嚴格的導師不會留情，會在你犯錯時予以教訓。反觀，失敗也能教導你許多寶貴的經驗，但不一定是一位良好的嚮導，它也不會等你。因此，最重要的是你在成敗之間，能否學習、成長、蛻變。

想像蝴蝶和毛毛蟲之間的差異，不只是多了一對翅膀，蝴蝶必須努力逆風飛翔，才能抵達夢想的所在，你也必須克服逆境，追求你的目標。

在這個功利社會，很多人只看結果，不關心過程。他們不關心你付出了多少努力，只在乎你是否成功，假如你選擇放棄，過去的努力可能就此白費，因此，無論多麼艱難，你必須持之以恆。

一時的好表現可能是運氣，但要贏得持久的尊重和信任，你必須一直保持卓越的表現，才能向別人證明你的能力，讓人了解你值得信賴。

不要忘了！你唯一能依賴的是你的能力，你所學習的知識和技能，都會是你的財富，它們是你能依賴的最好幫手，無論發生什麼，它們永遠都在你身邊。

你的心情 DIARY

3 月 25 日

珍惜擁有

在變瘦和變胖之間，有著漫長的自律之路，而欲掌握知識的淵博，需要不懈的學習，想要變得更好，要堅持不懈的努力。然而，生活的挑戰，往往不在於這些身體或智識上的改變，而是來自對自己的焦慮，他們經常表現出「被同齡人拋棄」或「自己的命最苦」的負面想法。

記住這句話：「無論你如何焦慮，現實都是不可改變。」當你無法改變某些事情時，可以選擇接受或釋然，人生充滿無奈，但你可以掌握今天，珍惜當下。

過去的錯誤和挫折不值得耿耿於懷，人生是一個持續解讀的過程，將來你會明白，**緣起緣落、聚散分離都是生命中的一部分，不值得你過分悲傷。**

有時，好好去珍惜，你才能更好地擁有。同時，也需要學會釋放，這樣你才能更好的前行，生命的變數不斷出現，你需要適應和成長，這正是人生的真諦。

你的心情 DIARY

《療癒心靈的秘密能量 II：第 85 天》

3 月 26 日

時間

時間，是生活最偉大的導師，在無聲無息的流逝中，它要你真誠寬厚，要踏實認真的對待生活。

無論是順境抑或逆境，時間告訴我們，不要自負自滿，也不要輕易自暴自棄，**得到的時候要倍加珍惜，失去的時候要坦然面對**。面對殘酷的現實、人生的考驗、失敗的教益、生活的坎坷，以及人際關係的冷暖……你不僅隨著歲月的增長變得更加成熟，以及在思考、體悟和反省中汲取了更多未知的智慧，唯有如此，你才能堅定面對各種挑戰和突如其來的意外。

隨著時光的沐浴，你終於明白，時間是一切成就的基石，對於那些一昧白日空想的人或許帶來痛苦，但對於那些不斷創造的人來說，它則賦予幸福。

時間從不辜負那些珍愛它的人，只要你珍惜，它必給予你回報。

你的心情 DIARY

《療癒心靈的秘密能量 II：第 86 天》

3 月 27 日
決心

生活中，區別人與人的不是智商，而是做事是否有始有終，此觀點揭示了一個深刻的真理：決定你成功與否的因素通常不是你的能力有多高，而是你實現能力的決心和毅力。

一項任務或目標，要麼不開始，要麼就應該全力以赴，只要邁出第一步，就能排除許多困難。許多人傾向於做事半途而廢，這不僅導致任務無法圓滿完成，還給人留下了無能和不可靠的印象，只要設立了目標，就應堅定不移的朝前邁進，善始善終，絕不半途而廢，這種決心和毅力遠比智商更重要。

你在生活經常遇到困難和挫折，這是不可避免的。然而，正是在這些時刻，堅持到底的品質才能得以展現，**只有在剋服困難、持之以恆的過程中，才能夠充分發揮自己的潛力，實現更大的目標。**

堅持到底不僅是成功的關鍵，還是積累智慧和經驗的途徑，通過全心投入並剋服挑戰，你可以學到更多，成為更好的自己，這個過程塑造了你的性格，增強了你的毅力，讓你更有智慧地應對未來的挑戰。

再說一次，生活中的差距並不是由智商所決定，而是由是否有堅持到底的決心和毅力所決定，一旦你設立了目標，請勇敢的去追求，不畏困難，不輕言放棄，這就是真正的智商和最強的能力，通過堅守初心，你能取得更多的成就，並在前行中不斷成長。

你的心情 DIARY

3 月 28 日

十大真相

你知道人生的十大真相嗎？請聽我娓娓道來。

1. **無法原諒別人，是因為你不夠愛自己。**
2. **總是看到別人的缺點，是因為自己不圓滿。**
3. **太過在意別人的眼光，是因為自己對自己有評判。**
4. **總想在外邊表現完美，是因為骨子裡的自卑。**
5. **所有負能量的根源，都是根深蒂固的自我否定。**
6. **內心越淤堵，外在越糾纏。**
7. **無常和遺憾才是人生的常態。**
8. **我們一直在學習如何成功，卻不知道如何面對失敗。**
9. **離苦得樂，是因為你超越了苦樂，而不是沒有苦樂。**
10. **除非你自己想醒來，否則無人可以喚你醒來。**

你的心情 DIARY

3 月 29 日

完善自我

在追求機會之前，是否該先給予他人機會，然後慢慢積累自己的夢想呢？如果成功有捷徑，那就是改變，時刻準備朝向更好的方向改變。

有人問毛毛蟲是怎麼過河的？一個老闆向他猶豫和困惑的下屬提出這個問題。

下屬給出了三個答案：

1. 從橋上過。
2. 從葉子上過。
3. 被鳥吃到肚子裡就過河了。

老闆依次否定了這三個答案。他說，沒有橋，葉子被水沖走了，而毛毛蟲被鳥吃掉了的話，就失去了過河的意義。

那麼，究竟毛毛蟲是怎麼過河的呢？

最後，老闆告訴下屬：「毛毛蟲要想過河，只有一種方法，那就是改變成為蝴蝶。」

在變成蝴蝶之前，毛毛蟲必須經歷一個痛苦的階段，它在一個繭中，一片漆黑，沒有食物，這種痛苦需要經歷很長的一段時間。

其實，每個人的生命也是如此，在生活的旅途中，每個人都會遇到各種挫折和磨難，有人在面對困境時感到沮喪和絕望，無法改變自己的處境。反之，有些人勇敢的棄舊迎新，不斷挑戰自我，不斷成長，不斷蛻變。最終，他們輕鬆飛越了毛毛蟲時代的痛苦河流。

生命，實際上就像毛毛蟲過河的過程，每個人都有成功的機會，然而成長和成熟都是痛苦的，你想要成功，必須勇敢的褪去一層層厚厚的繭，才能變成蝴蝶，自如地翱翔。

若沒有作繭自縛，又何來化繭成蝶？

你的心情 DIARY

《療癒心靈的秘密能量 II：第 89 天》

3 月 30 日

堅定

奧地利的**布魯克**居住在貧困的鄉村地區，早年，他失去了母親，父親後來因受傷無法工作，家中的經濟狀況變得困難，再加上兩名年幼的弟弟需要照顧，家庭的重擔便落在了**布魯克**的肩上。

某天，一位顧客急急忙忙地交給了布魯克一雙破損的皮鞋，希望他能修理，**布魯克**技藝嫻熟，僅僅隔了一天，他便將鞋底修好，並且仔細地擦拭，使整雙皮鞋看上去煥然一新。顧客拿回修好的鞋子後，感動地對**布魯克**說：「小師傅，非常感謝你把我的最愛鞋子修好，你的修理工藝不僅堅固耐用，還使鞋子看上去嶄新一般。」

周圍的同行修鞋匠私下議論紛紛：「**布魯克**把顧客的皮鞋修好不說，還如此費心地把鞋子擦拭得如此光亮，這樣做有什麼好處呢？他真是愚蠢，別人不理解，他鐵定會一輩子貧困下去。」

然而，**布魯克**並不為這些議論所困擾，他堅守自己的工作，並將良心的責任視為首要，他相信自己的價值不僅體現在金錢，而是在於對他工作的奉獻。對他來說，滿足了顧客需求的同時，內心也得到了平靜。

後來，**布魯克**獲得了一家皮鞋工廠的工作，專門負責修補和改進製造中的皮鞋瑕疵。多年後，那些嘲笑他的人仍然在街頭修鞋，而**布魯克**已經成為奧地利最大皮鞋工廠的製造經理。

這個故事只想告訴你一件事，成功的關鍵不在於滿足眼前的需求，而是在於提升自我、不斷改變，**當你的意志更堅定，就能應對更多的困難；當你的視野更遠大，機會也會更多。**

在這個過程中，你要相信，克服困難和堅持努力將帶來更多的機會，並實現最終的成功。

你的心情 DIARY

3 月 31 日

讓自己成為對的人

有一個年輕人去買碗，來到店裡他順手拿起一隻碗，然後依次與其它碗輕輕碰擊，碗與碗之間相碰時立即發出沉悶、渾濁的聲響，他失望地搖搖頭，然後去試下一隻碗。

他幾乎挑遍了店裡所有的碗，竟然沒有一隻滿意的，就連老闆捧出自認為是店裡碗中精品，也被他搖著頭失望地放回去了。

老闆很納悶，問他怎麼老是拿手中的這隻碗，去碰別的碗是什麼意思？

他得意地告訴老闆，這是一位長者告訴他挑碗的訣竅，當一隻碗與另一隻碗輕輕碰撞時，發出清脆、悅耳聲響的一定是隻好碗。

老闆恍然大悟，拿起一隻碗遞給他笑著說：「小伙子，你拿這隻碗去試試，保證你能挑中自己心儀的碗。」

年輕人半信半疑地依言行事。

奇怪！他手裡拿著的每一隻碗，都在輕輕地碰撞下發出清脆的聲響，他不明白這是怎麼回事，驚問其詳。

老闆笑著說：「**道理很簡單！你剛才拿來試碗的那隻碗本**

身就是一隻次級品，你用它試碗那聲音必然渾濁，你想得到一隻好碗，首先要保證自己拿的那隻也是隻好碗，就像一隻碗與另一隻碗的碰撞一樣，一顆心與另一顆心的碰撞，需要付出真誠，才能發出清脆悅耳的響聲。」

自己帶著猜忌、懷疑甚至戒備之心與人相處，就難免得到別人的猜忌與懷疑，其實，每個人都可能成為自己生命中的「貴人」。

前提條件是，你與人為善，你付出了真誠，就會得到相應的信任，你獻出愛心，就會得到尊重，反之，你對別人虛偽、猜忌甚至嫉恨，別人給你的，也只是一堵厚厚的牆和一顆冷漠的心。

你的心情 DIARY

4 月 1 日

釋放

你的人生如同一幅畫，它的色彩來自你的心情，而它的格局則由你的心態決定。當你面對日常的壓力和困惑時，所採取的心情和態度，對於處理這些挑戰至關重要。

擁有一個健康的內心狀態，不僅是一種禮物，更是一種智慧的體現，無論是歡笑還是淚水，都是你生活中不可或缺的一部分，當逆境降臨時，保持積極的心態至關重要。

人類的身體和心靈之間有著微妙的聯繫，一個愉快的內心狀態，能夠保持身體的健康，而壓抑和煩惱，則容易導致各種健康問題。

你必需學會釋放，讓壓力和煩惱飛走，不讓小事困擾自己的心情。**每一天都是全新的起點，每一刻都是珍貴的禮物，學會感恩，學會寬恕自己和他人，接納這個世界的不完美**，如此才能真正活出陽光的自己，培養一顆樂觀的心，積極應對生活的種種挑戰，你就能充滿能量活在當下。

讓你的內心充滿感恩之情，讓壓力釋放，讓寬恕為你敞開心扉，活出陽光的每一天，美好的日子就是今天，好好擁抱當下感受此刻，世界將引領你走向更美好、更充實的人生。

4 月 2 日
微笑

微笑，就像是生活中的一劑療癒良藥，當你展現親切的笑容，不僅能讓自己感到愉快，還可以讓他人也感受到歡喜，微笑有著神奇的力量，它可讓你的身心都變得更健康。

研究顯示，微笑能刺激大腦分泌三種讓人感到幸福的神經傳導物質，分別是血清素、多巴胺和腦內啡，這些物質能夠降低你的焦慮，讓自己感到更加幸福。此外，笑容也能讓你看起來更年輕，因為快樂的表情，可以撫平壓力和疲憊造成的皺紋。

不僅如此，歡快的笑聲也具有感染力，當你開心的笑出聲時，周圍的人也會感受到快樂，原本緊張的氛圍也會變得和諧。正如俗語所云：「出手不打笑臉人」，微笑有著撫慰他人情感的力量。

沒事，請你經常保持微笑！彷彿彌勒佛一樣擁有一顆大大的包容之心，容納世間的種種困難和煩惱。這樣的微笑，不僅能讓自己的身心得到愉悅，更能傳遞愉快給身邊的人，彼此一同享受生活的美好。

是故，不妨學習像彌勒佛，擁有一顆包容的心，滿懷心喜，笑對人生的各種挫折和困難。

記住這句話：「大肚能容，了卻人間多少事，滿腔歡喜，笑開天下古今愁。」

你的心情 DIARY

4 月 3 日

樂觀走出困境

人生旅途中，你不斷地學習和領悟，隨著時光的推移，你會放下那些不再需要的包袱，因為你明白，隨著年齡的增長，對生活的理解也更加深刻。

快樂是生活中不可或缺的一部分，它猶如一盞明亮的燈，照亮了你前行的路。當快樂存在時，希望也隨之陪伴，你的生活會變得豐富多彩，未來充滿了機遇。

生活在這個平凡的世界，必須處理瑣碎的事務，例如柴米油鹽。這些微小的細節組成了你的生活，它們是不可避免的一部分，生活本來就是如此，充滿了大小事情，需要你去面對，需要你去解決。

然而，這些平凡的細節中，你也可以找到生活的溫暖，這些微小的瞬間，猶如煙火一樣，能夠溫暖你的內心，使你感到安寧，擁有這些平凡的溫暖，讓你的生活更加充實，讓你明白，其實快樂一直都在。

如果你想要快樂，就必須擁有一顆寬容的心；如果你想要走出困境，也必須保持樂觀的心。人生注定會有苦難，但這些苦難並不是你生活的全部，一旦你學會從苦難中尋找快樂，你超越了世俗，便能成為智者。

一起樂觀的面對生活，尋找其中的快樂，就像在煩憂中找到安寧一般，生活會因你的樂觀而變得更加美好。

你的心情 DIARY

4 月 4 日

能量格局

憑什麼讓人喜歡你？

第一，你有道德：

對人真誠、為人厚道、心地善良、有規矩、有方圓、有禮貌、有愛心，與你相處感到溫暖與放心。

第二，你有用心：

你能為別人提供實際的幫助與價值。

第三，你有見識：

與你相處能夠拓寬眼界，放大格局。

第四，你有思考：

你善於傾聽別人的想法並發表有價值的見解。

第五，你有包容：

你能夠充分認可別人的價值，欣賞別人的特點。

第六，你有幽默：

與你在一起的時候，人們感到愉快，不感到乏味。

請牢記以上幾點，做到讓更多人願意與你交朋友，若有下一點，你將吸引更多人。

第七，你有心：

懂得用情用心交朋友，人脈必然成為黃金脈，正面能量無限。

處理事情時，知道的不必全部說出，看到的不可全盤相信，聽到的可以在腦中過濾、篩選和沉澱。久而久之，你的氣場將自然形成，你的能量將變得更強大，必將取得大事成就。

你的心情 DIARY

《療癒心靈的秘密能量 II：第 95 天》

4 月 5 日
心態命運

《快樂的心態，實現自我》

不要忘記，生活本來就不是場競賽，你無需不斷去證明自己優越於他人，不必與他人比較，不要過分追求高下之分，在人際關係中，理解和寬容是關鍵，可以幫助你減少誤解，維持和諧。

你總會遇到人與人之間的不解，這是正常的，因為每個人都有獨特的性格和觀點，不要以自己的角度去批評他人，或評斷事情的對錯。理解，不是要求別人的觀點必須與你一致，而是接納差異，尊重多樣性。

有時，你可能過分要求自己，覺得別人應該了解你，但卻很少去理解別人。快樂的真諦在於，懂得放下自我，願意包容，而不是苛求他人，擁有一顆輕鬆的心，多些關心他人，你才能找到真正的快樂。

快樂源自內心，你的心態決定了你的命運，勿讓他人的評論傷害你，因為你永遠無法控制他人的言論，但你可以控制自己的心態，以平和的態度來面對一切。

生活中，得與失常常並存，追求越多，失去的可能性也越高，不要貪得無厭，要學會放手，快樂不來自於持續獲得，而

來自於內心的平靜。

別忘了！宇宙遵循一個平衡的法則。

你想要成為一個快樂的人，需要擁有一顆善良、包容和樂觀的心，心態決定命運，自信引領你走向成功，切勿讓得失左右你的情緒，讓快樂一直伴隨你的人生旅程。

你的心情 DIARY

4 月 6 日

人生牌局

生活就像一場精彩的牌局，你無法預測手牌的好壞，但並不在於起始牌的質量，而在於如何巧妙的打好每一手牌。當你拿到一手糟糕的爛牌，很容易沮喪，責怪運氣不佳，但你不能因此停滯不前，生活還在繼續，而每一局的結局並不完全取決於牌的好壞。

獲勝與失敗不僅僅靠運氣，也需要技巧和機遇的結合，高手之所以是高手，不是因為他們總能拿到好牌，而是因為無論手牌如何，他們都能運用技巧、策略與智慧，打出最佳的局面。

生活與打牌如出一轍，起始牌的好壞只是運氣的一部分，關鍵在於如何持之以恆，充分發揮自己的智慧和潛力，在人生的每一局做出最佳的選擇。**不管輸贏，都是成長的一部分，也是生命旅程的寶貴經驗。**

因此，不要因手中的牌而氣餒，積極應對挑戰，把握機會，不斷提升自己的牌技，讓生活的每一局都充滿精彩，無論牌運如何，打好每一手牌，那才是真正的高手之道。

生活盡是一場長久的牌局，讓我們一起迎接並享受其中的風景。

4 月 7 日
快樂鑰匙

《別把快樂的鑰匙交給別人》

著名專欄作家西德尼·哈里斯（Sydney Harries）和朋友一起在報攤買了份報紙，他很禮貌的向報販道謝，但報販只是冷漠地不發一言。

當他們繼續前行時，哈里斯說：「這傢伙的態度真差，不是嗎？」

朋友：「他每天晚上都是這樣的！」

哈里斯：「那你為什麼還要對他那麼客氣？」

朋友：「對！為什麼要讓他來決定我的行為呢？」

每個人心中都有一把「快樂的鑰匙」，但你常常不自覺地把它交給別人來掌握。

有一位女士抱怨：「我活得很不快樂，因為我先生經常出差不在家。」

她把快樂的鑰匙交給了先生的手中。

一位母親說：「我的孩子不聽話，讓我很生氣！」

她把快樂的鑰匙交給了孩子。

男人可能說：「老闆不賞識我，所以我情緒低落。」

這把快樂的鑰匙又被塞給了老闆。

婆婆說：「我的媳婦不孝順，我真命苦！」

年輕人從文具店走出來說：「那位老板的服務態度惡劣，氣得我要爆炸了！」

他們都做了相同的決定，皆是讓別人來控制當下的心情。

當你容許別人掌控自己的情緒時，你將變得如同受害者，感到無力改變現狀，抱怨與憤怒成了唯一的選擇。你開始責怪他人，並傳達出一種信息：「我的痛苦，都是因為你造成的，你要為我的痛苦負責！」此時，你把這個重責大任推卸給了周圍的人，迫使他們讓你感到快樂。

你似乎在承認無法掌控自己，只能任由他人擺布，這種態度使別人不喜歡接近你，甚至望而生畏。

一個成熟的人，他們卻能握住自己「快樂的鑰匙」，他不期待別人使他快樂。相反地，他能夠把快樂與幸福帶給他人，他的情緒穩定，同時為自己負責，與他在一起是一種享受，而不是一種壓力。

你的「快樂鑰匙」在哪裡呢？是在他人手中嗎？快去把它奪回來吧！

你的心情 DIARY

4 月 8 日
情誼

並非所有的感情都能夠失而復得，有些人雖然不吵不鬧，卻未必不再相愛，他們可能只是受傷害了；有些人雖然不言不語，卻未必不在，他們可能只是被冷落了；真摯的愛情，因此而受的傷也更加深刻，長時間的等待，因此而帶來的失望也更多。

不要以為感情的離去是毫無原因的，也不要以為感情的消逝是瞬間發生的，你不去呵護，只會造成緣分的逐漸疏遠；你不去在乎，只會令感情逐漸冷淡。

別等到有人離開了才後悔，別等到感情變淡了才想要挽回，朋友並非只有在你需要時才去尋找，愛情也不應只在你失去後才明白對方的可貴。

長久的相處需要雙方的付出，永恆的情誼需要互相的珍惜，這是愛與珍惜的情感之道。

你的心情 DIARY

《療癒心靈的秘密能量 II：第 99 天》

4 月 9 日
正向思維

很多人問我：『老師！該如何擺脫負面情緒呢？』

我想分享一個簡單而有效的方法。首先，有機會請改變你的環境，因為環境能深刻地影響你的思維，而思維則會影響你的行動，最終塑造你的命運。是故，環境是影響正負能量的主要來源。

你可以將自己的人生之路，由陰暗轉向陽光，由負能量轉為正向能量，如果你學會用積極的思維看待每一件事情，你將為自己創造一道光芒，這道光芒可以幫助你消散內心的恐懼和負能量。

別忘了感恩的心，行善、說好話，透過行動和情感，喚醒你潛意識中的「高我」，同時要掌握你的思維頻率。經過一段時間的努力，你會從低頻率逐漸跳升至高頻率，這過程並不難，只要你能堅持，就能保持在正能量的頻率上。

當你能掌握正向思維時，你不再隨波逐流，也不會因負能量而對未來感到恐懼。

直覺是一種強大的洞察力，請時刻用「心」去思考，跟隨你的感覺，這將引導你走上自己渴望的道路。

改變環境，積極思考，感恩行善，控制思維頻率，相信自己的直覺，並持之以恆，能幫助你轉化負能量，走向更陽光的人生之路。

你的心情 DIARY

《療癒心靈的秘密能量 II：第 100 天》

4 月 10 日
擁抱自己

《擁抱自己，讓時間去說話》

每個人都有自己的一生，而這一生中，總有人喜歡你，也有人不喜歡你，有人會羨慕你，也會有人嫉妒你，但無論如何，這都不應成為你生活的重心。

生活就是這樣，不可能讓每個人都對你滿意，不要為了別人的評價而迷失了自己，每個人的眼光不同，所以他們對你的看法也各有不同，這就是人生。

你要記住，你的價值不應該由別人來定義，不要為了討好別人，而放棄自己的價值觀和原則。你有自己的眼睛、耳朵、嘴巴和心，你有權決定如何看待事物、如何傾聽他人、如何表達自己、以及如何生活。

每個人都有自己的生活方式，這是很正常的，不要因為他人的不同看法而感到不安，你應該做自己，不必刻意討好別人。

生活中，你總是想要更多，但這不應該成為你生病的原因。貪得無厭的慾望，只會傷害你的身體和心靈。

是故，讓自己學會滿足，讓時間去說話，擁抱真正的自己，享受生活。

4 月 11 日

信任的價值

你得時刻銘記，生活中會有各種挫折，你可以哭泣，可以懷恨，但千萬別失去堅韌的意志。只要你的心還在跳動，夢想就繼續存在，但你需要拼命地去實現它，因為總會有一群人在背後等著看你是否能成功，所以讓你努力不懈。

即使你遇到生活中的困難，也要保持優雅的姿態，生活有時會給你沉重的一擊，但你可以選擇如何應對，好好照顧自己，對自己善待，培養積極的心態，擁有正面的思想，擴闊心胸，讓自己變得寬容，保持良好的狀態。

無論你的年紀多大，都應該堂堂正正的生活，誠實做人，明辨是非，永遠不要失去別人對你的信任，**因為信任是你在別人心中存在的價值，而失去信任等於人生的最大破產**，你要相信，誠信可戰勝一切，遵守承諾才能贏得人心。

人與人之間的交往，建立在真誠的基礎上，請感恩生命中遇到的每一個人，無論他們是一路相伴還是短暫經過，每個相遇都有它的意義，你得心存感激，並銘記這些智慧的話語，你將可前程似錦。

你的心情 DIARY

4 月 12 日
空瓶子

一個空瓶子，你向裡面倒水，裡面就裝著水；你向裡面倒垃圾，裡面就裝著垃圾。人又是什麼呢？人本身什麼都不是，人就像一隻空瓶子，你向瓶子裡面倒什麼，你得到的就是什麼。

心裡裝著善良、寬容、真誠和感恩，你的生命就充滿了陽光。如果心裡裝著他人，你就會凡事先考慮別人的感受，不會一意孤行，而是讓別人也感受到你的溫暖。

當你關心別人時，別人也會想著你，最終你得到的，甚至比你對別人的關心所付出的還要多，這就是生命的美好，取決於你願意裝進自己心靈瓶中的是什麼。

你的心情 DIARY

4 月 13 日

相信未來，活出骨氣

你知道嗎？當一個人凝望大海時，若海面平靜無波，這海便失去了它的骨氣，不如欣賞一條小溪。生活也如此，你需有骨氣、氣度，堅持底線。

華人熱愛梅花，喜歡「待到山花爛漫時，她在叢中笑」；喜歡「已是懸崖百丈冰，猶有花枝俏」。這愛梅花之情，是愛它的靈魂，是對品格的尊崇。

李清照曾深刻言道：「生當作人傑，死亦爲鬼雄。」

人活著，必須抱有對未來的信念，就算整個冬天籠罩在陰霾之中，太陽依然會再次照亮大地。無論遇到多少挫折，即便只剩下微弱的呼吸，你仍然能保持希望，重新嶄露頭角。

你的心情 DIARY

4 月 14 日

勇氣

有位乞丐因不好意思伸手要飯，結果餓死在街頭。

有家商戶因不好意思催人還債，結果自家店鋪一個個關門大吉。

還有個人因不好意思向心儀的人表白，結果看著她跟別人走。

又有人因不好意思承認錯誤，結果熟人變成了陌生人。

不要讓不好意思成為你人生的絆腳石，凡事讓你覺得不好意思的，不妨大膽去嘗試，否則時間會把你的勇氣漸漸消耗殆盡。

對於處世之道，讓步可以讓你走得更遠，後退則是進步的根本。

待人寬厚一些，它是幸福的根基，利人則是實現自己的根本。

強者退一步，只因內心無所畏懼；

智者放下，只因眼界更為遼闊；

慧者淡然處世，只為擁有淡然的生活。

人生短暫，不必固執於對與錯，是與非，保持謙虛內斂，讓內心平靜，跟隨內心所欲，如此，才能在生命的最後一刻依然微笑不已。

在面對困難時保持心平氣和，不爭不搶，隨遇而安，活出無悔的餘生，不念舊路，而是勇往直前。

你的心情 DIARY

4 月 15 日

充實

每個人都有自己的苦衷，每個處境都有無奈之處，別嫉妒別人的輝煌，也不要嘲笑他們的不幸。你的人生充滿了獨特的機會和因緣，無論幸運或不幸，這都是你的人生，當你全力以赴，兢兢業業，你的生命就變得完整。

任何你還未掌握的技能或知識，都會一直出現在你的生命中，直到你真正學會為止。就像學騎自行車一樣，一開始可能屢次摔倒，但你會不斷練習，直到你能輕鬆騎行。

當你學會某事，它就成為你的一部分，那些困擾你的問題也就不復存在，即使遇到新的挑戰，你也會知道該如何應對。

生命中的課題，就像一扇通往學習機會的大門，讓你變得更強大、更智慧，無論面臨什麼困難，只要你全身心去迎接，你的生命將豐富更充實。

你的心情 DIARY

《療癒心靈的秘密能量 II：第 106 天》

4 月 16 日

愛情

泰戈爾說：「如果你愛一個人，應該以合適的方式去愛他或她，切勿愛得太過火，否則會傷害對方，也傷害自己。」

有時愛情是無法自控的，我們不由自主地愛上了，但要謹記，愛得太深容易失去被愛的魅力，愛得越深，受的傷害也越深。

不要一味地犧牲自己，因為當你過分付出時，對方可能不會珍惜你的付出，反而讓你感到失望。

愛一個人，當然要在乎，但也要保持適度，別忘了！對方並不應該成為你生命的全部。

請給彼此足夠的空間，重視自己的需求，關心自己的世界，並不斷提升自己，好的感情是彼此之間的舒適和自由，而好的愛情是互相成就對方，讓彼此更美好。

你的心情 DIARY

4 月 17 日

心知肚明

有很多情況下，你會選擇保持沉默，這不代表你承認錯誤，而是因為你內心無愧。**有時你選擇不去理會某些事，這不是因為你膽怯，而是因為你認為不值得浪費時間；有時的寂靜，並不代表你無話可說，而是因為你覺得沒有必要多說。**

不需要一再去詢問某些事情，因為答案可能會讓你難以承受，有些事情了解之後，反而會讓你感到更加不安。對於一些人，一旦你看清了他們的真面目，你不再把他們看得那麼重要，這時分道揚鑣，各走各的路，並且心知肚明就已足夠。

你的心情 DIARY

《療癒心靈的秘密能量 II：第 108 天》

4 月 18 日
修養智慧

不言而善，是一種寬容的美德，事情的真相，時光最終會給出答案。當你受到傷害時，保持沉默，正是一種善良的表現，感情的溫度，時間會為你證明一切，如果有人對你指責，不出聲，是你高尚修養的表現，品行的真假，時間最終會為你澄清。

在任何情況下，都不要急於進行辯解，不要匆忙地傾訴心事，**學會説話或許只需要幾年，但懂得保持沉默，需要更多歲月的積累。**

這段話提醒你，面對生活中的誤解、傷害和指責，有時保持沉默勝過雄辯，時間會是最公正的裁判，揭示真相，證明善意，澄清誤解。

學會保持寬容的心態，培養高尚的修養，也許比辯解更有智慧，不急於言語，懂得保持沉默，需要更多的人生經驗和領悟。

你的心情 DIARY

4 月 19 日

富養

你是誰，就會遇見誰，貴人因你自信而來，欺你的人因你軟弱而來，辜負你的人因你卑微而來，愛你的人因你自愛而來。

富養自己的方式，請做到八個字：「來者要惜，去者要放。」

迷茫時讀書，清醒時做事，忙碌時專注，閒暇時蓄力，煩躁時運動，焦慮時行動，把圈子變小，把語速放緩，把心放寬，把自己照顧好，把自己的事情做好，把重要的人對待好，你的所有一切，都會走在正能量的路上。

你的心情 DIARY

4 月 20 日

議論

《勿道人長短，勿論人是非》

在庭院中，一位女孩天真地嬉戲著，卻意外成為鄰居太太的談話對象。鄰居太太在交談中，無意中提到自家孩子的種種問題，音量卻太大，使得庭院裡的女孩全都聽到了。

鄰居離去後，女孩的媽媽感到所談之事對那位孩子的關係影響深遠，擔心女兒會將這些話講出去，於是將女兒叫到身邊。她問道：「如果鄰居太太把錢包遺留在我們家，我們能不能把錢包送給別人呢？」

女孩應道：「當然不能。」

媽媽繼續說：「今天她留下了比錢包更寶貴的東西在我們家，她在這裏說了許多事情，可能會讓某些人感到不快。雖然這些話在這裏，但仍然屬於她的，我們不能拿來洩露，你懂嗎？」

女孩點頭：「懂了！」

從此以後，女孩深知人家對她的信任所說的悄悄話，或者一些閒言閒語，都應該埋在心底，絕不能傳播給他人，更不能加以論斷。

生活中，我們時常感受到充滿「議論系統」，個人的舉止往往引來別人的評判。更甚者，評判者很少當面說，卻在背後說三道四，傳播一些「不可告人」的流言。

這種感覺就像是「芒刺在背」，摸不到看不見，卻隱隱作痛，真是「欲除之而後快」。我們既憎恨被人議論，卻又喜歡議論他人，形成了「人人議我，我議人人」的矛盾。

我開始反思，生命的不同階段，我對他人的批評和論斷，帶來心靈上的罪惡感。再者，我是否也在背後評論別人？這時，更感到羞愧，因為我也陷入這種毛病，實際上，大多數人都有評論別人的傾向。

為什麼要評論別人？答案很簡單！**因為人都是以自我為中心，經常從自己的角度看事物，將事實與自身有限的了解混淆在一起。**

你會發現，喜歡評論他人長短的人，他們自身的心態也存在問題。當一個人心懷邪惡，就很容易看到別人的過錯，而對他人背後議論或歪曲事實，就像是一種口頭禪，這是一種不好的習慣，人僅僅是習慣了這樣的行為，形成了評論他人的個性，這種情況，往往是源自於某些不愉快的經歷。

古語云：「不責人過、不發人隱私、不念人舊惡，三者可以養德，可以遠害矣。」

你的心情 DIARY

《療癒心靈的秘密能量 II：第 111 天》

4 月 21 日

舒心

人生，有時候你需要擁有一顆心，就像明鏡一樣通透。然而，更多的時候，你也要具備大智若愚的睿智，如果你將心態過於通透，可能會變得固執己見，顯得唯我獨尊，最終讓自己感到心靈疲憊。

需要的時候，學會低頭，不要與瑣事斤斤計較，不要一昧的鑽牛角尖，儘管這可能看起來像吃虧，但實際上，這是與生活和解的最佳方式之一。

人生的旅途中，偶爾放下身段，這不僅是保護自己，更是為了擁有一顆坦然、舒心的心靈。

你的心情 DIARY

4 月 22 日
恩情

《寧願當面計較，也不要背後使刀》

人與人之間是感情的交融，而車與車碰撞則是車禍的開端。然而，令人遺憾的是，車子總是不停地相撞，而人與人卻總是容忍，那些對你好的人，並不是因為欠你什麼，而是將你視為生命中最重要的存在。

有一天，當對方不再問候你，並非因為他們忙碌，而是因為他們對你失去了信心，真誠的友誼會隨著時間的推移而深入心靈，而虛偽的人則漸漸淡出視野。

人與人之間的相遇或許是緣分，但人與人之間的相處卻建立在真誠和信任的基礎上。

寧可當面表現小氣，也不要在背後耍心機；寧可當面計較，也絕不在背後使用刀劍。

摒除表面的浮萍，便能看到清澈的水底，在經歷多事之後，我們終能洞悉人心，不必刻意揭穿一個人的真相，內心明白即可。面對那些只在你好的時候奉承的人，不妨淡然一笑；對於那些在你落難時找藉口的人，隨緣而去即可。

朋友滿天下，但真正誠摯的友情有幾人？擁有茶與酒的兄弟或許眾多，但在困境中真正與你同行的有多少？窮困街頭無人問津，富貴深山則有親朋相伴。在艱難歲月中，時間會考驗真正的友誼，看山高路遠誰能堅守，經歷日久天長誰能見真心。

珍惜那些在無人喝彩時仍陪伴在身旁的人，善待那些在一窮二白時仍然真心相待的人，牢牢記住那些微薄如滴水的恩情。

你的心情 DIARY

4 月 23 日

貴婦

25 年命理生涯，我曾批過許多貴婦，有幸福美滿也有淒慘落魄的案例，怎麼說呢？

我與大家分享一則小故事……

話說，有一個年輕漂亮的美國女孩叫**波爾斯**，她在大型網路論壇金融版發表一個問題：「怎麼樣才能夠嫁給有錢人？」

以下我要說的話都是真心話，本人目前 25 歲，是那種讓人一看到就會驚艷的漂亮美女，談吐文雅有品味，我想嫁給年薪 50 萬美元的男人。你也許會吐槽我，嫁給年薪 50 萬的有錢人很貪心，但是在紐約市年薪超過 100 萬，才能勉強算是中產階級，本人要求其實不高。

請問，版上有年薪超過 50 萬的人嗎？ 你們是否都結婚了？我想請教版上的男人，如何才能嫁給你們這樣的有錢人？我約會過的男人中，最有錢的年薪不過是 25 萬，這似乎是我的底線了。

因為，想要住進紐約中心公園以西的高級住宅區，年薪 25 萬可是遠遠不夠，我是誠心誠意來請教。

另外有幾個具體的問題：

（一）有錢的單身漢一般都在那裡消磨時光？
（二）應該把目標鎖定在那個年齡區？
（三）為什麼有些富豪的妻子看起來相貌平庸，我見過許多女孩長相如同白開水，毫無吸引人，但她們卻能夠嫁入豪門；而單身酒吧裡那些迷死人的美女，卻是運氣不佳。
（四）你們怎麼決定誰能當妻子？誰只能做女朋友，我現在的目標是結婚。

一波爾斯

有一位華爾街金融家一**羅波・坎貝爾**，看完她的問題立馬這樣回應：

我懷著極大興趣，看完了貴貼，相信不少女士也跟妳有類似的疑問，讓我以一個投資專家的身份，對妳的處境做一番分析。

我年薪超過 50 萬，非常符合你的擇偶標準，所以請相信我，這並不是在浪費大家時間。從生意人的角度來看，跟你結婚無疑是糟糕的經營決策，道理再明白不過，請聽我解釋。

這是一個簡單的財貌交易，甲方提供上述的外表，乙方出錢公平交易，但是這裡有個致命的問題，我的收入很可能逐年遞增，而你不可能一年比一年漂亮，如果面貌是妳僅有的資產，十年以後妳的價值十分堪憂。

用華爾街術語來說，跟妳交往屬於交易倉位元，一旦價值下跌就要立即拋售，而且不宜長期持有，也就是妳想要的婚姻。

聽起來很殘忍對吧？**但對一件會加速貶值的物資，明智的選擇是租賃，而不是購入。**

然而，年薪能超過 50 萬美元的男人，也絕不會是笨蛋，因此我們只會跟妳交往，但不會跟你結婚。

所以我奉勸妳，不要苦苦尋找嫁給有錢人的秘方。

順便說一句，妳倒可以想辦法把自己變成年薪 50 萬的人，這比碰到一個有錢的傻瓜，勝算還要來得高。

希望我的回帖能對妳有所助益，如果妳對租賃感到興趣，歡迎與我聯繫。

—**羅波・坎貝爾** (JP 摩根銀行產業投資顧問)

故事說完了，你有什麼感想呢？

人的容貌將隨著歲月而變，單靠外貌未必能夠長久，外型姣好雖能吸引眾人目光，但要讓人真心喜歡妳，只能靠內在提升自己的能力，讓自己過得更好，比靠別人更牢。

你的心情 DIARY

4 月 24 日

品酒

總有一款酒，一口下去就彷彿陶醉；總有那麼一種愛，讓人終生難忘。在茫茫人生的旅途上，總有一個特別的人，能夠讓你直達夢幻之境。

我個人雖不喜歡酒的滋味，卻喜歡那陶醉的感覺！偶爾的醉，彷彿是對心靈的一種解壓。有人說，不使用香水的人，是缺乏獨特氛圍的人；不懂得品味酒的人，是不懂得風情的人。

然而，真正愛上的並非酒的香濃，而是當你端起酒杯的一瞬間，心事隨之融入酒中的感覺，品味的不僅僅是酒液，還有一份開心、一份傷感、一點回憶、一絲哀愁，以及一些難以啟齒的故事。

將愉快和不如意的經歷都融化在酒中，成為人生的一部分。我就乾了，你也隨意！這就是人生，酸甜苦辣，都值得一試。

你的心情 DIARY

4 月 25 日
平靜從容

當心情低落時，常常不知該向誰訴說，因為那份情緒往往難以被他人完全理解。這時，抬頭仰望蒼穹，看著那片無垠星空，那裡能容納所有的委屈和痛苦，給予你一份心靈的安慰。

有時候，遭遇的疼痛只能獨自承擔，無法透露給別人，但是，當眼淚流淌時，這也是一種對真實情感的展現。有時候，你可能需要假裝快樂，給予他人歡樂的時刻，也讓自己能夠暫時遺忘心中的憂傷。

每天都是嶄新的開始，忘卻昨日的煩憂，珍惜當下，展望未來。**與其在外表裝扮的風光，更重要的是保持內心的平靜從容，面對生活中的高低起伏。**

這一切，都是源於堅持最初的信念，唯有如此，才能維持長久的內心寧靜。

你的心情 DIARY

4 月 26 日

品書

「腹有詩書氣自華」，這句話深得人心。

書籍雖然不能立即解決問題，但它們所蘊含的知識早已融入你的思維，成為你的一部分，時刻都能在你需要時派上用場。

閱讀不僅是知識的增長，更是心靈的滋養，它像是一股清流，穿梭於你的心靈，擴展你的視野，豐富你的內在世界。書籍的啟迪不僅在於資訊的豐富，更在於讓你思考，指引你走向更高層次的成長。

透過書本，你將不斷發現自己在生活中的位置，逐漸澄清自己的生活目標和價值觀，它們如同指南針，引領你走向更有意義和深度的人生。

除了知識，閱讀也培養了人們的品格和智慧，閱讀不同的故事、思想和觀點，讓你更加開放、更有同理心，讓你更能理解世界的多樣性，也更能包容他人的差異。因此，閱讀給予了一種無形的力量，讓你在人生旅程中更有自信，更有韌性。

無論是尋求答案、解決困境，或者僅僅是獲得慰藉，書籍都是你忠實的夥伴，它能帶給你啟發和溫暖，成為生活中不可或缺的一部分。

《療癒心靈的秘密能量 II：第 117 天》

4 月 27 日

愛自己

在孤獨的旅程上，學會了照顧自己，讓心靈不受傷害。當愛已經疲憊，就要學著放手；當心情冷漠，就要學著接受，這個世界上，誰都可能辜負你，唯有你自己不可。

每個人都有自己的道路，唯有你自己永遠相伴，該放下的事情，就早點放下，讓你不快樂的事情拋到一邊，學會讓自己幸福。

有些委屈只有自己能懂，有些路程只有自己能走，人生中最重要的事，就是愛自己，對自己好一點，不要為了不值得的人生氣，**不要為了不重要的事而失眠，在那無人照顧的道路上，好好地照顧自己！**

你的心情 DIARY

4 月 28 日

忠言逆耳

當你真正需要幫助時，對的人會毫不猶豫地對你說出實情，他們說話直接、毫無保留，這些人可能會指出你的缺點和犯錯之處，他們的目的是幫助你成長，這些人說話可能嚴厲，但他們心懷良善，真心關心你的進步。

相對地，有些人的話語或許甜美動聽，卻掩藏著陰謀或不誠實。在困難時，真正打心眼想要幫助你的人會直言不諱，而那些口蜜腹劍的人也許根本不是出於真心。

忠言逆耳，但能真心為你好的人，才是值得珍惜的，他們不僅會稱讚你的優點，也勇於指出你的不足。

學會接受這些批評，不僅能幫助你成長，也能讓你更踏實的走向未來。

你的心情 DIARY

《療癒心靈的秘密能量 II：第 119 天》

4 月 29 日

認可自己

當風匆匆掠過的每一刻，你也像風一樣隨之疾行，風息了，你仍然還是自己。

簡單的生活，自有它的美好，內心的寧靜，即是幸福。

在這世界上，你一直閃耀著光芒，發散自我獨特的光華，切勿讓他人的光線黯淡。

能有一個長期給予你鼓勵和認可的人，實屬珍貴，就算是些微不起眼的讚美，在你跌倒時也能撐你一把。

你所期待的，將會在適當的時機降臨，你只需要開心、努力地活出每一天。

你的心情 DIARY

4 月 30 日

轉角

當你踏上人生的旅途時，彷彿拉開了一張弓弦，拉得太緊，你感到疲憊不堪；拉得不夠，你可能落後掉隊。有些人將人生視作一場旅程，所遇見的景色總是淡淡遠去；而有些人卻將人生視作一場戰場，總是充滿激烈的爭鬥。

你選擇什麼，就會遇到什麼，這裡沒有對與錯的區分，只有能否承受的差異，在這條旅途上，沒有劇本可供參考，所有的因果也來不及彩排。

從你來到這個世界的那一刻起，你開始依賴著一種勇氣，穿梭於這個世界，**或許在某個轉角，你不經意地走過，人生就此改變；或者在某次擦肩而過時，緣分便走上了陌生之路**，但是，這又有什麼關係呢？因為命中注定的事物，即便緊握，也終將隨風而逝。

有人說，當上帝為你關上一扇門，必定也會為你打開一扇窗，無論是失去，還是獲得，都是你人生不可或缺的一部分，生命的每一個轉折、每一次遭遇，都在為你的故事增添新的色彩。

你的心情 DIARY

5 月 1 日

真誠相待

生命中會遇到許多人，但真正願意與你分享真心的人，能有幾個呢？真摯的情感是珍貴的，它不能用金錢購買，而是必須建立在相互信任和真誠的基礎上，**那些真心珍惜你的人，才會對你展現出真正的關懷；那些真誠相待的人，才會真切地理解你。**

人與人之間的互動，真心誠意是維持長久關係的基石，如果一方全心全意，而另一方卻充滿算計，這樣的關係注定難以長久。

你的心情 DIARY

5 月 2 日

胸襟

胸襟的寬窄是決定人生格局的關鍵，而人生的格局則直接牽動著命運的走向，當內心平和寧靜，溫暖與淡然多了一些，生活將呈現更加璀璨的色彩，懂得看開、深思熟慮、隨時放手、能夠釋懷，學會忍讓，並懂得控制慾望。

抬頭仰望星空，你會發現胸襟的寬窄決定著你的人生格局，這是一種內在的狀態，一種自我與世界相處的態度，當你擁有開闊的心胸，將溫暖和平和灌注於生活中，你會發現生命變得如此美好、更豐富。

學會接納和理解，持有清晰的思維和寬廣的心態，這不僅是智慧，更是一種內心的修煉和成長，**多一份寬容對待自己，多一份包容對待他人，放下攀比和計較，讓內心如水，自由自在，與生命的流動共舞。**

在適當的時候冷靜處理問題，待人以謙遜和大度，你的世界就會變得寬廣無垠，多一些隨遇而安，少一些攀比較量，讓人生如同雲水般流暢自在。

你的心情 DIARY

5 月 3 日
陽光

當你心中充滿著陽光，生活就會閃閃發亮，如果有些話你聽起來不舒服，或是有些人你不喜歡，何必執著於聽這難聽的話，或是看那些討厭的人呢？每個人的觀點都不同，你無法左右別人對自己的看法。

失去比從未擁有更讓人傷心，但這也是人生的一部分，當你感到迷茫或失意時，不要埋怨自己，也不要沉溺其中，讓自己能夠暫時茫然，但不要忘了向前邁進。

美好的時刻讓人感到精彩，糟糕的經歷讓人成長，如果你的內心不夠明亮，那可能是因為它缺少陽光的滋潤，幸福的果實長在自己的內心，而不是別人的園地。

無論是好是壞，過去的事都已成為過去，也無法改變，即便無法預知未來會有多美好，但你總可以努力讓它變得更好，活得開心點，珍惜每一天，就算事情不盡如人意，也能在接下來的每一天中找到希望與力量。

你的心情 DIARY

5 月 4 日

夫妻關係

結婚是一生中，唯一一次可以自己選擇家人的機會，當你想要找一個與你牽手走完一生的伴侶時，你就該尋找符合你期待的人。在所有關係中，夫妻關係是最重要的一環，若你不把夫妻關係放在首位，那麼人生可能無法過得太好。

總有一天你會明白，雖然經濟基礎很重要，但更重要的是一個人的教養、承擔能力、責任感、情緒控制能力、語言與處事方式。**結婚的意義在於：家中有一盞燈為你而亮，而不是混亂不堪**。擁有一個伴侶是極其重要的，或許時間稍許延遲並沒有關係，但是選擇的對象，一定是那個將陪伴你餘生的人。

人的一生中，無法強求太多事情，有些事可以含糊處理，但唯獨感情不可。

你的心情 DIARY

5 月 5 日

歸宿

當你踏上這段旅程，會發現人生充滿各種驚奇的挑戰，但最終歸宿卻是在你的內心深處，這一路上，你會遇見許多人，並與他們建立深厚的關係，但真正的力量，源自於你的成長和自我建構，這股積極的力量，能讓你更好應對人生的起伏變化。

如何培養這種內在的原力？它涵蓋了個人的技能發展、建立強大的心靈素養、學習自律與堅持，以及打造正向的生活模式，這些皆是成為更好自己的關鍵。

人生的不同階段，你需要調整自己的態度和思維方式，年輕時，你可以注重學習和探索，為未來打下基礎，隨著時間推移，你會發現，**最重要的是內在的平靜與穩定，培養更深層的內在原力。**

我期盼幫助你走過人生旅途，讓你更好的面對挑戰，把握機遇，並在成長中找到真正的歸宿。

你的心情 DIARY

5 月 6 日

詩與田野

當生命的時光流逝與時間的短促來臨時，最好的作為就是全心全意投入其中。

無論你做什麼，都要持續追求更好的自己，或許旅途中會有挑戰和辛苦，這正是人生的精華所在，擁有樂觀的態度和積極的心態，讓每一天充滿微笑和愉悅，別被無意義的事情所困擾，用珍貴的時間去聆聽美妙的音樂，或者投身於有意義的活動。

生活不只眼前的苟且，更有遙遠的遐想和充滿詩意的田野，唯有以真誠之心去感受，方能讓你的人生增添更豐富的色彩。

你的心情 DIARY

5 月 7 日

浮塵

紅塵的幻象，終究是片浮塵；美麗的外表，無非是一層皮囊；生命的無常，彷彿浮雲般易逝；愛情的起落，就像匆匆的相逢與離別。過去的痛苦，無法改變，只能令人淚流滿面；現在的痛苦，雖然令人難受，但已無法改變；未來的痛苦，卻讓人覺得無所謂，因為已經看開了！

每個人的生活，總是有雞毛蒜皮的瑣事，有些人選擇了瘋狂抱怨，有些人則是選擇了靜默不語，**江湖世界的規矩，是人離開時茶已涼，默契散場；不必再多問，因為問也是多餘的。**

生命就像一杯茶，或淡或濃，每一口都有它的滋味，在這片茶海中，你學會了嘗試適應不同的滋味，用微笑迎接每一個挑戰，因為你明白，最終總會迎來新的明天。

你的心情 DIARY

5 月 8 日

天道

你知道嗎？你可以當一個小人，也可以當一個君子。

君子就是聖賢，聖賢就是道，當你成為君子時會發現，你對世間的人事物不會再斤斤計較，你的收入將會變得越來越好，你不會再那麼地自私自利，取而代之是擁有的更多，你也不用跟別人結黨營私傳播負面，抑或算計他人。

當你算計別人的時候，到最後一定會被別人算計，諸葛亮先生已經告訴你了，三個臭皮匠可以頂過一個諸葛亮，況且你還不是諸葛亮。

人法地，地法天，天法道，道法自然，三橫一豎者為王，貫穿天地人者為王。

什麼是人道？你可以把人道簡單理解為倫理道德，一旦你順應了倫理道德，大家都會稱讚你是個好人，好的生意會讓你應接不暇，所有人都會鼓勵你、誇獎你，並願意與你合作。但是當你違反了倫理道德，你會被人口誅筆伐，但這只是別人在言語上攻擊你，你並不會受傷太重。

我們再往上走一個層級，談到地道，你可以把地道簡單理解成國家法律，當你順應了法律，國家會給你財政補貼，但是當你背叛了法律，最後的下場不但要坐牢，而且所有的資產都會被凍結。

你覺得人道跟地道已經很可怕了？不！讓我告訴你，其實這兩個都是小兒科，真正令人聞之色變的是天道，因為沒有人比祂更懂你，**因為祂無所不知，而且無所不在，祂知道你的軟肋，祂也知道你最怕的是什麼**。

你最愛的是你的父母，假如災難降臨在你父母身上，你怕不怕？你最愛的是你的事業，有一天被上天給收回了，你怕不怕？別懷疑！你總有一個弱點是你害怕的，而道懲罰你的，就是收割你最怕的點，車禍、倒閉、破產、生病、癌症、離婚、所有諸事不順，這一切，皆是因為你違背了天道！

記住這句話：「出來混，早晚都要還的！」我們常說天無絕人之路，老天絕對不會把你玩死，都是你先把自己給玩完了！

祂一直在提醒你：「孩子們！你玩夠了嗎？玩夠的話，歡迎回家吧！」

你的心情 DIARY

5 月 9 日

幸福感

生活，對你而言是一段從無到有，再從有到無的循環。當你擁有某物時，你不願失去它；當失去後，你渴望重新得到，這其實是人類對物質慾望的影響，慾望主宰著我們，每個人都難免為此而忙碌奔波，竭盡心思不擇手段的滿足和追求，這樣一來，幸福感就變得稀少。

幸福並不總是取決於物質，當你過度追求外在事物時，常常忽略了內心的平靜和生活中的美好瞬間，真正的幸福或許就在於細微的事物之中，也許是一杯清晨的咖啡香氣，可能是一個朋友的微笑，抑或是一場意想不到的大雨。**專注於這些眼前的美好，也許會帶給你更多滿足感，超越了任何物質能給予的快樂。**

儘管人生充滿挑戰和誘惑，但請試著保持平衡，讓你的生活更有意義，別讓過度的物質追求，掩蓋了內心真正渴望的幸福。

你的心情 DIARY

《療癒心靈的秘密能量 II：第 130 天》

5 月 10 日

三觀

生活中，常說道不同不相爲謀，這句話深刻的告訴你，每個人都擁有自己獨特的價值觀和觀念，有時很難與他人產生共鳴或合作，你和他人之間的「認知」可能不同，所處的圈子也各有差異，這並不意味著你必須強迫自己去融合。

這就像，老鼠對於偷食並不感到錯愕，蒼蠅並不自覺自己的髒亂，蝙蝠也不自知有毒。有時，在某些環境中，甚至天鵝也可能被視為有罪的存在。

是故，在人際交往中，明智地遠離與你三觀不合的人，如此便可避免無謂的煩惱，同時讓你的生活更加輕鬆愉悅。

你得明白，不同頻率之間的觀念是無法互相改變的，活在自己的範疇內，讓彼此的差異成為一種美好的多樣性，也許更能助於你快樂和和諧。

你的心情 DIARY

5 月 11 日

緣起緣滅

弘一法師曾說過幾句話，請你細細品味箇中的道理。

與你有緣的人，不用留，不用求，這是命中注定擁有的；與你無緣的人，何必求，何必留，全是不可觸及的虛空。

緣，妙不可言；緣，順其自然。屬於你的緣，是遇見以後不離開，是久久之後離不開。

花開花落花無悔，緣來緣去緣如水，雲捲雲舒皆是情。

人生，就是緣起緣落，緣生緣滅，緣聚緣散，世上萬事皆因緣起，也因緣落，不必強求。

緣起，我在人群中看見了你，緣散，我看見你在人群中。

緣起緣滅皆是命中注定，若流年有愛，就心隨花開；若人走情涼，就守心自暖；前世不欠，今生不見；今生相見，必有虧欠。

遇見，是因為有債要還了；離開，是因為還清了。世間萬物皆有定數，不要害怕遇見，也不要害怕失去，人生各有渡口，各有各舟。

有的人為溫暖我們的歲月而來，有的人為帶給我們傷痛而來，如果不是我們的緣，便是我們此生的劫。

別人如何待我，是我的因果；我如何待人，是我的修行。

對的人兜兜轉轉還是會相遇，錯的人，晃晃悠悠終會走散。我們這一生，不需要刻意去遇見誰，也不需勉強留住誰。

人與人之間，適宜的相處，我用心待你，但不執著於你，活在緣分中，而非關係中。

命裡有時終須有，命中無時莫強求，對人對事，都無需太過執著。

人這一生，正緣是不會走散的，能走散的，就不是你的正緣，時間，只是在幫你過濾掉錯誤的人。

不要後悔對他人好，哪怕被辜負，哪怕看錯人，對他好，不是因為他有多好，而是因為你很好。

離開的人，不要覺得是遺憾，世上所有的遇見與分離，只為成就未來更好的自己。

隨緣，惜緣，不攀緣，順其自然，得失隨緣，不負時光，不負自己。

人生很短，餘生很貴，且行且看且從容，且行且忘且隨風，且行且珍惜，隨心而行，隨緣而安。

你的心情 DIARY

《療癒心靈的秘密能量 II：第 132 天》

5 月 12 日

心境平和

不是每條魚，都會遊弋在同一片海洋，不是每件事，都能明確區分對錯。在許多情況下，**越是執著計較，結果越容易出錯；越是執意辯論，煩擾也隨之而來**，事情有著不同的輕重緩急，觀點也存在著多重層次，許多瑣事本身無法評判優劣，爭執也無法解決問題，只會白白耗去你的時間與精力。

美好的人生需要從容不追逐爭辯，需要智慧超越無謂的競爭，心境平和、淡定面對，才能全心全意投入有意義的事務。

你的心情 DIARY

5 月 13 日

平衡

生活，不僅是一連串不斷拼命的行動，也是一場關於平衡的旅程，你必須學會對自己做出最好的照顧，努力工作固然重要，但同樣重要的是，給予自己適當的休息，在勞逸結合的過程中，保護自己的健康至關重要，因為擁有健康的身體，才是生產力的根本所在。

工作拼盡全力的人，更應該關注自身的健康，這不但是一種理念上的提升，更需要花更多的時間、精力和金錢去善待自己的身體。**好好進食，充足睡眠，適應節律，保持心情平和愉悅**，這些皆是維持良好健康的要素。

當身體處於良好狀態時，你的能量才能自然聚合，只有保持身心健康，你才能擁有一切可能性。因此，生活中需要珍惜這種平衡，對自己的身體給予最好的呵護。

你的心情 DIARY

《療癒心靈的秘密能量 II：第 134 天》

5 月 14 日
心態

《心態的選擇，決定結果》

下雨過後，一隻蜘蛛艱難地向已經支離破碎的網爬去。牆壁潮濕，每次爬到一定的高度，就掉下來，它一次次地向上爬，一次次地掉下來。

有人看到了，他嘆了口氣，自言自語：「我的一生不正如這隻蜘蛛嗎？忙忙碌碌，卻無所得。」

於是，他漸漸感到消沉。

另一人看到了，他說：「這隻蜘蛛真愚蠢，為什麼不從旁邊乾燥的地方繞一下爬上去？我不能像它那樣愚蠢。」

然後，他開始變得聰明起來。

第三個人看到了，他被蜘蛛屢敗屢戰的精神所感動。

最後，他變得堅強起來。

你的生活取決於你的心態，你有什麼樣的心態，就會有什麼樣的生活，你的選擇決定你的結果。無論你今天從事什麼樣的職業，想要成功，首先就要調整、完善、提升自己的心態，有成功心態的人，處處能感受到成功的力量！

5 月 15 日

心智模式

每個人都有獨特的心智模式，久而久之，與不同對象的互動就形成了特定的慣性模式。與家人、伴侶和孩子的關係模式各異，就連處理事情的模式也是各不相同。在台灣，遇到小學、初中或大學的同學時，與不同年代的互動模式就像是一種超連結，讓你重新感受到過去的情境。

對於常遇到的人、事、物，你會養成慣性的反應，並習慣某種說話方式、做事模式，以及特定的情緒反應。你有沒有發現，在不同人際關係中，無論是家人、朋友、孩子還是老闆，都帶著不同的互動模式？對待不同的人，會帶上不同的面具，說話舉止也各異，對吧？

這種心智模式已成為一種固定連結，一種無法脫離的習慣，與特定的人相處，無論過了多久，互動模式依然如故，特別是當你與家人相聚，縱使歲月增長，但在他們眼中，你依然是過去的模樣。

一旦你陷入這樣的慣性中，人生就會停滯不前，而非持續成長。意識到這點，你就得開始反思，是否心智模式已被定型？是否始終在重複過去的腳步，而非不斷探索成長？假若沒有成長，僅僅是年華老去，這是多麼可悲的事。

若想打破這樣的慣性，你需要不斷地學習、挑戰舒適圈，同時保持開放的心態，學習接納新的想法和觀點，並嘗試新的體驗，才能在人生中繼續前行。

你若願意放下定見，敞開心扉去接受新的可能性時，方能在生活中獲得更多的啟發，這種成長的力量，將帶給你無限的成就和驚喜。

你的心情 DIARY

5 月 16 日
志趣相投

人生中，無論男女，和志趣相投的人在一起，才會真正獲得幸福。所謂志趣相投，指的是有著相同理想和興趣，彼此非常投緣，易於成為知己。一生的旅程非常漫長，找到一個志同道合的伴侶，一同探訪古鎮名山，欣賞小橋流水，領略山水風景，或是靜坐於疏林小檻中。

這番特別的默契與共鳴，讓你們能夠在旅途中一同分享歡笑、共同品味生活的美好，找到這樣的夥伴，讓人感到如此幸運。無論是在山野小徑、湖光山色還是城市街道上，你們的相遇都是一段美好的冒險，一起經歷人生的點點滴滴。**這種連結使你感到充實，讓你深刻地感受到共同追求的樂趣，真摯的友誼是人生中最美妙的禮物。**

如果你有幸遇見這樣的人，請好好珍惜，因為和志趣相投的人在一起，你會感受到整個世界都充滿著無限歡樂。

你的心情 DIARY

《療癒心靈的秘密能量 II：第 137 天》

5 月 17 日
不爭模式

無論你多麼真誠，當遇到滿心猜疑的人時，你成了謊言；無論你多麼單純，當遇到心思深沉者時，你成了心機；無論你多麼專業，當遇到固執妄斷者時，你成了笑柄。

因此，隨風而動，自在閒庭漫步，不與世爭辯，**不爭是種生活態度，亦是高尚的品質。**

與弱者不爭是包容，與強者不爭是尊重。風和日麗時，不爭是清醒；處境艱難時，不爭是真實。

你的心情 DIARY

5 月 18 日

溫暖言語

當你走入不同的人生階段，人際交往變得更為重要，學習以溫暖的言語去關懷他人，是一門重要的能力。了解惡言傷人六月寒，儘管看似微不足道，但卻能深深扎入人心，帶來最痛的傷痛。

即使舌尖無骨，它能夠造成最深的傷痛，那些看似微不足道的言詞，往往是摧毀他人最後一根稻草。抵制粗魯的語言，用充滿愛心的方式對待周圍的每一個人，讓我們的語言充滿正向能量，成為他人心靈的寄託所。

你的言辭和態度能夠改變整個環境氛圍，當你學會用關懷、鼓勵的話語去彼此交流，不僅能夠營造出溫暖的氛圍，更能夠在他人心靈上播下希望的種子。

溫暖的語言是一種魔力，它能夠療癒別人的心靈，帶來心靈上的舒適和寧靜。在這個充滿忙碌和壓力的現代社會中，溫暖的言辭是稀缺的禮物，但也是最能感動人心的禮物。

但，這並不代表你要掩蓋真實的情感，或避免談論重要的事情。相反地，它提醒你在言語上更加敏感，更加體貼。無論是面對喜怒哀樂，你都可以用更柔和的方式來表達，帶給彼此更多理解和支持。

願你我共同努力，讓這個世界充滿正能量，透過言行舉止，將愛心、溫暖和尊重傳遞給每一個人，讓你的語言成為傳播溫暖的力量，讓彼此在交流中，感受到更多的溫情和關懷。

你的心情 DIARY

《療癒心靈的秘密能量 II：第 139 天》

5 月 19 日
簡單幸福

生活無法完美無瑕，你需要懂得接受生命的不完整，用一顆充滿熱情的心，去迎接挑戰和困難，心中的怨言和抱怨便能得到釋放，讓心靈更加充實。

幸福並不複雜，因為簡單本身就是幸福，有時候，**快樂並不在於擁有多少，而是對所擁有的少一份奢求。**

那些熱愛生活的人，他們的心中總是充滿著溫暖，眼中總帶著微笑，他們能在日常生活的種種瑣事中，找到快樂的泉源和樂趣，就像是在平凡的土地上，種下了美麗的花朵。

你的心情 DIARY

5 月 20 日

處世

在這個世界上，處事為人時刻記得保持良心，這是最為關鍵的，無論你做什麼，都不能缺少誠信。同時，要謙遜待人，別過於驕傲，處事也不宜太過絕對，言談舉止更要保持節制和謙遜。

擁有財富時，千萬別讓自己驕傲自滿，尊重他人，不要以為自己高人一等，而在困境時，請勇敢面對，用心做好每件事，不要尋求捷徑或欺世盜名，一個人的處世之道，要依賴自身的品德，而不是他人的評價。

善良之心常能收穫美好的回報，即便他人未必能理解或看到。是故，你應該珍惜每一刻，用善心善行來度過每一天，勿留下任何悔恨。

只有真實面對每個時刻，腳踏實地，才能走得更堅定不移，也不讓自己虛度光陰。

你的心情 DIARY

5 月 21 日

感恩的心

每個人的旅途都很獨特，沒有完全相同的路，每一個人的人生軌跡都是獨一無二，沒有捷徑可走，只有持之以恆的堅持和努力，才能實現夢想。

無論你身在何方，學會欣賞身邊美好事物，珍惜當下每一刻非常重要，快樂並非來自於擁有想要的，而是學會珍視當下擁有的一切，感激生活中的每分每秒，那些微不足道的小事也值得感激。

人生充滿了驚喜與挑戰，有時最美好的事物，總會出現在最意想不到的時刻，當你懂得從這些小事中找到快樂時，生活將變得更加豐富多彩。

在這個充滿魅力的旅途上，我們一起用感恩的心對待每一刻吧！

你的心情 DIARY

《療癒心靈的秘密能量 II：第 142 天》

5 月 22 日

成功，是一種感覺

成功是漫長的旅程，不僅是一個目標，更是一種過程。在這趟旅程中，你會遭遇挑戰和失敗，但這並不代表你無法成功，成功的關鍵在於你如何對待這些失敗。

成功者不是從未摔倒過，而是從跌倒中站起來，不斷吸取經驗和教訓，他們並不僅止步於自己的失敗，更能從他人的經歷中獲取智慧，在別人的故事中汲取教訓，成為你前進的動力，這是成功的人常有的特質。

成功不僅是學會從失敗中汲取教訓，更在於如何將這些經驗運用到自己的生活和工作中，你可以觀察事情的變化，從別人的經驗中找到共通之處，這種換位思考的能力，能讓你更全面地看待問題，並從中獲得更多的智慧。

成功是不斷成長的旅程，這是你和其他人的分別所在，善於吸取失敗的教訓，這種智慧使得你能更有彈性的應對挑戰，在成功的旅途中，不斷地學習和成長，這是你朝著成功目標前進的最佳方式。

成功，是一種感覺！
成功，是一種狀態！
成功，就是做自己！

《療癒心靈的秘密能量 II：第 143 天》

5 月 23 日
選擇

人生最重要的事，就是能在喧囂中找到內心的寧靜，每個人都生活在充滿評論和期待的世界中，這些聲音有時會讓你迷失自我，但真正的關鍵在於堅守自己的初衷，不讓外在的壓力，扭曲自己內心的方向。

每個人的旅程都是獨特的，都有自己的步伐和節奏，勿讓他人的眼光左右你的行為，更不要被別人的期待所束縛。

堅守初心，走好自己的路，這才是最重要的，當你能專注在自我成長和目標時，才能真正感受生活的美好。

在這個科技世代，你我總是會遇到誘惑和干擾，有時會碰到令人困擾的人和事，此時，選擇就變得非常重要。

學會與那些不值得的人保持距離，因為時間是有限的資源，值得花在你真正重要的事情上。

與你共勉！

你的心情 DIARY

5 月 24 日

平和之心

此刻的你，感受到幸福了嗎？

其實，幸福就在你的身邊，只是你經常忽略了它，學會欣賞自己的生活，珍惜眼前的一切，才能更好的享受未來美好。

無需要羨慕別人，也無需追逐他人的生活，每個人都有自己的價值和風景，只要用心去感受，便能發現生活中隱藏的美好。

一個人若要活得自在輕鬆，這並不意味著輕率或懈怠，而是在忙碌中保持一份內心的寧靜和平和，你所經歷的每一步都是成長，每一次的選擇，都是累積智慧的機會。

願你珍惜這份清醒，走好你的路，享受每一刻，讓自己在這個世界活得更加自在和快樂。

你的心情 DIARY

5 月 25 日
情誼

在他人陷入困境時，伸出援手可能只需小小努力，或許需要些許付出，但願意幫助就已足夠，不如在別人光鮮亮麗時給予支持，而不是在他們困難時才伸出援手，當你給予幫助時，即使受助者或許未來會遺忘，但在他們有難時，你的善舉將會深深烙印在他們心中。

逆境中的互助，是人生中珍貴的價值，當你自身遇到挑戰時，別人的幫助會為你鋪平道路，使你能夠勇往直前，無論是疾病、喜慶之事，甚至天災人禍，你的關心、一句問候，甚至是簡短的信息，都能展現你的關愛，並深深拉近彼此的心靈距離。

真正的智者，不會在虛擬世界裡與人爭執，而是專注於提升自己，贏得更多人的尊重和認可，對於他人困難，給予真摯幫助，不僅能讓他們銘記你的善舉，同時也鞏固了人與人之間的深厚情誼。

你的心情 DIARY

5 月 26 日

優越

問你一個問題，你覺得時常感到自卑？還是經常處於優越呢？

告訴你一個天大的秘密，其實自卑感和優越感，在每個人的身上皆同時存在，這一點並不矛盾，自卑和優越是人性中難以避免的兩個極端。自卑促使人渴望改變和超越，而優越感則驅使人追求更高的成就。阿德勒認為，這種內在的矛盾，驅使著一個人的成長和未來發展。

在萬物之間，永遠難以找到完美的平衡點，關鍵在於，如何在自卑中尋找學習與成長的機會，在優越中學會謙遜。

別視自卑為消極情緒，而是把它視為一種開始的機會，它讓你看到自己的不足，啟發你追求更好的自己，當你願意正視自己的缺點，努力學習改進時，其實自卑正在激勵你成長，一個能夠啟動你反省和成長的旅程，會讓你變得更堅韌、更成熟。

而在優越時，學會謙遜並不意味著放棄你的優點或成就，反而是一種尊重和包容他人的態度，謙遜不是自我貶低，而是展現平等的姿態，當你能夠保持謙遜，不因自己的優點而驕傲自大，而是願意尊重他人、接納不同意見，如此的態度，將有助於建立和諧的人際關係。

在自卑和優越之間保持平衡是一個挑戰，但也是你持續成長和進步的動力所在，透過不間斷的努力，你能提升自我，同時尊重和珍視他人，創造更豐富、更有意義的人生。

你的心情 DIARY

5 月 27 日

說話的藝術

長這麼大，你覺得自己真的會說話嗎？如果真的會說話，你的人生會活成現在這個樣子嗎？

不管你做什麼職業，都離不開說話，對吧！

你知道多少人因為不會說話，造成夫妻反目、父子反目、兄弟反目，訂單項目被競爭對手搶走，你應該聽過禍從口出吧！一個明星會說話，就能夠接到戲，不會說話就接不到戲；一個畫家會說話，就能夠將畫賣出去，不會說話，這幅畫就賣不出去。

記住這句話：「人類每前進一步，都離不開語言開路。」

一個真正厲害的人，從來都不講難聽的話，因為人性都不喜歡聽難聽的話，只要你自己明白就可以了。

對老公千萬別說你可以，要說我聽你的；

對同事別說你還行，要說你太厲害了；

對下屬別說你不行，要說你潛力很大；

對陌生人別問他叫什麼名字，而要說該怎麼稱呼你呢？

飯局上如果被敬酒，別說我喝不下，要說我擅長倒酒；

碰到討厭的人別說我好煩，要說你有點意思；

碰到厲害的人別說你很牛，要說原來高手就在我身邊；

對不如你的人不要說你好傻，要說原來你真的很有想法；

朋友破財的時候，千萬不要跟他說再賺就有，而要說塞翁失馬焉知非福；

請教別人的時候，千萬別說我不知道，而要說我想聽您的建議。

做人一定要做到，萬物不為我所有，但萬物皆為我所用。

對於小人，我照樣可以心平氣和；對冷眼相待的人，我照樣可以風生水起。

寫到這裡，我想再問你一次，你真的覺得自己會說話嗎？你知道說話的最高藝術是什麼嗎？就是用別人喜歡的方式，來達到自己的目的，**話是說給別人聽的，我說的是別人想聽的話，但是達到的是自己的目的，這才叫高手！**

信不信？會說話的人，比長相好不好看來得更重要！會說話的人，總是能把自己活成一個藝術品！

你的心情 DIARY

5 月 28 日

誠信原則

做人，應秉持誠信為本，一言九鼎，言出必行，這是彰顯品格、贏得他人尊重的重要法則。如果一個人說話卻不付諸行動，就會失去他人的信任和信用。言行一致，是品德的基礎，無論對待別人還是自己，都應堅守誠信，不容許雙重標準。誠實待人，堅守信用，是品德修養的核心。

誠信不僅是對他人的尊重，也體現在守約為重的態度。信守承諾，才能獲得信任和支持。**道德高尚的人，更重視信譽勝於財富，認為信守承諾比生命更為重要**。在人際交往中，真誠是最寶貴的贈禮，樹立良好的品德形象，才能成就美滿的人生。

你的心情 DIARY

5 月 29 日

開悟

樹上的果實，越是香甜，越是羞紅；江河的流水，越是平穩，越是深沉；枝頭的鳥兒，越是高飛，愈要低身蹲藏；滋潤的春雨，越是珍貴，也越是無聲地潤物。

水流得越遠，它的位置就越低。這也說明了，一個渴望實現遠大目標的人，也能從任何地方開始，像水一樣流動，從中悟出些許道理，這就是為什麼我們常見到，一個人的偉大往往伴隨著更深的謙卑。

不論是果實還是水流，它們的品質並不因高低而變化，而是因為它們的本性。就如同一個人，偉大不會改變他的謙卑，那些能夠深深感知這種道理的人，會從自己的處境中汲取智慧，從平凡之處得到啟示，這正是智者之所見，偉人之所悟。

你的心情 DIARY

《療癒心靈的秘密能量 II：第 150 天》

5 月 30 日

幸運

當你面對一件事時，記得從更遠的角度去看待，別急於求成，因為匆忙未必能帶來立即的好處。有時候，成功的道路是緩慢的，需要耐心去傾聽和等待，勿過度幻想會有不經意的幸運降臨，只要踏實地走在路上，前方一定會有美好的風景等待著你。

機會總是存在的，若你無法抓住，別怨天尤人，那僅僅是因為你自己尚未達到足夠的優秀程度，你要知道，每一次的努力都是幸運的種子，而每一天都是珍貴的時光，不能被浪費掉。

別將時間當作無關緊要的東西，請好好珍惜它，唯有如此，才能提升你生命的維度和境界。

你的心情 DIARY

5 月 31 日
時運

人生就像碰碰車，碰對了環境，能享受一輩子的舒適；碰對了方向，將見證一輩子的精彩；碰對了愛好，將充實一生；碰對了時運，將過得順遂；碰對了主管，將得到輕鬆的生活；碰對了愛人，將迎來一生的幸福；碰對了朋友，將享受一世的快樂。

然而，昨天只是一道風景，看過後就會忘記；財富像列車一樣，進來了也會離開；婚姻就像杯中茶水，濃厚的時候漸漸淡去；傷痛只是匆匆過客，曾停留過後就離開；人生宛如潮起潮落，來了就會走；生活彷彿漏斗，得到了也會失去；然而，**心卻像盛滿水的玻璃杯，只要倒掉煩惱，快樂就會自然滿溢其中。**

你的心情 DIARY

《療癒心靈的秘密能量 II：第 152 天》

6 月 1 日
尊重差異

生活中，我們常常因為自身的喜好，期望他人也能遵從自己的期許，或者用自己的標準來評斷他們，有時甚至試圖按照個人的思維方式，來影響和改變別人。事實上，世界上沒有兩片一模一樣的樹葉，更不會與你有思想觀念完全相同的人。

每個人都有著迥異的家庭背景和成長經歷，這些因素塑造了我們獨特的習慣、思維方式以及生活模式。最好的相處方式是學會尊重差異，接納不同。

努力學習並理解別人的觀點和行為，即使這些與自身的想法有所出入。**透過尊重差異，你可以建立更加包容和諧的人際關係，懷抱開放的心態，願意接受來自不同文化背景和生活經驗的人，所帶來的多樣性。**

當你願意接納和尊重他人的差異時，也能更好培養出寬容和理解的品質，如此的態度，即可豐富自己的人生，更能深刻理解這個多元美妙的世界。

你的心情 DIARY

6 月 2 日

人際界線

你和他人的相處，就好比兩棵靠近生長的樹木，如果互相靠得太近，枝葉交織，就可能互相競爭陽光，結果兩者都難以茁壯成長，甚至可能導致枯萎。所以，人與人之間，保持一定的距離與互相支持，是一件至關重要的事。

當你能夠理解和掌握適度的相處距離，就能像樹木一樣茁壯成長，懂得保持適當的情感距離，給予彼此足夠的自由空間，這樣的關係才能更長久、更牢固。

學會尊重他人的界線，不要過度侵犯或強迫，也不要因為情感而束縛對方，恰到好處的保持親近和疏離，讓你和他人的關係更加穩固、更具有深度。

你的心情 DIARY

《療癒心靈的秘密能量 II：第 154 天》

6 月 3 日

堅持做一件事

每天耗費五小時在追劇、刷臉書聊天，過了十年，你將成為旁觀者，最擅長的是評論別人的成功與失敗，但自己卻毫無所得。

花十分鐘回想一下，當初最渴望做的事是什麼，然後每天堅持去實踐它，十年後你會驚訝於自己靠這件事謀生，就算你喜歡逛街，也能給自己訂定每天逛街三小時的規律。

或許一開始會愉快無比，然而持續一段時間後會發現，其實相當無聊。但若你能堅持下去，你會開始思考：在逛街時能獲得什麼啟發？又能創造出什麼新奇的點子？十年後，或許你將成為時尚達人、街拍攝影師，甚至是服裝高手。

堅持做一件事，你會發現，成功其實沒有想像的那麼艱難，對吧？

你的心情 DIARY

6 月 4 日

少數人的堅持

《少數人無私分享，多數人肆意索取》

生命最美的風景，藏於內心的淡泊與從容，以及頭腦的睿智與清明，最奢侈的擁有，是健康的身軀、永恆的信念，還有永不放手的摯愛。在這片無限的世界中，學會用美好心情享受生活，每個時刻都是一片荒野，就算在茅草叢中，青草與鮮花也會盛開。

撫慰心靈的碧水藍天，讓心境靜穩，採摘詩意之花、撫摸幸福之草，在領悟的路上，時間會賦予你慈愛與慈悲。

少數人付出，多數人索取；
少數人策劃，多數人迷失；
少數人行動，多數人幻想；
少數人堅信，多數人疑惑；
少數人深思，多數人抱怨；
少數人勇敢，多數人順從；
少數人滿懷希望，多數人膽怯；
少數人幫助他人，多數人困擾他人；
少數人無私分享，多數人貪婪索取；
少數人持續前行，多數人半途而廢；
少數人任勞任怨，多數人徬徨無助；

少數人力求解決，多數人找藉口；
少數人終身學習，多數人隨波逐流；
少數人自律嚴格，多數人放棄自我。

這是現實的對比，存在於每個人的選擇與行動之中，在生命旅途上，擁抱少數人的堅持與信念，或許能走出更充實光明的道路。

你的心情 DIARY

6月5日
價值

男人，不該以擁有許多備胎為光榮，因為只有破舊的車才需要備用輪胎。女人，也不應以擁有眾多追求者為驕傲，因為只有低品質的商品才會被哄搶。

是故，**成為獨一無二的自己才是最具有價值，人生的豐富不在於年輕，而在於精彩！做女人要有內在的內涵，做男人要有所承擔！**

這段文字提醒了凡夫俗子，不應以「備胎」或「被追求者」的數量來評價自己價值，而應該發掘自身獨特之處，為自己的內在品質而自豪。

你的心情 DIARY

6 月 6 日

靜謐

言少者通常智慧深邃，不貿然評論身邊人事，智慧即在於保持沉默。**不與他人爭辯則展現洞察力與廣博格局，與不同層次的人無需爭辯。**

提升心境，克制批評他人，不勉強說服別人，堅持信念之餘，亦懂得尊重他人。期盼我們所遇皆溫暖相待，所得皆如所期，餘生從容恬淡，享受靜謐人生。

你的心情 DIARY

《療癒心靈的秘密能量 II：第 158 天》

6 月 7 日
堅韌的心智

人生路上，你所走過的每一段旅程都是獨一無二的記憶，而真正的開始始於那一步，每個人所經歷的人生旅程各不相同，或許崎嶇曲折，或許平坦順暢，或是充滿幸福，或是憾事纏身。

唯有在逆境和失敗中，你才能真正茁壯成長，唯有不斷經歷風霜雨打，你才能勇敢面對未知。

成功為你帶來信心，而失敗則教你更堅韌，只有擁有堅韌的心智，你才能勇往直前，超越自我，開啟嶄新的人生旅程。

你的心情 DIARY

《療癒心靈的秘密能量 II：第 159 天》

6 月 8 日

獨特

當你站在人生的十字路口，眼前展現出各種可能性，這些選擇可能令你感到困惑，也讓你產生猶豫不決的情緒，但這些也是你人生旅程的重要轉折點。

每個人的人生都獨一無二，就像指紋般獨特，很多人經歷了許多迷失方向的時刻，無法確定該何去何從，這時刻，就像是人生旅途中的岔路口，引導你前往探索未知的領域。

有些抉擇或許顯得較穩妥，給人帶來較少的風險感，但這些選擇，也會讓你錯失許多成長的機會，當你勇敢地迎向未知，雖然會面臨困難和失敗，但也是讓你變得更堅強、更有智慧的機會。

人生就像一幅畫，一切由你的選擇所構成，每一次抉擇，都是生命中的一幅畫，無論是歡笑、淚水，抑或成長挑戰，每個選擇，都為這幅畫增添了一抹色彩，塑造了你獨特的性格和故事。

你的心情 DIARY

《療癒心靈的秘密能量 II：第 160 天》

6 月 9 日
放下

每個人，都擁有寶貴的有限資源——時間和精力，學會放下繁瑣，運用減法，是獲得內在寧靜和生活靈動的關鍵，雖然無法扭轉時間的流逝，但你可以改變生活的軌跡和焦點，使有限的資源更有價值。

當你遠離繁囂安靜下來，才能真正品味生活中的美好，節制自己的慾望，是面對人生風險時重要的備份。同時，珍惜自己的身體健康，不僅是對自己的負責，也是對家人的關懷，在付出時保持度量，讓心中的真善美獲得實質回報。

當你懂得這些原理，生活中的繁重壓力會變得輕盈，內心的平靜和堅定會使你更有自信、更有智慧的面對挑戰，這不僅是個人修養，也是為了創造更美好的祥和社會。

透過精心的選擇和內在的鍛鍊，你會發現生活變得更充實，當你將有限的資源專注於真正重要的事物時，生命也將充滿更多的意義和光輝。

你的心情 DIARY

6 月 10 日

生活最好的修行

生活中的挑戰與困難，是成長的催化劑，是鍛鍊人心的磨刀石，沒有經歷過艱辛，怎能體會成長的價值？沒有失去，又怎能變得成熟？這就是生活的磨練，是你能漸漸理解的真理。

與人相處的過程中，你會漸漸發現人的真善與偽惡，唯有在交往中，才能真正洞悉他人的本性，也唯有親身經歷，才能真切體會事情的深淺。

我所以為好的人際關係，就是請你隨時保持善良，不要去欺負那些心地純樸的人，更不要欺壓那些良善之人。

用每一句善意的言語，對待你身邊的每一個人，用善行幫助那些陷入困境的人，一生唯有以善良相待，方能感受到好運的降臨，並獲得美好的回報，這是你生活最好的修行，也是為了建構更美好的人生。

你的心情 DIARY

《療癒心靈的秘密能量 II：第 162 天》

6 月 11 日

因為你值得

親愛的自己，讓我向你鞠躬致意！

感謝你！那個在孤獨時沒有淚水的你，堅強地面對挑戰，即使在荊棘密佈的道路上，也毫不退縮，你是那位永遠不言棄、勇敢面對生活的勇士！

初心，那矚目閃耀的你，即便成年後你對童話故事不再抱有太多幻想，但你仍保有對未來的無限期待，這種無法被打破的堅定信念，真的太了不起了！

善良的你，即便黑夜籠罩一切，你總是那盞微小卻溫暖的燈，這份善意，足以撫平心靈的寒冷，溫暖彼此的靈魂。

感恩珍惜當下的你，明白失去和獲得同樣重要，冬天可能漫長，但你知道，等待就像花朵綻放的那一刻，無論多微弱的光芒都預示著黎明的到來。

感謝你讓自己如此美好！感謝你在每一個時刻，為自己、為他人帶來希望和溫暖。

你是那盞在黑暗中閃耀的明燈，是那朵勇敢綻放的花朵，是這個世界最美麗的驕傲！

你就是你最需要的人，永遠要對自己說聲感恩！因為你值得！

《療癒心靈的秘密能量 II：第 163 天》

6 月 12 日
明智

靜坐常思己過，閒談莫論人非！

面對事情時，不要找藉口，要冷靜地反思自己。**站在別人的角度看待問題，同時站在別人的角度看待自己，這樣才能更正確地了解自己，了解他人的智慧，自知者明智。**

人生的成敗取決於自己，透過反思，才能讓自己逐漸成為更優秀的人。

從現在開始，以一顆自省的心，來面對世間的紛擾，你的人生將會變得更加美好。

你的心情 DIARY

6 月 13 日

冷暖自知

生活中，許多人都陷入一種錯覺：認為別人擁有的幸福與歡樂，是自己難以企及的，但別人看似幸福的背後，未必如你所想。

有句話說得好：『如人飲水，冷暖自知。』

你無法完全理解他人的內心感受，因為一般人永遠只能站在自己的立場。

既然如此，又何必總是將自己的煩憂與他人的幸福相比呢？你應該按照自己的喜好方式去活著，這才是最好的生活狀態。

每個人都有各自的歡笑與淚水，但這不該成為評斷幸福與否的標準，或許在別人看來，你擁有的或許正是他們渴望的。

是故，停止用別人的標準來衡量自己的幸福，而是用自己的心靈尺度來感知，這樣的生活才能真正屬於自己。

你的心情 DIARY

6 月 14 日

品性

人與人之間的相處，往往在相互接觸後才能了解彼此的品性，有時，若不與他人相處，無法判斷其為何種人，當你深入交往一個人時，應該不問對方的家世背景或社會地位，也不需考量對方的能力、身份、財富或人際關係，而是應該注重對方的品德。

在人生的旅程中，希望你深交品德高尚的人，這遠比與有財富、但品性不佳的人為伴更加重要。

品德端正的人，應交往品德良好的朋友，這樣你的人生之路才會更加平順，餘生也會更加幸福美滿。

你的心情 DIARY

6 月 15 日
不完美

世事變幻，無一恆久，陽光轉移，月亮圓缺，如同人生般充滿變化，你我皆在完美與不完美的世間穿梭，理想中的完美只是美好的遠景，而不足才是現實的本質。

留下些許遺憾，才能深刻領悟人生真諦，因為這些遺憾，串連著你我生命中的每個缺失，漸漸編織成獨特而充實的人生經歷，**有了缺憾，你才能夠懷抱更多美好的憧憬；有了憧憬，才能灌注生活充滿希望的力量。**

在這個世界上，很多事物皆是由看不見來決定看得見的，沒有一切是永恆不變，適時地接受不完美，你就能接受真實生活的最佳方式。

你的心情 DIARY

《療癒心靈的秘密能量 II：第 167 天》

6 月 16 日

淨化煩憂

當瑣事和麻煩在生活中不斷上演，逼得你喘不過氣來，這個世界似乎永遠在快速旋轉，讓你身心俱疲。工作的重壓，人際關係的複雜，以及家庭中瑣事的纏繞，讓你感到力不從心，你渴望一份安寧，也渴望將煩惱拋之腦後。

這個時候，平安就像一片寧靜的湖泊，可以在其中尋得一絲淨土，無論外界帶來怎樣的壓力和挑戰，如果你能保持內心的平和，終將能夠迎刃而解，正向面對生活的各種考驗，這並不是逃避，而是以平靜的心靈去面對，從容地接受每一刻的真實。

這片寧靜，不僅是思緒的安寧，更是心靈與外界交流的橋樑，**當你擁有了這片平靜，你將發現生活的種種煩惱與壓力，逐漸失去了原本的銳利**，當你能保持內心的平和，就能淨化煩擾，勇敢迎接生活的一切。

你的心情 DIARY

6 月 17 日

正面心態

在快速變遷的時代，唯有那些具備適應力的人才能夠如魚得水，應對變化自如。就像一粒種子，它無論落在何處，總是努力地生根、發芽、茁壯成長。這個時候，在順境中保持謙遜，不驕傲自滿；在逆境中調整心態，不放棄信心。

最重要的是，主動調整自己的心態，無論你現在的處境如何，請保持積極向上的態度。**順境時，勿忘記謹慎，不要被得意沖昏頭腦；逆境時，更不可陷入沮喪與失望。**

只有透過調節自己的心態，才能讓生活增添幸福感。

你的心情 DIARY

《療癒心靈的秘密能量 II：第 169 天》

6 月 18 日

充實

從容自在的相處，永遠是你渴求的，當天涯之隔的心靈相通，溫暖與溫馨相伴，緣分的繫索將你連結，而你的用心則是珍藏它的秘密。

細微的關懷和不言而喻的默契，為內心注入了溫暖，也讓心靈互相呼應，真摯的陪伴和祝福，化為文字傳達著真誠，這份連結穿越了網絡螢幕，靜靜守護著彼此的情誼，在天涯海角中，默默擁有一份美好，沉澱幸福的情感。

當智慧重時，煩惱就變輕；而煩惱沉重時，智慧就會變輕，如果你最近感到脾氣變大了、內心不平靜、想法更加沉重，或許是對善知識學習減少了！

因此，你需要不斷學習聖賢之道，親近善知識，內心持續充實，保持良好的狀態，逐漸減少煩惱，同時也讓慾望減少，為你帶來更清明的心境。

你的心情 DIARY

《療癒心靈的秘密能量 II：第 170 天》

6 月 19 日

學會寬容

當你渴望尋找一片清靜之地時，學會寬容他人也是對自己的寬容，給予別人改過的機會，也就給了自己更寬廣的發展空間。

世間紛擾猶如落花飛舞，但內心平靜如碧空，寬容包容，笑迎人生，春日百花盛開，秋夜望月明，夏日涼風徐徐，冬天聆聽飄雪，內心無煩憂，這就是人生美好時光。

祝你每日晨起清新，傍晚閒適，夢境如心所願，心隨夢意；祝你天天開心，自在愜意，隨遇而安，快樂一生；願你每天都擁有愉快的開始，充滿自在與愉悅，適應生活的變化，享受愉快的人生。

你的心情 DIARY

《療癒心靈的秘密能量 II：第 171 天》

6 月 20 日

智者

生活中，你和誰共度光陰，是一件極為重要的事，他們是一面特別的魔鏡，能夠反映出你的生活和人生，和聰明的人在一起，你的思緒不會顯得拙笨，他們的智慧會點亮你前行的路；和勇敢的人共事，你的內心不會變得軟弱，他們的堅毅會為你戰勝艱難；和樂觀的人相處，你不再感到悲傷，他們的笑聲如陽光一樣，溫暖你的心房。

與高人交往，你自然而然也成為高人之一，學到他們的睿智；與能人共事，你就是能人中的一員，因為他們的能力激發了你的潛能。生活就是如此，總是在與周遭的人相處中，共同創造出一段獨特的風景。

相信我，精心挑選你周遭的夥伴，讓彼此的人生增添多采。和聰明的人、勇敢的人、樂觀的人、高人、能人攜手同行，共同迎向生命中的巔峰。

選擇與正能量相伴，讓你的人生之路充滿智慧、勇氣、歡笑和成就，與這樣的智者攜手，成為彼此生命的最佳伙伴，共同譜出一曲幸福的樂章。

你的心情 DIARY

《療癒心靈的秘密能量 II：第 172 天》

6 月 21 日

極簡生活

欲得生命的清歡，就需將生命進行減法。在適當的時候，減去心靈的負擔，讓心靈解放，這樣才能賦能於自己。修剪目標，深耕內心，必能實現心中的願望；穩定心緒，提升內在修養，將能勇往直前；精簡社交，專注於自我，方能輕鬆愉悅。

餘生漫漫，將生命調整至極簡模式，這並非逃避現實，而是找到一種更加聰明、更有品質的活法。這是一種深刻的愛自己方式，同時也是對生命最真摯的尊重。

願你能在未來的日子，找到真正的清歡，學會愛自己，體現智慧的生活。

你的心情 DIARY

6 月 22 日

原則底線

人生存在著兩種境界，一方面是痛苦而保持沉默，另一方面是歡笑而守口如瓶，當你面對那些令人難以接受、難以理解的事物時，能夠保持坦然自若、低調包容，往往比激動和爭吵更加有益，有些情勢並非透過爭吵就能解決，**而你的原則和底線，只有在你有足夠實力的時候才會被他人尊重。**

若你處於微不足道的位置時，言輕意澀，少說多做，是贏得他人喜愛更為有效的方式，如此的行為表現出一種深度的底蘊和實力，使你更容易贏得他人的價值認同。

你的心情 DIARY

6 月 23 日

富足

生命如果失去了感動，就像是一杯失去了滋味的清水；而沒有了生命的激情，就宛如一潭死水，幸福的日子就是平安的日子，得與失只是人生遊戲的其中一環，沒有人能奪走我們珍愛的一切，在貧富的衡量標準中，真正的富有在於心中的知足。

歲月匆匆流逝，時光無聲無息，有限的生命在清點過去的時候，才會意識到那些深深的遺憾，讓人追悔莫及，在這繁華的世界中，誘惑無處不在，你需要珍惜眼前的生命，讓人間的煙火氣充實，並點燃自己的一生。

活在當下，讓感動與激情為生命添色彩，如同一場五光十色的煙火秀，在平凡中尋找不平凡，讓生活充滿驚喜，得失不過是一場遊戲，**我們的財富，不在於物質豐盛，而是在於心中的富足。**

無論是歡笑抑或淚水，都是生命中不可或缺的一部分，這一世彷彿是一場華麗的煙火秀，請你好好珍惜活著的每一刻。

你的心情 DIARY

《療癒心靈的秘密能量 II：第 175 天》

6 月 24 日
奇蹟

人生坎坷，你要儘量無悔無憾，越是寒冷厄難的時刻，你就要充滿熱情地生活，這段旅途雖然充滿變數，途中或許會有顛簸，但請你一定要相信，困難總是短暫的，沒有一個冬天是無法踰越的，沒有一個清晨是不會到來的。

或許黑暗難免，但希望總是存在的；或許前路漫長，但值得期待。看梅花已綻放，等霾盡風暖，春天真的已經不遠，越是這個時候，你越要堅持住，努力走出人生的冬天。

在現實的旅程中，你可以像梅花一樣堅強，傲立寒風，每一次顛簸，都是生命的鍛煉，每一片黑暗，都是邁向光明的腳步，請牢牢相信，勇敢面對每一個冷冽的寒冬，都會在絢爛陽光下找到溫暖。

這世界或許難以捉摸，但你可以擁有充滿活力的態度，用笑臉面對生活的挑戰，不管前路多麼崎嶇，你都應該豎起勇敢的旗幟，迎接一切未知的可能，因為人生的奇蹟，往往藏在最不被看好的地方。

無論艱難與否，用心感受每一個瞬間的美好，這場旅行或許充滿挑戰，但正是這樣的起伏，才能讓你的人生變得豐盛富足。

6 月 25 日

行動

面對任何事情，只要確定了目標，找到行動的方向，就應該立刻踏出第一步；別再拖延，馬上展開行動，唯有在實際行動中不斷修正，才能確保目標的達成。

進行任何事情，不要想得太復雜，停止拖延，立即展開行動，不要給自己設限，別老說我不懂、我不會或我不行，不懂可以學，不會可以嘗試，只要你給了自己嘗試的機會，就能在不斷嘗試中累積經驗和教訓。

所有的努力，都是打造你變得更好的基石，只要你還活著，持續不懈地努力，人生永遠不會太晚。

行動才是讓你變得越來越強大、越來越成功的唯一原動力，堅信在行動中，你將不斷茁壯，收穫成長，人生的光芒將因此而展開。

記住這句話：「那些殺不死你的，才會讓你更強大！」

你的心情 DIARY

《療癒心靈的秘密能量 II：第 177 天》

6 月 26 日

順其自然

時光，總是應許著柔軟的撫慰，因為它見證了太多的善良，在靜謐的時光中，有著日月的輪迴，而在善良的行為中，綻放出歡顏，學會放下就是一種安好，體悟到釋然就是一種重生。

人生擁有兩種境界，一個是「知道」，一個是「知足」。

「知道」，讓人活得更加明白，明白生活的複雜和無常，能夠接納不確定性，從中尋找智慧的蛻變。而「知足」，則是讓人活得平淡而富足，懂得滿足於當下的幸福，不追求過多的欲望。

生活的本質，是一種簡單的交換遊戲，你渴望什麼，生活就會反映給你什麼；而生活的智慧則在於，當它給了你某些東西時，你要善加利用，學會珍惜所擁有的，感恩當下的一切，生活就會變得更有意義。

凡事不必刻意追求，順其自然，接受生活最好的安排，如此的心態，能讓你更從容面對種種變化，從中找到平靜，**懂得在順境中感恩，在逆境中堅韌，這是生活的真諦**。因為一切皆是最好的安排，只要你能用心去體會，即可發現生活中的智慧。

時光不斷流逝，留下的是經歷和記憶，活在當下，感受生活的細膩，那麼即便有風霜歲月，也能徜徉於平淡的幸福之中。

你的心情 DIARY

6 月 27 日

心靈風景

新的一天開始了！人生中最美麗的風景，莫過於擁有一顆高貴且善良的心靈，它散發著優美的磁場和迷人的魅力，無論身在何處，這份內在的美麗都能照亮四周，溫暖周遭的每個角落。

正氣正心、正言正行，這是人生中最美麗的風景，**不需要仰慕別人，因為每個人都可以成為自己內心深處最美的風景，不必去超越別人，你真正需要超越的是自己**，做一個正直、善良、有夢想、擁有正能量、有追求、熱愛生活的人，這樣的人生就是最美麗的風景。

人的生命格局一大，就能跳脫瑣碎裝飾的困擾，當你以更高的境界看待問題時，曾經遇到的困境變得微不足道，眼前的得失也不再影響心情，不計較、不糾纏，才是對自己和他人最好的成全。

願你我並肩同行，迎接新的陽光，在這新的一天，保持高貴的心靈，成為那一副最美的風景。

你的心情 DIARY

《療癒心靈的秘密能量 II：第 179 天》

6 月 28 日

尺度

人生從未存在所謂的標準答案，每個人都有權利選擇符合自己喜好的生活方式，不要以自己的尺度去評價他人的抉擇，在確立自己生活方式的同時，也應該寬容地接納他人的選擇。

避免將自己的經驗強加給他人，以及對他人指手畫腳，更不應輕易對事情做出結論，在餘生的旅途中，請收斂指點別人的手，避免隨意批評和過度干擾。

懂得給予他人足夠的空間，這樣才能讓人在相處中感到輕鬆，長久共處不感到厭倦。

你的心情 DIARY

《療癒心靈的秘密能量 II：第 180 天》

6 月 29 日

正向思維

有些事情，若抓不牢，就選擇放手；

有些東西，若無益，就把它捨棄；

有些理念，若難以理解，就不去深究；

有些過客，若離去的時候到了，就任其離開；

有些感情，若不順利，就勇敢割捨；

有些傷痛，若難以消散，就努力遺忘；

有些過去，若難以忘懷，就讓它藏於心底；

有些工作，若難以完成，就謙虛地求助他人。

生命的旅途中，你總會面臨各種抉擇，風雨人生，淡然相隨，**只要你隨時保持快樂，生活其他的一切，都變得不那麼重要了！**

你的心情 DIARY

6 月 30 日
精彩瞬間

生命中的每一刻，都蘊含著獨特無法複製的美好，你無需嫉妒，也無需比較，每個人都有屬於自己的生活方式，也有屬於自己的精彩瞬間。調整你的生活弦律，將它調校到心愛的頻道，不虛度時光，努力成為當下最優秀的自己，提升能力，邁向個人目標，**每天一點一滴進步，你就是最出色的自己。**

每個年齡階段，都擁有冒險的勇氣，活出最優秀的自己，接納每個時期的自己，在獨特的世界中散發閃閃光芒，勿讓時光流逝，而是積極追求，綻放生命的精彩。

無論在哪個人生階段，請擁抱對生活的熱情，以及令自己感到振奮的積極態度。

活出自己，活得精彩！

你的心情 DIARY

《療癒心靈的秘密能量 II：第 182 天》

7 月 1 日

活出自己

生活的幸福，就是把平凡的日子，過得如詩如畫，充滿豐盈的滋味，往後餘生，活得健康平淡，真摯地去愛，開心地笑，在生命的每個階段，都懂得適時的取捨與調整，走上屬於自己的路。

人生的美麗，往往蘊藏在平淡中，每一個日出日落，都是一幅詩意的風景，健康是最大的福報，你要好好珍惜每一刻，過上健康平和的生活，平淡的愛情，才是最真實的，真摯的感情，比任何奢華都令人心暖。

笑容是生命的最佳點綴，開心的笑聲能夠照亮整個世界，懂得在平凡中尋找快樂，這才是智慧的表現，每個階段都有其美好，懂得感恩，懂得珍惜，讓生命的旅程更加豐富多彩。

走自己的路，做最真實的自己，這是人生最重要的原則，不受世俗的束縛，做自己想做的事，活出真實的模樣，快樂不僅僅體現在外在，更體現在內心的深處。

認真地生活，用心地去愛，懂得與每個階段的自己和諧相處，生活是一種藝術，需要用心感受，用愛綻放。

走自己的路，創造屬於自己獨特的人生，讓每一天都充滿活力與意義。無論風雨，都能樂觀面對，你活出的每一刻，都是屬於自己的珍貴時光。

你的心情 DIARY

《療癒心靈的秘密能量 II：第 183 天》

7 月 2 日
逆境

身處順境時，謹慎謙虛，宛如杜鵑花在山間靜靜綻放，不需張揚，讓自己的光芒默默照亮四周，與大自然的和諧共舞。順境並非為炫耀，而是一種謙遜的表現，如同杜鵑花在青青山谷中盡情綻放，與大地相融合。

而當逆境來臨，堅持不放棄，就像那白玉蘭一樣，即便曾經敗落，卻在下一個春天重新綻放，**逆境是人生的一部分，不是終點，而是蛻變的契機，在逆境中找到重生的力量，期待下一個春天的來臨，擁抱新的可能性。**

面對科技生活，事情的發生難免讓人感慨萬千，但一顆心的淡定卻是度量這一切的最佳尺度，淡定的心境，能夠在風雨飄搖中保持平靜，從容應對種種變故。

內在沉穩，是你面對挑戰時最為寶貴的力量，讓你不會被外界的風波所紛擾。

你的心情 DIARY

7 月 3 日

淡定從容

一個人的深度，並非由外在的表現能完全衡量，深度源自內心的豐富和靈魂的厚重，一顆心的從容，則是這深度的體現，當一顆心能夠從容面對生活的喜怒哀樂，展現出內在的強大力量，這才是真正的深度所在，如同一湖清泉，即使湍急的溪水汹湧而過，湖心依然平靜安祥。

在這個世界上，生活如同四季更迭，充滿變數與挑戰，**你的心態和內在修為，決定了未來如何應對這一切**，保持淡定從容的心境，無論順境逆境，都能讓你在人生的旅途更加徜徉自在，如同一朵盛開的花朵，綻放出屬於自己的璀璨光彩。

你的心情 DIARY

7 月 4 日

愛情痕跡

無論是夫妻、紅顏亦或知己，兩個人在一起的時間長短並不是關鍵，年齡的差異也不重要，真正重要的是，你是否在對方的心中留下了痕跡。

有些人，或許只相處了短短的一天，卻在對方的心靈深處停留了一輩子。而有些人，儘管走過一生的時光，卻未曾在對方心底找到一席之地。

美貌不是必需品，財富也不是追求的終點，一生中，只要有一個深愛你、理解你、牽掛你的人，就是最真實的幸福，相宿而不相欠，正是這份遇見的奇妙魔力，在人生的交匯處，或許你注定要與某個特別的人相遇，就像兩條平行線終於交錯。

幸福不在於時間的長短，而在於相擁的真摯情感，有時，一瞬間的心靈觸動勝過千言萬語的約定，不必在意外表的包裝，真正的愛情，是經得起時間考驗的心靈連結。

在愛情的晴空裡，找到那個懂你、陪你笑、替你牽掛的人，比什麼都重要。

所以，請你珍惜這份獨一無二的緣分，因為若不相欠，又怎會遇見對的人呢？

7 月 5 日

快樂境界

你知道嗎？人生的快樂存在三種境界。第一，是自己優於別人的快樂，這可說是最基本層次的境界；其次，是自己戰勝自己的快樂；而第三種則是無條件的快樂，即不論成功或者失敗，都能擁有快樂的心情，這可說是快樂的最高境界。

在餘生中，讓無條件的快樂，成為自己的一種生活習慣，不讓外在因素左右自己的心情，不以物喜不以己悲，扔掉包袱，輕鬆上陣，世界是自己的，與他人毫無關係，樂觀的心態讓生活更加輕盈，讓每一天都充滿歡笑。

在三種境界中，擁有無條件的快樂最為難能可貴，因為它不受外在環境的制約，而是源於內心的平和與滿足，讓快樂成為自己的習慣，讓心情隨時保持開朗，你的人生能更加豐富而充實。

你的心情 DIARY

7 月 6 日

旅程

一邊走著，一邊欣賞著生活的點點滴滴，穿越歲月的軌跡，每一步都是一段生命的故事，生活充滿著瑣碎的念頭，跨越了年復年的光陰。

面對過去無法踰越的事情，應該學會放手；釋放不掉的執念，也要學會放下，生命就像一本書，只有翻過前一頁，才能開始書寫新的一篇，當過去已逝，境遷改變，回首往事彷彿繁花似錦，回憶變得溫暖如初。

送人玫瑰，手留餘香，心懷善意如同播種一粒種子，善心如同綻放的花朵，善良之人散發著內心的芬芳，這股香氣，縈繞在心靈深處，成為人性美好的象徵。

生活就是一場不斷走過的旅程，而其中的點點滴滴都是你成長的痕跡，每一步，都是向前的勇氣；每一段，都是一段心靈的修煉，走過歲月，生活中的滄桑感和溫暖記憶，交織成一幅美好的畫卷。

你的心情 DIARY

7 月 7 日

潛意識

一個人，都該擁有正確的價值觀和積極的個性，你只有通過這樣的態度，才能夠喚醒內心深處的潛能，不斷成長，藉著勤奮工作和保持自律，你才能實現自己的目標，最終靠自己的努力成就自己。

在擁有積極性格的帶領下，能夠喚醒你內心深處的潛意識，讓自己的工作能力達到巔峰，過著有意義且清醒的生活，從中深刻理解人性的複雜，透過與他人的互動，可以不斷提升自己，讓你更加成熟、強大。

保持正確的價值觀，展現積極的個性，讓你的內心深處的潛能得以釋放，發揮出自己的最高能力，讓生活充滿意義和趣味，並與他人的互動不斷成長、成就自我，**透過努力和自律，靠你的力量成就自己。**

你的心情 DIARY

7 月 8 日

真正的修為

有些事，真的不值得過多計較，因為時間總是最好的見證者，隨著歲月的流逝，一切都會水落石出，真相自然會浮現在眼前。

生活中也總有一些人，他們的價值觀和你不同，或許無法共同奮鬥，這時候，你不必強求合作，因為道不同不相為謀，每個人都有自己的路，只需尋找適合自己的方向，不必刻意參透別人的心思。

在這個世界上，每個人都有自己的度量衡，**對事物皆有不同的看法，你無法左右他人的思維，但可以選擇用寬容的心度量這個世界，面對傷害，微笑著去面對，那是一種豁達；遇到辱罵，保持冷靜不理會，則是一種超凡的修為。**

真正的修為，不在於外界的淨土，而在於內心的平靜，學會放下，學會寬容，讓心靈像湖水一樣寧靜，才是真正的豐盈，願你在喧囂的世界中，找到一片屬於自己的寧靜之地。

你的心情 DIARY

7 月 9 日

微笑心境

微笑迎向溫暖，讓你的心情如水般安穩，真正的平靜並非躲避車馬的繁忙，而是在你的心靈中建立一道籬笆，種植著寧靜的菊花。

如果你的心中存在一片桃花源，哪裡都能成為宛如水雲間的仙境，心靈若能淡定從容，浮華將自然散去，宛如一株幽蘭，靜謐而散發清香，讓你的心靈如同花叢中的蘭花一樣，瀰漫著芬芳。

當你的心靈回歸本真，閱讀一篇詩書，寫下一筆小字，讓墨香滲透你的心靈，如同沐浴在春風之中。這樣的寧靜，如同沐浴春風的幽蘭，淡雅而馨香。

心境的平靜帶來的是心靈的晴朗，如同你所期盼的天空放晴一般，讓你在喧囂的世界中，學會微笑面對，保持內心的平靜，因為你心安好，就是晴天，讓這份平和與安寧，如陽光一樣溫暖自心底，照亮你的生活。

你的心情 DIARY

7 月 10 日

專注自己

那些，充滿仇恨的人總是難以改變，讓他們繼續沉浸在自己的情緒中。反觀，你應該專注於自己的生活，做好自己，不要讓那些與你無關的人影響你的夢想，在自己的生命軌道上，保持專注，做最好的自己，不要被無謂的仇恨拖累。

每個人都有自己的路要走，不必被他人的怨恨影響，保持自己的獨立思考，專心發展自己的潛力，讓自己在成長的過程中更加出色，別讓那些消極的情感擾亂你的心靈寧靜，保持正向的態度，成就自己的夢想。

在成長的過程中，不斷超越自己是重要的，切勿局限於現狀，但可努力追求更好的自己，這是一條不斷挑戰、不斷突破的道路，正是讓人生更加豐富多彩，保持堅定的信念，積極面對挑戰，你將會發現自己的成長和進步。

總而言之：「仇恨者總是會仇恨，讓他們做他們的事，你專注做你自己，讓自己更出色，別讓你的夢想被無關緊要的人踐踏，在自己的軌道上，專注做自己，變得更好，然後超越自己。」

你的心情 DIARY

《療癒心靈的秘密能量 II：第 192 天》

7 月 11 日

風景

在這個世界上，所有的相遇，對你來說都像是久別重逢的緣分，而這一生中所遇見的一切，都是前世種下種子的結果，歷經繁華的盛放和凋零，你品嚐了人間冷暖，走在前行的路上，不禁顧影自憐。

孤獨的風景，最終需要你走出自己所建築的城牆，在時光靜好的瞬間，你更傾向於追求一種純潔和潔白的美，那是一種沒有歲月痕跡、通透的美麗，也是一種滲透進生命本質的明朗和純澈，它彷彿是一朵心靈純淨的花，綻放著美好的芬芳。

每一次相遇，彷彿都是宇宙的旨意，將你牽引至彼此的生命軌跡，而這種相遇，不僅是單純的遭遇，更是前世輪迴的延續，當你過去所種下的果實，每一段相逢都有其深刻的含義。

經歷種種滄桑，你將體會人間的苦與樂，在這段旅程中，有時需要在寂靜的時光中暫停，去感受那種純美和潔白，它是一種透徹心靈的美，不帶任何掩飾，如同一片未被觸碰的淨土。

在時光交匯處，尋找那份純淨和靜謐，讓你的生命更加通透，如同那朵心靈純淨的花，綻放出最美的芬芳。

在這個世界裡，每一個相遇，都是一場奇妙的重逢，而純淨的心靈，將是你永遠追尋的美好風景。

你的心情 DIARY

7 月 12 日

沉默的智慧

當你感到情緒湧上心頭時，福氣似乎悄然遠去，在這塵世間，優雅的關鍵就在於你能否掌控內心的怒火，以言語傷人，乃是最不明智的舉動，能夠適時控制不良情緒的你，勝過攻下城池的英雄。

如水深則流緩，言語遲緩才顯你的身份，或許你花了兩年的時間學會說話，但要學會守口如瓶，則需要更多年歲的積累。

說，是一種表達能力；不說，則是一種智慧。某些場合，沉默乃是無價之金，而雄辯只是閃爍的銀。

當一個人脾氣來的時候，福氣可能悄悄溜走。因此，你應時刻保持冷靜，不要讓一時的情緒毀了良機，在人際交往中，能夠冷靜處事的你更能獲得尊重，因為水深則流緩，言語遲緩才真正顯示出一個人的深度。

所以，在某些場合，沉默是金，而保持內心平靜、控制情緒，更是一種無價的智慧，這樣的修煉，或許需要花費更多時間，但是當你學會之後，必能在人生的舞台上更加優雅、從容。

你的心情 DIARY

7 月 13 日

角色

你這一生的大劇場，每天都充滿著各式各樣的角色，就像是你一直在參與一場現場直播，你與眾多人相遇，處理無數事務，隨之而來的是無數個身份的切換。

想在這廣大的人生舞臺上，找到自己的位置，明確自己的角色，需要一種準確的定位技巧，別越位，也別缺位，更不要錯位，這是參與這場表演的必備技能。勿因畏首畏尾而放棄表現自己，也不要為了取悅他人而背離自己的原則，更不要擔負過多，扮演每個角色時，都要專注於該做的事。

成功演繹每一個角色，其中最核心的是認清、接納、理解、熱愛每一個自己的身份，如果缺乏對自己的熱愛，即便是最簡單的角色，也難以演繹得淋漓盡致。

讓你的生活成為一場精彩的演出，懂得享受當下，用熱情去迎接每一個角色，因為，只有真心熱愛，你才能在這場戲劇中，演繹出最令人讚嘆的一幕。

你的心情 DIARY

《療癒心靈的秘密能量 II：第 195 天》

7 月 14 日
慈悲

風雨洗刷過，唯有愛散發慈悲的光芒；歲月輕撫過，寬容是溫暖的擁抱，**我一直深信，以感恩之心，初心始終如一，時光終將以柔軟之手待我。**

走過紛擾的塵世，於一場意外的重逢中，遇見了緣分的花朵綻放，走過時光的山水，用整個一生尋覓歲月的梵音。終於，在陽光灑落的午後，找到了一個溫馨的小屋，一盞飄香的茶和一首平靜的詩。

這是一段如同陽光午後般溫暖的故事，一種悠然自得的愛，在這段旅程中，我愛你，猶如愛自己一樣，讓彼此共同描繪一個充滿愛和溫馨的畫面，讓每一刻都充滿生動的色彩。

你的心情 DIARY

7 月 15 日

做最好的自己

人生的上半場，你一定經常被他人所塑造，彷彿身處於別人的舞台上，按著別人的劇本演繹，無法真正地做自己。然而，當你踏入下半場，別忘了將屬於自己的光芒散發出來，追隨內心的聲音，在舞動的旋律中，找到你的節奏。

生命的後半程，是一場深刻的冒險，一場尋找自我的旅程，透過持續的經歷，你必定能不斷的成長，就像大地上的樹木，在風雨中茁壯成長，每一次的挑戰，都是一次機會，能讓你更深刻地了解自己，不斷迭代心靈的藍圖。

與其受命運的擺佈，不如從容面對，成為人生的掌控者，這不代表要拒絕他人的意見，而是要保有獨立思考的能力，堅持追求內心真正的渴望，生活就像一幅畫，你就是一名畫家，而命運則是畫布，每一筆都由你自己揮灑。

拒絕討好別人，讓時間留給自己，這不是自私，而是給予自我充分的呵護和關愛，每一個決定，都應是基於自己的價值觀和目標，而不是受制於他人的期望，餘生你該為自己而活，品味生命的美好，感受每一刻的存在價值。

你即將成為生命的創造者，用熱情打造屬於自己的故事，塑造一個充滿意義和豐富的人生。

無論風雨，不論時光如何流轉，勇敢邁向未知的明天，生活的真諦在於，活出真實的你，做最好的自己。

你的心情 DIARY

7 月 16 日

知己

在繁忙的人海之中，若能得到一位知心朋友，實在是人生中的一大幸事，一個知己可能並非日常相處的伴侶，但在關鍵時刻，他卻能用一句話、一個動作，觸及你內心最柔軟的地方。

有了這樣的知己，你的生活便充滿了意義和價值，他不僅是你的支持者，更是你的精神伴侶，和你一起分享人生的點滴，共同走過人生的起起伏伏。

因此，請珍惜與知己的相遇，用心去維護這份珍貴的友誼，因為他的存在，讓你的生活變得更加豐富和有意義。

在這個喧囂的世界中，他就像是一座靈感的燈塔，為你指引著前進的方向，讓你不再感到孤單和迷茫。

知己如同星星般罕見，但一旦相遇，就像在黑夜中點亮了一盞明燈，給人帶來溫暖與明亮。

你的心情 DIARY

7 月 17 日
靠自己

靠自己雖然辛苦，但這份辛苦是紮實的，它建立在你的努力與奮鬥上，靠自己雖然感到疲憊，然而內心卻是安穩的，因為這份堅持與自強不息，讓你內心充滿堅定與安定，不用低頭，也不必向他人乞求，因為你擁有自己的骨氣與尊嚴，你只有靠自己，才能走得更遠。

在這個世界上，依賴自己是最實際的，也是最重要的！當你能獨立面對困難與挑戰，內心就會變得更加堅強，你的生活也會因此變得更有意義，每一分努力都值得借鏡，因為它都在幫助你成長，讓你走向更好的未來。

雖然，路途上充滿了艱辛和挑戰，但只要你勇敢去面對，就會發現生活中處處都有溫暖和希望，**即使別人的幫助再多，也不如自己的一份努力和決心來得重要**，你的堅持是最堅固的屋樑，也是支撐著你前行的力量。

在這個過程中，你可能會感到孤獨，但那並不代表你是孤單的，因為你始終擁有自己，以及一份堅強的心，友情雖然無形，但卻是最珍貴的寶藏，它給予你力量與支持，在人生的路上不再感到孤單。

讓我用最真摯的祝福，送給身邊的每一個人，願你的生活充滿溫暖與幸福，願你的心永遠充滿愛和感恩。

7 月 18 日

堅持不懈

同樣的路上，有些人毫不猶豫地踏出第一步，勇敢地向前邁進；而有些人則猶豫不決，畏懼著前方的未知。然而，路的好壞並不是由路本身決定的，而是取決於你是否有足夠的勇氣和決心。

或許，你曾經摔倒過，可能是一次，可能是多次，但這不代表你應該就此放棄，永遠留在原地。反之，**每一次跌倒，都是一次學習和成長的機會，堅持自己的信念，找對合適的平臺，和正確的人相伴，感恩身邊的一切，保持誠信，堅持不懈，這些都是實現夢想的重要因素。**

別忘了！你和他人並沒有太大的差別，每個人都有自己的命運軌跡，皆會遇到各樣的困難和挑戰，關鍵在於，你願意為自己的夢想付出多少努力，願意面對多少困境，不因一次失敗就此放棄。

你要相信自己的夢想，堅持不懈地追求，最終一定會成真。

你的心情 DIARY

7 月 19 日

獨一無二

生活的道路上，你的每一步都是一段獨特的體驗，每一個轉角都有著不同的故事，這些路，有時平坦，有時崎嶇，但每一步都是一種領悟，一種成長的機會。

你走過的路，就像一本精彩的故事書，記錄著你奮鬥、堅持的軌跡，每一頁都充滿生活的酸甜苦辣，讓你更加堅強，更加成熟。

在這段旅程中，你經歷了無數的風霜和歡笑，看盡了世間百態，懂得生活的冷暖，挫折和失敗，雖然痛苦，但卻是你成長的養分，讓你變得更加堅定、更加勇敢。

時間流逝，**但真正能治癒你的，不是時間，而是你內心的釋懷和坦然**，當你學會放下過去的包袱，接受現實的一切，你會發現生活中的美好，找到生命前進的動力。

人生的每一段路，都讓你變得更加獨立、更加豐富，感恩這些道路，感慨這些經歷，它們塑造獨一無二的你，讓你成為了現在的自己。

你的心情 DIARY

7 月 20 日
紅塵知己

在繁華喧囂的世界裡，你我如潮水般匆匆而過，彷彿迷失在茫茫人海之中。然而，在擁擠的人群中，若能找到一位紅塵知己，實屬人生大幸。

這位知己或許不是你日夜相伴的伴侶，但他卻能在關鍵時刻，**以一句簡單的話語、一個微笑、或一個深深的眼神，觸及你心靈最柔軟的地方。**

知己如同星辰般稀少，但一旦遇見，就如同在漆黑的夜晚中點亮了一盞明燈，為你指引方向，給予溫暖和希望。因此，你應慎選與之交往的人，因為與正確的人來往，不僅可以滋養對方，也能成長自己。

相處舒適、自在的人生，是你追求的目標，珍惜與知己的相遇，並在日常生活中努力營造舒適、溫暖的氛圍，讓彼此感受到無需言語，也能溫暖心靈的情感連結。

你的心情 DIARY

7 月 21 日

行者

人生就像一場漫長的旅行，你是行者，踏上這條路，結識了許多同行者，途中，你會經歷著各種風景，走過無數的岔路。這一生，就是一場修行，而修行的首要之事，是修心，管理好你的內在世界。

你會經歷許多人生的起起伏伏，跨越無數的橋樑，最終，你將明白，所謂的舒適、幸福、快樂的生活，是你一直追求的目標。

想要過一個舒適的人生，不在於討好別人，也不在於委屈或辜負自己的人生，而是懂得保護你的內心，堅持你的價值觀，不輕易受外界干擾。

人生短暫，僅有數十載，因此最重要的是滿足自己，活出真實的自己，而非追求他人的認同或稱讚。

你正在這條漫長的旅途中奔走，不斷地成長、學習，珍惜這段旅程，勇敢面對生活中的挑戰，堅定追求內心真正的平靜與滿足。

你的心情 DIARY

《療癒心靈的秘密能量 II：第 203 天》

7 月 22 日
家孝

歲月匆匆，父母恩情如山，他們用毫無保留的關愛，建構你成長的溫暖港灣。父親樂意扛起重擔，母親柔鋆含載，有他們在，生活盡在歡喜與溫馨。

我曾天真地以為，家永遠是個避風港，然而，歲月無情，父母漸漸老去，家的氣息已非昔日，他們曾經為我遮風擋雨，如今卻漸行漸遠，取而代之的是，望子成龍的期盼。

似乎天空湛藍，陽光依舊明媚；實則烏雲密佈，暮色漸漸彌漫，我終於領悟到，最大的安慰就是父母的健在，每一刻相聚，每一分相伴，我祈願餘生不離不棄。

珍惜當下，是你唯一能為父母做的，我化作一雙手，扶持他們渡過歲月；化作一雙耳，聆聽他們的故事。徬徨時，想起他們的懷抱；寂寞時，憶起他們的笑聲，無論春夏秋冬，家的味道由心而生。

這是我對「家」最美的定義，也是我對「孝」最質樸的詮釋。

願你能像童年那般，為最愛的人守護歸途。

你的心情 DIARY

7 月 23 日
簡樸生活

生命之美，在於簡潔清晰，去蕪存菁，淬鍊出生命的真諦。

觀世間眾生，有多少人沉湎於物質追求、虛榮虛飾之中，難以自拔，徒勞耗費有限的精力與歲月，流於浮華，遺忘生命的核心價值。

我主張樸實的生活哲學，放下過度消費的習慣，節制浪費之風，盡量減少對昂貴購物的追求，撇開虛偽修飾，不須裝模作樣爭奪虛榮地位，與無真情實意的關係，何必強作維繫？

你可以內斂自制，不負一生寶貴時光，以有限的假期，退居簡樸，細細品味親情人倫的溫馨，多陪伴父母的晚年，珍惜自己的子女，共度每個重要節日，沐浴於家人的關愛，這才是你身心靈最美的歸宿。

誠摯期盼你能淨化重生，超越世俗瑣事的牽絆，與摯愛的至親共享節日，在溫暖祥和的環境中，與家人相聚，期望能引發你的共鳴啟迪，讓真善美永駐你的心田。

你的心情 DIARY

7 月 24 日

領悟自我

人生是一場自我關照的旅程，每一個遇見都是領悟自我的良機，你身邊的每個人，無論是親朋好友，還是路人甲乙，他們的言行舉止都映射出你內在的某些面向，透過細心觀察別人對你的反應，就如同照見一面鏡子，你可以更清晰的認識到自身需求、情緒和價值觀。

有時，你會與他人產生矛盾或衝突，這往往源自一種誤解，認為對方才是問題的根源。但事實上，衝突很可能只是你內心投射的呈現，當你意識到這一點時，就能用更冷靜客觀的態度來面對問題，而不是情緒激動的指責對方，用開放包容的心去傾聽和溝通，會讓你比之前更好理解彼此，從而有效解決矛盾。

每個來到你身邊的人，無論相處的時間長短，給你的感受愉快或不愉快，都值得被用心對待，認真珍視他人，也是真誠珍視自我。

每一次邂逅，都是自我重逢的機會，願你懂得用心聆聽內外的聲音，與他人的相處中不斷提升，最終與人與己和解共生。

你的心情 DIARY

7 月 25 日

人生軌跡

生命如一輪明月，每個人都有著獨特的光景。

有些人以充沛如潮的能量，在宇宙中划出燦爛的軌跡；有些人則選擇退居幽境，沉潛心靈尋覓內在的光輝，不同的人生軌道，交織出萬千星軌的絢爛。

人與人之間有著千差萬別，對於幸福和成功也有各自的定義，**金玉滿堂並非人人所嚮往，澄明的心靈或許是更高的追求，若沉溺於外界的比較，便易迷失自我，走上他人的軌跡。**

生命短暫而美好，何須追隨別人的腳印？你應當恪守內心的意志，按照自身的節奏前行，以獨特的眼光，發現最適合自己的航道，不受塵世喧囂的影響，心中的澄淨激流，將引領你通往最燦爛的風景。

願每位追求智慧的朋友，皆能找到光明璀璨的人生航道。

你的心情 DIARY

7 月 26 日
虛其心，實其腹

煙雨遊舞，禪意隱約！

人生的憂慮，皆由自找，平心靜氣，如同遊雲野鶴；心境虛懷若愚，觀察草木華落，唯有如此，才能證悟天地的清淨，領悟煙雨飛絮的本然真諦。

心如止水無波，方得月影清明，內心如空杯，不受塵埃之染；神似幽蘭，超然獨立，不貪求，不愛憎，不執著得失，自然心明如光，淨光流露，這樣的心境光明，即是道的源頭。

順應自然，無所為無所求；清風長天，煙雨自在舞動，一切煩惱盡消散，就像行雲流水，回歸至道的本真；正如老子所言「虛其心，實其腹」，真實的本性展現，心如明月澄澈清明。

煙霞飛逝，禪意悠然，無論是朝露夕陽，還是清風明月，都是自在快樂，恬淡祥和。

這是聖人的喜悅，也是通達人生真諦的境界。

你的心情 DIARY

7 月 27 日

淡泊明志

生活的旅途中，經常會遇到不順心的轉折和令人措手不及的挑戰，這也讓生活的滋味不免帶上一些苦澀。

面對那些讓人不快樂的事，你可以選擇睜一隻眼閉一隻眼；對待那些難以理解的人，也可以選擇裝作不明白，或許順其自然才是最好的選擇。

將生活視為一杯清茶，慢慢品味，從容自在，最令人舒適的生活方式莫過於淡泊明志。當你透徹理解歲月的深意，洞悉世態人心，便能領悟到快樂的真諦：人生的愉悅在於保持淡然從容。

生活中難免會遇到困境，世事難料，但過分計較無益，不如學會放下，從容應對，努力在日常瑣碎中尋找快樂與平靜，這種智慧雖不高深，卻令人欽佩，值得你銘記，並在生活中不斷實踐與感悟。

你的心情 DIARY

7 月 28 日

真正的友誼

友誼，無需甜言蜜語，只需真誠；無需朝夕相伴，只需真心記掛。問候，無需華麗辭藻，只需一顆赤子之心；關懷，無需形式，只需令人暖心。

真正的朋友，不是形影不離，而是默默關注；是時時鼓勵，時時支持，友情乃相知相惜，非蜜月似的高潮時刻，而是經得起時間考驗，歲月磨合，假友自離，知己自然而留。

友誼之花，需要用真情灌溉，才能綻放燦爛，遇見知音，便是人生之福，持之以恆珍視，方得友誼之甜。

你的心情 DIARY

7 月 29 日

實踐

原來，人生的旅途，每一步都不容忽視！

再長的路程，也是一步一步向前踏出，只要持續前進，就能走完全程，即使路途曲折，前方漫長，也要堅持下去，不要讓半途而廢的遺憾積累。

再短的路，如果不主動出發，又怎能向前行？不要等待時機和條件成熟，要自我激勵，鼓起勇氣邁出第一步，明知道路艱難，也要全力以赴，**因為放棄只會帶來沮喪，唯有實踐才能帶來喜悅。**

沿途困難重重，也要堅持不懈，即使有喜樂，也不要驕傲自滿；即使有絕望，也不要氣餒放棄，隨著時間的流逝，你的毅力和決心，必定會成就令人嚮往的奇跡，經歷不懈努力，終將獲得自由。

總有一天，風雲變幻，那些默默努力的日子將化作展翅高飛的力量，而你，也將像鳳凰般蛻變，翱翔天際，展現出無人可及的高度，只需堅持不懈，你的夢想，終將成為眾人心中的憧憬。

你的心情 DIARY

7 月 30 日

財力

經濟實力，是你自信的泉源。

在人生的旅途中，金錢總是扮演著重要的角色，因此你得努力賺錢，但這並非為了攀高枝，而是為了選擇你想要的生活，這樣你才能與命運抗衡。

只有當你擁有實力，才能發揮發言權；只有當你的腰包豐裕，才敢大膽追求夢想，雖然金錢不能解決所有問題，但它能夠讓你有更多的選擇，並在遇到挫折時不至於一蹶不振。

當你感到無力時，看看你的存款，你就能重新振作起來；當自卑感襲來時，想想你的資產，也能讓你重拾自信，擁有穩固的經濟基礎，生活的壓力也會減輕，你不必為生計苦苦奔波，也不必低聲下氣，即使在逆境中，永遠是你面對生活的最大勇氣。

擁有實力，讓你有勇氣去追求夢想，有魄力去實現抱負，它就像是人生旅途中的一片沙灘，讓你不至於一無所有，即使跌倒了，你也有能力再次奮起。

願你我一起努力，充實自己的經濟實力，成為自己人生的掌舵者，當你成為改變命運的舵手時，你才有資格驕傲，你的人生也會屹立不搖。

7 月 31 日
家的懷抱

家，是歸屬的溫暖！

在你漂泊的歲月中，不斷尋找心靈的歸屬，經歷了千辛萬苦，終於回到家的懷抱，才發現歸途就在眼前，原來，四海皆為你的家，而家才是你心靈最安穩的所在。

家，不僅僅是一間屋子，更是親情與愛情的歸宿，當書香飄進書房，滲透在書壁之間，你感受到讀書為生活帶來的豐富與充實；當香氣自廚房飄出，彌漫在餐桌上，你品味到了生活的美好與滋味。

家人之間相依相扶，支持著彼此，才讓你的家庭變得堅固穩健，言語的溝通至關重要，只有通過溝通，你們才能解開心中的疙瘩，化解矛盾，讓彼此更加理解與包容。

人生的道路漫長，誰不嚮往著一個溫暖的歸處？在家的懷抱中，你感受到愛的溫暖，心中充滿了滿足，於是，生活不再單調，而是充滿了期待與驚喜。

願你我一起享受閱讀、一起烹飪、一起分享心事，共度此生此世的平淡時光，讓生活充滿美好的回憶，當你們能彼此相親相愛，家庭也就成了你們心中的樂園。

　　願每一個家庭，都能擁有這份幸福的滋味，即使海枯石爛，這份幸福也永遠不會改變。

你的心情 DIARY

8 月 1 日

平和寬悅

每個人的生命都是獨一無二的，充滿著你獨特的經歷、價值觀和選擇，如何過上充實的生活是你的責任，而非他人所能決定。

在追尋自我的路上，你需要學會包容和理解差異，**允許他人有自己的人生，也接納現在的自己，當你停止批判，停止與人對抗，內心就會平和、寬悅。**

不要和重要的人計較不重要的事，不要和不重要的人計較重要的事，人生就是一段與自己和解、成長的歷程，你擁有獨特的光彩，是獨一無二的存在，無需與他人攀比，只需珍惜當下，展現自己的風采，任其它人怎麼看，重要的是自己認同現在的人生。

青春易逝，時光如梭，勿辜負自己短暫的一生，勇敢做回真實的自己，選擇快樂，過上無悔的人生，你就像一座高山，風雨無阻，永遠屹立不倒。

而今而後，停止責備他人，學會寬容；停止自我指責，學會善待，當你成為自己生命中的溫暖，自然會活得開心和踏實！

你的心情 DIARY

《療癒心靈的秘密能量 II：第 214 天》

8 月 2 日
自度

人生如夢，光陰荏苒，生命匆匆而過，彷彿只來不去的旅途，在這短暫的百年裡，你炙手可熱，又如露水般無常。

生命雖似虛幻，卻也真真切切，一念成佛，一念沉淪；一輪輪迴，一世救贖，在波瀾壯闊的修行道路上，你經歷了無數苦難，也觸及了幾許悲喜，直到有朝一日，明心見性，開悟覺醒，悟出生命的真諦，唯有自度，才是脫苦得樂的良方。

於是，你修好了這顆心，活在快樂裡，笑對人生，任歲月蹉跎，也不動心；讓塵世沉浮，也沉香自在，不爭不競，不求無盡；不染不著，淡泊明靜，你做回真我，恬淡自然，素心獨立，素淨芬芳。

生活，就是一場自我寬解、自我慰藉的過程，當你把心結全數化解，盼望全數放下時，苦難自不再有，快樂自會充盈人生。

且讓你在有生之年，好好過著每一天，努力工作，開懷生活，真心待人，心無罣礙，活好當下，愛好自己，方得生命樂章，響徹雲端！

你的心情 DIARY

《療癒心靈的秘密能量 II：第 215 天》

8 月 3 日
美麗憧憬

人生充滿了迷迷糊糊的時刻，各種言語都在牽動著你的心，這些迷茫感，不僅能夠推動你不斷向前，也能啟發理性思考，激發智慧的火花。

當困惑來臨時，你總能微笑以對，因為這源自對美好未來的憧憬，你期盼屬於自己的風景。於是，你志在必得，埋頭苦幹，一刻也不敢懈怠。

風雨飄搖，路途坎坷，你仍然昂首邁步，心中充滿希望，相信終會到達夢想之地，成功非僥倖可得，唯有久久為功，才能開花結果。

在追尋的歲月裡，你經常自我鼓勵，勇敢面對困境與不如意，跌倒了，再爬起來；心灰了，再打起精神，你深信，逆境之下更顯勇氣，正所謂，璞玉將透過磨擦而顯現。

當然，過程中也會質疑自己，但你知道真金就在心中，值得再試一次。於是，你戰勝了懷疑，重拾了信念，終究創造不同的結果。

人生漫漫，你仍然戀舊戰場，追逐天空最亮的星，在美麗的迷霧後，等待你的將是晴空萬里。

這正是屬於你的風景！

《療癒心靈的秘密能量 II：第 216 天》

8 月 4 日

喜悅之光

別讓煩惱奪走你的時光！

你常因未知而焦慮，因當下意氣消沉嗎？

當心！這只會白白損害你的身心，因為人生路漫漫，困難總會一一過去；世間無法掌控的太多，唯有盡力而為，然後順其自然。

所以，不要讓憂慮佔據你的思緒，它們往往源自過度聯想，**卻無濟於事，你不可能預知未來，更遑論掌控，當下的情緒也好，過往的遺憾也罷，都不值得你耗費心力。**

把時間和心力留給真正重要的事。比如，好好睡個覺，看一本關於成長的書，到戶外散個步，欣賞窗外景色，聆聽鳥語花香，在樹蔭下小憩，向青天藍海訴說你的心聲。

讓好奇和熱愛推動你的腳步，煩惱便無處可藏——它迎面而來，但你已遠去，你的思緒不再為今日之憂而停駐，而是躍動於天地之間，高唱著生命的頌歌！

讓煩惱煙消雲散吧！你有整個宇宙等著你去發現！讓我們一起在生命的草地上盡情閃耀，與世界分享智慧和喜悅之光！

車到山前必有路，關關難過關關過，讓你我一起優秀到發光！

8 月 5 日

豁達

智慧生活，磨練心智！

生命的旅途如此廣闊，智慧蘊藏於懷抱一顆豁達心懷的人，只有心胸開闊，不著迷於世俗的繁華，才能真正找到知音。

擁有廣闊視野的人，像山一樣包容萬物；內心深邃的人，擁有水一樣的智慧，他們不自誇過去，不為未來焦慮，處於變遷中能夠從容自若；不驕傲於得到，不氣餒於失去，懂得知足而感到欣慰。

真正高尚的人，勇於承受困難，但絕不會自己壓抑，他們明白時運的循環，今日的艱辛總有回報的一天；即使暫時受人嘲笑，最終也會證明自己的價值。

真正大度的人，甘心接受現狀，但不放棄自己的尊嚴，因為他們擁有寬廣的胸懷，能夠抵擋來自世俗的挑戰，即使在屈辱之中，仍然充滿自信，內在的光芒終將照亮整個世界。

要像一棵參天大樹茁壯成長，必須先深處扎根；要演奏出美妙的樂章，必須先讓心靈平和安定，當你以修身待人、明智的態度面對人生，智慧將逐漸清晰，心胸也將日益寬廣。

學會像山一樣包容一切，像水一樣深邃靜穆；在挫折中茁壯成長，在言行中展現真正的力量，這是人生最高尚、最深遠的智慧！

你的心情 DIARY

8 月 6 日

最終歸宿是家

曾經，你嚮往遠方，渴望漫步在天涯，後來你卻發現，理想的所在就是家，與摯愛共享美好時光。

你學會了在流逝的光陰中抓住每一刻，與春夏秋冬相伴，你凝望著山川大海，期待著花木結果，傾聽著鳥語蟬鳴，度過著歲月的流逝，每當四季更迭，青春逐漸老去，你忽然明白，美麗的風景依舊存在，唯有你的初心已然改變。

人生如戲，起初你懵懂無知，後來假裝成熟豁達，命運時常戲弄人心，但仍然笑對人生的起起伏伏。其實，你早已下定決心，要好好演繹自己的人生角色。

因此，你選擇了熱愛，選擇了奮鬥，選擇了勇敢面對苦難，你允許淚水澆灌，也允許快樂盛開，無論遭遇如何，都在揣摩，都在嘗試，因為你就是人生中最閃耀的主角！

人生旅途，最終歸宿還是家，在逆境中依然歌唱，在歸途中依然花開，願你像楓葉一樣追逐春天，像鳥兒一樣期待晴空，不忘初心，方能始終如一。

你的心情 DIARY

8 月 7 日

真情

時光的美麗，源自於你我相遇的珍貴，當雙手牽起，四目相對，彼此心靈的碰撞，產生了世間最燦爛奪目的火花，在時光的長河中遨遊，你的真摯映照了我的真情。

風景的壯闊，在於我們欣賞之情，當踏上山巔，眺望天邊，欣喜若狂的不是山川湖海，而是那顆為之震顫不已的心。

有了你，萬物都為我而生色；失去了你，這世界又將變得多麼枯燥。

我願意與你並肩而行，漫步時光，直至盡頭。我知道，只要有你在身邊，哪怕是荊棘滿途，也會為我開出燦爛的花朵。讓我牽著你的手，一同迎接春天的芬芳、夏日的繽紛、秋天的落葉、冬日的靜謐，每一刻，我的心將因你而感恩，因你而歡愉。

親愛的！讓我們一起欣賞這世界的美好，只要和你在一起，風景將更為迷人，時光將更加溫暖。

願我的言語，能傳達我內心深處的情意，與你共享家庭的幸福。

8 月 8 日

真我

人情世故，須泰然處之；
波瀾險惡，仁者常安。
告誡吾友，勿被利益束縛太甚；
莫為虛名，失了真性情。
付出應得其所，愛護每一顆心；
幫助盡己所能，不枉此生。
慈悲為懷，免受愚人侵犯；
謙遜處世，無所畏懼；
感恩惜福，善待一切緣分；
明辨是非，洞察人心陰晴。
路遙馬力日見，故要少些怒怨；
多些寬容，方得心安理得；
山高路遠，勿忘初衷；
海闊天空，方見真我。

你的心情 DIARY

《療癒心靈的秘密能量 II：第 221 天》

8 月 9 日
好緣際遇

每一個人，皆有不同的理想與價值，有些事情無法強求、有些因緣難以強扣、有些人無法強留、有些路不能硬闖、有些道理不能生硬理解、有些觀念也無需勉強接納，你要明白，**快樂源於內心的淡定，美好來自對生命的熱愛，豐富建立於對知識的追求，成熟孕育於歷練的磨難，財富累積於勤儉節約。**

以自己喜歡的方式過精彩的人生，相信善因自有善果，勤勞必有豐收，此生無需追求完美無缺，唯有真誠面對自我優缺，慷慨接受自己的不足，才能真實擁抱完整的自我，做一個謙遜而聰明的人，挺胸昂首卻又虛心聆聽，這樣的姿態不僅彰顯高貴優雅，更展現出謙虛有禮、包容開放的品格風範。

人生如逆旅，在生命的長路上，你要懂得欣賞途中的美景，並以寬廣的心胸，包容途中的荊棘坎坷，在喧囂中找到內心的寧靜，感受到生命的真諦。

願你的人生好緣際遇，勤力大有收穫，活出精彩燦爛的一生！

你的心情 DIARY

8 月 10 日
接納

人生，常常不盡如人意，十之八九都會遇到挫折和困難，在某些時刻，或許你會感到生活充滿艱辛，似乎找不到一絲希望。

但，你應學會面對現實，盡最大的努力，然後接受天命的安排，**當一條路走不通時，就勇敢尋找新的道路；當一件事情看不清時，就換個角度思考。**

經歷過黑暗的人會明白，曾經被認為是苦難的事，其實不值一提，在短暫的生命中，你應以隨緣的心態，泰然面對人生的起起落落，用真誠和寬容的情操，精心塑造自己的人生。

未來，願你順應自然，聆聽風的吶喊，欣賞雨的美麗，珍惜擁有的，放下失去的，用一顆包容和寬厚的心，接納生命中的一切得與失。

你的心情 DIARY

8 月 11 日

因緣和合

與你無緣的人，注定不是你人生道路上的知音，強求纏繞只會徒勞無功，雙方只會帶來更多無謂的傷痛，再多的執著和不捨，終究也無法改變命中注定的結局。

人生的相遇和離別都是天數、天意所安排的，你無法強留那些注定要離開的人或事，也無法阻擋新的緣分降臨，一切都在因緣和合之中，無法言喻。

一旦你心中的種子生根發芽，就會開出烈火紅蓮，散發熱情和芬芳，如果遇到挫折，就應相信這是上天給予的另一種安排，未來必定會呈現更美好的風景，請給幸運一些時間，它一定會準時到來。

人生之路雖崎嶇不平，但總會有美好的時刻讓人感動、溫暖心靈，你要擁抱這些幸福的時刻，天律仍在運轉，眾生皆可得度，因緣未到，佛法無法渡化；若有緣分，則任憑如來的力量，也無法挽留。

不強求不屬於自己的緣分，也不應生出怨恨或憤怒，願你每天皆能心存大愛，與天地眾生廣結善緣。

你的心情 DIARY

《療癒心靈的秘密能量 II：第 224 天》

8 月 12 日

最高境界

人生最高境界是無求，就像一朵自在綻放的花朵，不求外界的稱讚，只專注於自己的成長與開放。

處世最高境界是無名，就像一潭清澈的湖水，靜靜地承載著一切，不為名利所累，心中平靜如水。

事業最高境界是無悔，就如一位智慧的舵手，無悔於選擇的道路，堅定地走向自己的目標。

佛學最高境界是無我，彷彿一片湛藍的天空，自由自在，不受外界所困，心靈自由飛翔。

道學最高境界是無極，宛如一條長長的彩虹，綿延不絕，無盡無限。

兵家最高境界是無敵，如同一位智慧的將軍，以智慧和謀略，無往不勝。

墨家最高境是無別，就像一片廣闊的原野，眼前的一切都是連結的。

法家最高境界是無咎，宛如一面清淨的鏡子，能夠明辨是非，無從受傷。

哲學最高境界是無知，像一顆虔誠的種子，虛心接受一切，樂於探索未知的世界。

音樂最高境界是無詞，如同一首動人的樂曲，不需言語，只需心靈的共鳴。

你我最高境界是無病，就像一條健康的河流，自然流淌，無從阻擋。

生活，是一張豐富多彩的畫布，每個人都是獨一無二的風景，每一刻都是獨一無二的美好。

願你我珍惜每一份感動，讓生活更加豐盛美好！

你的心情 DIARY

《療癒心靈的秘密能量 II：第 225 天》

8 月 13 日

保重身體

作為人子，當你年少無知時，總是一味追求金錢，當身體健康時，不惜付出過度勞累來換取金錢，以求財富自由。但當疾病降臨時，你才會意識到健康的可貴，不惜花費巨資來換取一線生機，直到生無可戀時，你才明白金錢的無用，房產財富的渺小，而健康原來是人生中最寶貴的禮物。

你的身軀是父母賦予的神聖產物，是無價之寶，無法取代，一旦輕率傷害，你將後悔莫及。良好的健康狀況如同上品食材，細膩獨一無二，任何金錢都無法購回。因此，你理應精心呵護這副血肉之軀，妥善保存這份天賦良緣。

勿因貧窮而忽視身體，勿因富有而荒廢健康，身體狀況直接影響你的生活品質，缺乏健康就無法享受財富帶來的樂趣。反之，**即使家徒四壁，只要健康，仍有重新開始的希望，金錢終有用盡之時，然而身體只此一具，受之父母，故須孝敬呵護，決不能輕易玷污。**

保重身體，方能徜徉人生；珍惜健康，方能樂享天倫。願你謹記無價的真理，做一個心存感恩的人，活出健康絢爛的一生。

《療癒心靈的秘密能量 II：第 226 天》

8 月 14 日

無畏前行

人生在世，莫失對生活的信心，時有艱難，勿輕言退卻，咬緊牙關，挺過重重阻力。

生活的真諦，在於耐得住苦難的煎熬，直到你歷經最艱辛的歲月，方能領悟生命的純粹之美。

或許，你費盡心力奮鬥，仍無法到達夢想的殿堂，但若能全力以赴，終無遺憾，世事無常，你應以平常心面對得與失，今日得來的榮耀，未必真的屬於你，明朝輪轉，也許便要失去所得。然而，**命運總是循環往復，失去的只是暫時離你而去，日後必能再度迴歸。**

生存的藝術，不在於一蹴而就，而在於堅韌不拔，**當你歷經人生每個艱難的時刻，唯有無畏前行，方能突破重圍，找到生命的出路。**如同一棵樹木，歷經春夏秋冬、風霜雨雪的摧折，仍生生不息，絡繹盎然，一步一步踏實向前，堅信不移，終將登上生命的巔峰，舒展璀璨的枝葉，綻放耀目的光彩。

奮鬥殊不容易，艱辛困苦無所不在，謹記堅忍是成功的基石，亦是生命的必修課，假以時日，在生命最徬徨無助的時刻，仍舊要對生活充滿希望和信心，方能找到生存的意義，重拾生命的光輝。

只要你願意，坦然面對迎面而來的風雨，必能重披鮮亮的光芒，綻放生命的熠熠生輝。

你的心情 DIARY

《療癒心靈的秘密能量 II：第 227 天》

8 月 15 日
心心相印

一段真心的情誼，從來不需要華麗的辭藻或動聽的甜言蜜語，也不需要巧舌如簧的口才表達，因為久而久之，你會徹底明瞭，一份由心而生的真摯情意。

真心難尋，卻又易覓，它不著痕跡，也不張揚，但卻在與你生命交織的那一刻，悄然駐足在你的身旁，溫暖如春風拂過，當你遇見它，像是撥雲見日般喜出望外，又像迷途遇知音，想來是一段因緣際會。

這番真心情意，有如磐石沉甸，任由狂風暴雨逼人，它都紋絲不動，相與之，你才領悟到什麼叫知心良朋；什麼叫患難與共；什麼叫生死相依。於是，你更加懂得珍惜這份心心相印的情意，就像小心呵護一束鮮花，期盼它永不凋零。

朋友啊！有些人只是你生命裡的過客，有些人卻成了你的知心好友，在你徬徨無助、身陷低谷時，你才能真正看清誰才是愛你的人，誰才是真心實意想要守護陪伴你的人。這份真心，足以讓你在平淡無奇的生活中感受幸福溫馨，讓你在困頓時分獲得無窮的溫暖。

感謝有你相伴的人生路，感恩那份真誠相伴的情意，它不曾因世情冷暖而改變，永遠讓你在遙遠的人生路上，從此不再孤單。

8 月 16 日

領先命運

朋友！有些風景就是這樣，若你不爬上高處，怎麼能將它的魅力盡收眼底呢？有些路途雖然還沒開始踏上，但你若不勇敢啟程，又怎麼會知道它有多麼的絕美迷人呢？

命運，本來就是掌握在自己的手裡，絕不該被出身的枷鎖所限制，雖然說機會永遠無法平均，但只要肯為夢想拼搏奮鬥，結果說不定會讓你大吃一驚！就像古語所云：「心之所向，素霓裳羽衣而歸」，心有多大，勇闖的舞台就有多大啊！

人生漫漫長路上，永不嘗試又怎能贏得驚喜呢？你若不挺起腰桿去一搏，到頭來只剩虛度年華的遺憾！當機會來臨時，你得力拔山盡，展現那股拼勁，讓你往後不會被明天的自己狠狠嘲笑：「怎麼就這麼懦弱，沒能把握住？」

生命苦短，今朝有酒今朝醉吧！未來的路，只要你領先一步就行了！管它美不美，先勇敢闖過再說！相信自己願意為夢想勇猛前進，必能贏得精彩無限的人生。

朋友們！請別錯過這一世的風華，用你的魄力開創出精彩和絢爛！

你的心情 DIARY

《療癒心靈的秘密能量 II：第 229 天》

8 月 17 日

行動力

與人交往，話不在多，關鍵是要真心實意做到！切記，感動人心的永不是那些華麗的辭藻，而是你真摯的行動力，能讓人永遠記住的，也不是那囂張的口號，而是你持之以恆的實際付出！

別再被那些廉價的甜言蜜語給迷惑了，因為誰說話都不用付出任何代價，與其相信人家說了些什麼，倒不如看看他究竟做出了什麼行動，沒有行動作為，再高尚的友情也只是空談，光說著「對不起」又有什麼意義呢？除非你真心想去改變，否則那個道歉只是虛情假意罷了。

人總是會犯錯的，但切記，別被同一個人傷透心扉兩次，第一次是個警惕，第二次才是吸取教訓的時候，沒有人能次次被原諒，傷痕累累卻還賴著不走，對的人，必能溫暖你的心；錯的人，卻會一點一滴讓你瘋癲。

放下吧！你渴求的不過是能互相取暖的良人，追求的不過是能相守到永遠的摯愛。

話說回來，說話的人早就把你拋到腦後了，可你卻還認真的將它放在心上啊！

與其傻傻等待別人的許諾，不如立馬動手去實踐，行動勝於雌黃，去做就對了！

你的心情 DIARY

8 月 18 日

尊重關愛

生命的旅途中，無論你處於何種年齡，請試著學會用溫暖有禮的語言關懷他人，營造友善祥和的人際氛圍，謹記惡語傷人，即便是細微之語，也足以令人倍感刺痛；雖然舌頭無骨，卻往往能造成最深的傷害。

日常生活中，總有些看似微不足道的言語，卻可能成為壓垮一個人最後的一根稻草，有時，你無意中說出了失當的話，但已經深深傷害了別人的心。因此，提醒自己戒除語言的粗魯無理，以溫暖有力的言詞、以無私關愛之心，真誠對待身邊的每一個人。

一句體貼入微的問候，也許就是最溫暖人心的慰藉；一聲真誠的鼓勵，也許就是最振奮人心的力量，每個人都應以同理心被對待，用尊重關愛之語溫柔以待，讓世間多一份溫暖，多一份友愛，多一份祥和，構築一個和諧包容的美好社會。

有人說：「言語就是心靈的畫布，用詞的好壞決定了畫作的美醜。」

願你時時刻刻提醒自己，用心雕琢言語，為人際關係鋪設溫暖之路，用真誠的關愛之語，將生命的畫布打造得更加絢爛多彩。

讓溫暖在世間綻放芬芳，讓關懷在人與人之間流轉不息，用你言語的力量，構築出一個充滿關愛的美好人間。

你的心情 DIARY

《療癒心靈的秘密能量 II：第 231 天》

8 月 19 日

萬物規律

為何有些人只注重眼前的微小利益，從未思考如何提升自己的能力呢？

事實上，金錢僅是產品與服務的象徵，只有將產品和服務做到最好，金錢自然就會隨之而來。

欲創造最優質的產品和服務，需要的是匠心和耐心，一個人若能培養出足夠的專注與耐心，自然就能精心打磨出優秀的作品。

專注與耐心的背後，則是修養的深淺，人若能在修為過程中不斷精進，必能擁有坦蕩踏實、品德高尚的風采。

修養的根基，來自對萬物本質規律的深刻領悟，也就是所謂的「得道」，唯有通曉道理的人，才能真正做到物我兩忘，與天地同心。

與其只追逐蠅頭小利，不如專注提升自己的能力，當產品與服務做到極致時，金錢自然會隨之而來，當心性修養達到一定層次，品德也會自然提升。

只有不斷上善若水，就能在這個世界贏得真正的財富和尊嚴。

8 月 20 日

佛陀定律

有時，我們會流著熱淚問佛：「您既具有廣大的神通又備受讚譽的慈悲心腸，為什麼世間仍有那麼多苦難與痛苦的人存在呢？」

佛陀露出憐憫的眼神，眼眶微微泛紅，溫言以對：「孩子啊！我雖有至高無上的神通力，但即使是佛陀，也終究有四件事情是無能為力的。」

第一，因果循環不容改變：這是宇宙間最根本的定律，每個人的今生皆源自前世的因緣果報，別人是無法代替或承擔的。

第二，智慧不能白白賜予：任何人想開悟智慧，都必須經歷艱辛的修行歷鍊，這是唯一的途徑，外力是無濟於事的。

第三，真理奧義難以明言：宇宙萬物的本源真理，用肉身凡胎的語言是難以完整傳達的，唯有靠你自己體證領悟。

第四，緣分未到難以加被：對於那些與我沒有殊勝因緣的眾生，我的開示是無法傳入他們心中的，這是可悲的事實。

孩子啊！你我皆是凡塵有限的眾生，不應對生命的無常與苦難感到過於驚訝，應當反過來好自為之，勤加修行，方能了卻今生的痛苦，開展美好的未來！

《療癒心靈的秘密能量 II：第 233 天》

8 月 21 日

知足常樂

人生如同一本厚重的書冊，每一頁都載滿了不同的故事與情感，在這漫長的人生旅途中，總會有一些溫暖的瞬間如同燦爛的陽光，照亮你的心房，令你感受到生活的美好與溫馨。

這些暖心瞬間，可能是親人無微不至的關懷之語，可能是好友相伴左右的陪伴；也可能是陌路人的一次善意相助，他們讓你明白，生命除了孤單與困頓，還有無數的人和事，值得你去珍視和感激。

懷著一顆感恩的心，用心去體會這些溫馨窩心的時刻，任它們滋養並淨化你的心靈，就如同沐浴在和煦的春風裡，靜靜聆聽生命的每一個美好瞬間，品味它們為人生帶來的甘甜與溫暖。

人生或許有太多的起起落落，但只要心存感恩，就能在每一個轉折之中，發現那一抹溫馨的曙光，讓你以寬廣的胸襟，時時時刻體會人生路上的點點滴滴，並為這些美好而知足常樂。

有人說，快樂往往就藏身於生活的點滴之中。是啊！**生活或許平淡無奇，但只要心存感激，必能感受到無限的溫暖與力量，讓心境更加淡泊明志、寧靜祥和。**

願你用感恩之心過好每一天，活出生命的真諦！

你的心情 DIARY

《療癒心靈的秘密能量 II：第 234 天》

8 月 22 日
心胸寬廣

人生的旅途中，你總是不可避免會經歷一段艱辛的時光，或許這段日子會漫長數載，又或許只是一夜之間，但你必需要保持耐心，堅定並等待美好的機遇降臨。

做人處世，要像陽光般燦爛，心胸寬廣如海洋般包容，從容自在地欣賞世間的美景；滿懷憧憬與希冀，對未來充滿信心，活出自在舒適的好心情，活出通透暢達的好心境，處事待人輕風雲淡，生活自在逍遙。

帶著希望與微笑迎向明媚的朝陽，讓陽光和幸福永伴左右，與你同行，期盼每個日子裡，身體健康、萬事如意、一切順遂，收獲滿滿幸福與歡樂。

人生還長，放眼未來吧！烏雲終將散去，艷陽高照；波濤終將平伏，暢快前行，只要永保積極樂觀的心態，美滿的人生就在彎彎徑道的前方等候著你。

願你從容面對一切，懷著對未來的希望與憧憬，用感恩的心過好每一天，必能在生命的道路上收穫滿籃的幸福。

你的心情 DIARY

8 月 23 日

活出真我

生活中，你可能經常受到外界的評頭論足，或是被他人的期待所左右，但過度在乎旁人的眼光，恐怕只會讓你失去自己的定位與方向，無法真正找到寧靜與自在。

欲尋找生命的真諦與幸福，就需要堅持做自己喜歡的事，走上屬於自己的人生道路，唯有保持內心的平靜與自信，才能找到通往美好生活的大道。

人生，充滿了各種挑戰與困難，必須勇敢面對，堅持向前；生活，除了艱難磨練外，也可能會有意想不到的驚喜與回報在等待著你。

沒有人的生命是完美無缺，正是這種不完美才是生命的真諦，放下對外在物質的執著，保持淡然的心境，你會發現生活原來是如此的簡單與清晰，不被他人的評價所束縛，更不讓他人的期待左右自己。

在這個世界上，唯有全心全意做自己、活出真我，才是實現幸福的不二法門。

你的心情 DIARY

《療癒心靈的秘密能量 II：第 236 天》

8 月 24 日
生命主人

每個人的人生旅程都是獨一無二的，就像是一場沒有劇本的旅行，旅途中都會遇到形形色色的人和事，經歷不同的喜怒哀樂，這些歷練都會成為你的人生財富，塑造成為未來的自己。

今日的成果是過去種種言行的結晶，當下的美好，源於過去的努力，想要未來持續美好，就必須持續奮鬥，成長需要不斷面對困難，而非一遇到困境就求助於他人，習慣依賴他人的人難以真正成長。

人生的每一步都算數，唯有持續努力，才能讓生命更加堅強。記住！沒有人會為你的人生負責，你的命運掌握在自己手裡，每一天的奮鬥，都在為未來的美好積蓄能量。

不要因為困境而哭泣，因為沒有人會為你提供財富；
不要因為疲倦而呼救，因為沒有人會代替你去承擔；
不要期待別人的同情眼光，因為大家都只關心自己；
不要輕易認輸，因為沒人希望你贏，但也沒人希望你失敗。

你的心情 DIARY

《療癒心靈的秘密能量 II：第 237 天》

8 月 25 日

學會拒絕

大自然中，狼和蛇都被賦予了某些特質，狼雖然兇殘，但只為了爭食，它們絕不會拋棄家庭；蛇雖然冷血，但那是出於自衛的本能，它們也不會傷害同伴。然而，人類卻往往展現出比野獸更加狠毒的一面。

有些人為了私利，可以算計親手足兄弟；有些人為了錢財，可以置朋友家人於不顧。他們心狠手辣，得寸進尺，冷酷無情，面對善良，他們趁機利用；面對老實，他們肆意欺凌，你一再退讓，他們就越無恥索取；你選擇沉默，他們就變本加厲的騙取。

現實社會中，偽裝成人的狼和蛇無處不在，他們披著人皮，卻沒有人性，利用你的善意，踐踏你的信任，你越是寬容，他們越是放肆；你越是善良，他們越是猖狂。

是故！你要小心分辨身邊的人，別被狼羊勾魂的外表所迷惑，懂得拒絕那些狼朋友，回絕那些蛇小人，你的好意和善心，應該給予對我們好的人，給予那些懂得感恩的人。

學會保護自己，遠離那些虛偽且狡詐的靈魂，唯有如此，你才能在這個世界上安全存活，過上幸福美滿的生活。

《療癒心靈的秘密能量 II：第 238 天》

8 月 26 日

天赦日

你是否曾聽過天赦日呢？

這有點像西方上帝懺悔告解過去的過錯，只要你誠心懺悔，上天就會原諒你曾犯下的錯誤。如果你選擇待在家裡躺平，便不會面臨考驗；但如果你在天赦日到廟裡誠心拜拜，就有可能遇到一場內心的考驗，這一天，老天會提出一個問題，考驗你的忍耐與信念。

去年的天赦日，我親自走進廟宇，體驗到了這樣的考驗，或許你好奇，當天老天出了什麼樣的考題給我呢？

這得追溯到我 20 多歲時的青春，當時我在一家補習班當了五年的數學講師 (1997 年任職於百世資優數學)。當天正好是農曆跟國曆同一天生日，而且碰巧又是天赦日，於是就跟內人一同到土地公廟祈福拜拜，前一腳才剛踏入土地公廟，我立馬收到一位自稱是我學生的簡訊，我們已有 20 多年未曾聯絡，她告訴我即將動手術急須一筆錢，我立即回應請她等我十分鐘，十分鐘一到，我請「這位學生」提供銀行帳號，接著即毫不猶豫匯了 4 萬元，後來經確認因癌症需要手術，本身沒有足夠資金，且她的丈夫也無法提供援助。

在這個詐騙猖獗的世代，換成是你，你會第一時間匯款幫助她嗎？

其實，我的學生的能量很低，在社交媒體分享了自己服用 12 種藥物，包括安眠藥、腸胃藥以及癌症治療藥物，生活相當困苦。她的臉書負面情緒的發文，也使她的能量陷入低谷，吸引了很多負面能量的人，若她能提升自己的能量、意識，以及改善環境，或許才有機會改變命運。

這一切，只是出於想要幫她的信念，也沒有期待她未來還我錢。

因此，天赦日去廟裏拜拜當下可能會有考驗，這樣的體驗讓我深感命運的玄妙，也體會了善舉的力量。

你的心情 DIARY

8 月 27 日

處世智慧

人生有苦有樂相互磨鍊，歷經艱辛才能練就真福，在成長的歲月體悟箇中真諦，幸福自然臻於至善。

逢人需要自我約束，吞下那些多餘的言語，才能遠離無謂的禍患；遇事必須保持淡定，忍住一時的怒氣躁動，才能掌控當下的局勢；處世要心存智慧，秉持平和正念為尺，才能走好未來之路。

願餘生你我皆能，多一份寧靜自在的從容，多一份洞見透徹的智慧，如此鋪就前程坦途，喜樂常存，安寧相隨。

人生旅途難免荊棘跌宕，只要能保持寧靜智慧的心智，必可在艱辛中磨鍊出幸福的真諦，綻放出喜悅之光彩。

你的心情 DIARY

《療癒心靈的秘密能量 II：第 240 天》

8 月 28 日
微笑敬重

微笑能融化沉重的臉龐，一句安慰能振奮喪氣的心田；一點幫助就能減輕他人的重擔，一次分享便可激勵人奮發向前，哪怕是微小的善舉，也許能感動他人整個終生。

說話貴在真誠之心，做事貴在體貼入微，待人處事貴在善良本性，熱心周到方能贏得人心，面帶微笑，內心就充滿陽光和正能量，待人以誠，自然就會贏得衆人敬重。

用高尚的人品力量感化他人，就能心存無量天賦的德行，人品正直自然受人敬重，行有餘力必能廣為流傳。

無論在生活還是工作，只要懷著真誠善良的心對待他人，運用體貼入微的細膩心思，就能以自身的人品魅力，影響身邊的每一個人，進而廣受好評，深得衆人的欣賞與效仿。

用實際行動的力量，去播撒愛與善意的種子，在世間綻放出溫暖人心的光輝。

你的心情 DIARY

《療癒心靈的秘密能量 II：第 241 天》

8 月 29 日
命運鬥士

每一天，太陽都會升起，宛如命運的諾言，提醒你要勇敢面對黑夜的陰霾。

放眼世界，大自然的律動是最真摯的生命教誨，清晨微光溫柔地喚醒你，讓沉睡的靈魂甦醒重生。

人生不過是一場珍貴的旅程，你要像旅者一樣，收拾好心靈的行囊，懷抱熾熱的熱情，勇敢踏上嶄新的征途。

生命軌跡上，必然充滿荊棘，但你是命運的鬥士，無所畏懼地昂首前進，以無盡的勇氣和愛，戰勝一切不公和苦難。

活著本身就是幸福的理由，讓你昂首闊步走在人生的大道上，用心領略沿途的風光，擁抱生命中的美麗與哀愁，這就是你命中注定的風采。

回顧過去的歷程，每一片碎片都值得紀念，無論是喜悅還是淚水，都已凝聚成生命的銳氣。

未來的路還很漫長，願你虔誠的感恩，感謝這片寬廣的蔚藍家園，感謝這段豐富的時光旅程，一如既往地熱愛生命，勇敢的向前邁進！

8 月 30 日

破財擋災

你相信嗎？凡事能用錢解決的，其實都很便宜！

我知道生活的確不容易，它會出其不意給你一記重拳，打亂了原本的計畫，甚至讓你感到震驚與困惑，特別是當錢財的流動出了岔子，一般人往往會感到驚慌失措，但此刻的你，不妨停下腳步，換個角度看待破財，可能帶給你更深的涵義。

有些人會說，老天爺偶爾讓你破財，是為了幫你擋災，這或許聽起來有些負面，但背後卻隱藏著深刻的天律。

想像一下，當你的錢包意外丟了，或是一筆重要的財物不翼而飛時，是否成為你生活的警示鐘呢？也許，這是老天爺在提醒，讓你避開更大的風險，當錢財的流動突然受到阻礙，也許是一種保護，避免你掉入更深的陷阱，這樣看來，這些財務上的挫折，慶幸是為了保護你的安全，讓你遠離更大的災難。

更重要的是，**破財會讓你重新審視生活中的價值觀，過去錢財佔據了太多的注意力，讓你忽略了其他更重要的事**，當這些錢財突然不再如預期般流動時，你或許會重新評估自己的價值觀和生活方式。

我覺得這是一個重新思考的機會，讓你能更關注精神層面、人際關係、健康和快樂，而不是僅僅為了追逐物質財富。

下次，當你遇到破財時，請不要過於沮喪，這可能是你生活的一個轉折點，帶來了一個重要的教訓和機會，讓自己學會接受並從中成長，人生很多的逆境，更多時候會成為你生命最珍貴的禮物。

你的心情 DIARY

8 月 31 日

夢想起點

當你有一個宏偉的夢想、一個充滿機會的想法時，有時候卻會陷入猶豫不決的泥沼，這是多麼令人掙扎啊！想做一件事，但又害怕失敗或遇到未知的風險，這種內心的矛盾感，讓你感到焦慮不安，擔心是否能夠安全地前進。

這就像站在兩條道路交會的路口，一條通往夢想與機會，另一條卻充滿著不確定性和疑慮，這種情況下，你該怎麼抉擇呢？該抓住機會勇往直前，還是害怕而留在原地不前？

這個猶豫不決的感覺，其實是一種人性的反應，這表示你在乎，你在意結果，也在意可能面對的風險，但也許，這些機會就在糾結與不安的狀態中，等待著被發現。

問問自己：「失敗真的是你最大的恐懼嗎？又或者，這種焦慮和糾結，是否讓你的夢想更為真實？」

無論你的想法是什麼，這些掙扎和糾結都是正常的，代表你對這件事有所思考，決定是否要向前邁進的一個重要信號。

如果，你內心有猶豫不決的聲音，別總是把它當成是阻礙，有時它是一種「高我」給你的引導，它提醒你要仔細思考、做好準備，亦是探索未知世界的一種方式。

唯有當你跨出猶豫的那一步，也許才會發現，它才是你通往夢想實現的起點。

你的心情 DIARY

《療癒心靈的秘密能量 II：第 244 天》

9 月 1 日

慈悲喜捨

2023 年末，有位學生前來我的店上課，在上課過程中，她意外發現我有另一門新的課程，我跟她說這個課目前已經停賣。然而，在課堂結束後她表示願意購買，雖然學生提到希望將當天的批命費用包含在學費內，但我並未在意，因為當下讓我產生了一絲的貪念，只想著能在當月突破近年來最高的年薪，當時，完全未覺察到天道給我的警示。

收下這筆費用後，我的內心開心感到忐忑不安，並覺察到內人的表情顯得不太對勁，當我思索如何解決這個問題時，突然間，學生回到了我的店裡……

她告訴我說，自己感到不好意思，並想支付批命的費用，然後也提及不希望退回原先的學費，但我利用這一次的機會，將剛才收的學費全數退還，只跟學生收取批命的潤金。

這件事讓我意識到，或許這是天意再次考驗「留校察看」的我，是否仍舊陷入貪念。

結果，我通過了這次的考驗，在當下退還了這筆錢後，心情十分的欣慰，也釋放了許多的壓力與不安，我認為這位學生，真是上天派來讓我修行的貴人，對她深深表達感激！

以下是學生回覆的貼心留言：

首先，感謝老師願意跟我分享這份心情！

相對於您，我自己今天也是被考驗了吧！只是我不知道要如何界定自己被考驗的項目，離開您的店，開車上路不久，內心便隱隱覺得不安寧。

思索過後，覺得應該回頭再把論八字的費用補給您，畢竟論八字與購買課程是不同的兩件事！

我實在不應該向老師提出希望略去算八字的費用，只收買課程的學費呀！這麼一想，心就踏實了，於是繞回了您的店。

沒想到回到店裡，卻聽到您已經受到高我的提點了！雖然遺憾無法學到您的學術分享，但因果還是最重要的。

如果，高我認為老師不應該分享給我，那麼我不去強求反而對我是最好的，這個道理我完全認同，也很高興老師解除這份尚未發生的業力危機。

最後，再深深跟老師說聲抱歉，我今天上課的思慮不周，給老師帶來困擾，能夠聽到您的心情感悟，同時也能向您分享我的心情，我們都有自我反省，進而都通過考驗，這是多麼美好的一天！

這是我在 2023 年 12 月的真實故事，同時也是讓我感到極度幸福的一件事。

生命的考驗，往往無聲無色，但卻能折射出內心最真實的面貌，這一幕幕，見證了人與人之間互相提點、互相砥礪的美好過程，正是這份真誠相待、互相珍視的胸懷，讓彼此都從中獲得了前所未有的心靈升華。

欣喜學生能以開放包容的心胸，與我分享內心的掙扎，願這份難能可貴的經歷，化作未來行腳的繆思，在追求智慧的道路上越行越勇。

感恩一切美好的經歷，我將以慈悲喜捨的胸懷，擁抱這個世界。

你的心情 DIARY

《療癒心靈的秘密能量 II：第 245 天》

9 月 2 日
已讀不回

你一定有碰過，朋友閱讀了你的訊息卻未回覆的情況，對吧？

這或許正是給予自己更多愛的機會，這段無言的時間不必一味焦慮，反而是專屬於你個人的時光，在這個空窗期裡，你有更多時間去細心照顧自己。

當你遇到困難逆境、或別人不理不睬時，你也許會感到難過，心靈可能會受到一些損傷，但我覺得，這是一個能讓你更關注自省的機會。

請將這段時間，花在自我成長、愛護自己是非常重要的，**關注自己的情緒和內心需求，去探索自己喜歡的事物，或是投入那些平時未能嘗試的活動，這不僅是成長的鍛鍊，更是寵愛自己的一種方式。**

在這過程中，你會慢慢發現有更多的能力，去展現自己內在的力量，就會更加明白對方的沉默，不代表自身的價值。而且，你還能將自己置於更高的位置，讓幸福和價值不再依賴於他人的回應。

無論是對方已讀不回，抑或面對任何形式的無回應，這是在提醒珍惜自我的機會，讓你更加完整和堅強，當你學會花更多時間關照自己，並找到屬於原本具足的快樂，便能幸福快樂的度過每一天。

你的心情 DIARY

9 月 3 日

心靈家園

很多人對於財富的追求，似乎成了人生最重要的目標之一。當然，賺錢是人生中重要的一環，但如果你只為了這個目的而不顧其他，結果可能會讓你大吃一驚。

想像一下，有個名叫小華的人，他一心只想成為一位富翁，他工作勤奮，日以繼夜地拼搏，不斷地追求更高的財富，他成為了一個資產總值驚人的富翁，眾人眼中的財富自由。

然而，隨著他獲得財富的同時，也失去了一些重要的東西，他的心靈變得十分空虛，生活變得單調乏味，漸漸忽略了生命中最珍貴的價值，財富雖然進了口袋，但幸福卻離他越來越遙遠。

在不斷瘋狂追逐財富的過程中，小華失去了與他人的連結，他只是追求數字上的增長，卻忽略了心靈的成長，當他獲得財富的同時，他的內心變得十分貧瘠，成為了一個空虛的過客，沒有人願意跟他分享歡笑，也沒有人主動為他獻上真摯的友誼。

雖然他積累了財富，但他的身份、健康和精神世界卻因此而匱乏，成為一個過路的財神，只能在財富的路上遊走，失去了身邊其他最珍貴的東西。

然而，我並不是說賺錢不對，因為經濟穩定是生活中重要的一部分，但它不該成為我們生命中的全部，**想要真正富有，你更需要家人、朋友的陪伴，需要心靈上的富足與內在的平靜，這些東西都無法透過金錢獲得。**

沒錯！你得換位思考，在追求財富的過程中，切勿忽略了心靈家園的建設，以及對他人的關懷，累積自己的福報並不單單只是富有，而是在於如何將自己的財富、智慧和善心回饋給社會，用你所擁有的價值去幫助更多的人。

是故，當你追求金錢的同時，不要忘記豐富自己內在的靈魂，唯有如此，即便在追求財富的過程中，也能保持內在的豐盛與富足，不會淪落為空歡喜的「過路財神」。

你的心情 DIARY

9 月 4 日

父母遺願

父母，是你此生的重要支持者，他們為你打下了堅實的基礎，雖然他們未能完成自己的遺願，但這不是你的責任，你不需為此感到遺憾擔憂，因為你有自己的人生要過，有自己的路要走。

你有屬於自己的命運軌道，即使遇到困難，也要堅強面對，勿因畏懼嘗試打破固有的框架限制，這是你的人生，你有權利去尋找自己的目標和夢想。

父母未完成的願望，不會成為你的負擔，尊重他們的努力，你有權利去開創自己的人生，無論前路如何艱辛，努力尋找自己的使命和快樂，這才最重要的事。

即使父母未完成的夢想，可能給你帶來壓力，也要邁出自己的步伐，過上屬於自己精彩的人生，活在當下，勇於為自己的未來負責，這也是你現在應該追求的。

記住這句話：「假如你無法實踐父母未完成的人生，你只需要過好自己未來的人生。」

你的心情 DIARY

9 月 5 日

愉悅心境

擁有良好心情，將是你此生中最大的幸福。

為什麼這麼說呢？因為人生有限，無法重來，每分每秒，你一直都向著終點前進，但終點的位置卻是未知，你的生命從無到有，物質又將回歸無，不管是榮耀還是名利，心情的喜樂都如同浮雲般短暫，最終必將消散。

因此，請你保持一顆平和的心，珍惜親情，以真誠對待知心朋友，用愛心回饋社會，不貪求名利，盡力做好你應該做的事，心存感恩，開心面對每一天，直到老年回顧往事，無怨無悔，因為你已經竭盡全力，無愧於這個美好的世界。

心情雖不是一切，但卻決定了一切，你經常不是輸給了別人，而是輸給了自己的情緒，良好的心態是一種修養，提醒你生命短暫，有些事不值得去困擾。

保持愉悅的心境，時刻懷著感恩的心，活出真善美的人生，這不但無愧於這個美麗世界，也不會為自己的人生留下任何遺憾。

你的心情 DIARY

9 月 6 日

小時不了大勢必佳

相信你一定知道，年幼時遭遇挫折苦磨的孩子，長大後必將擁有超乎常人的忍受力，也更有機會攀登人生的巔峰。

正因為他們「歹命」的命格，才能讓這些孩子真切體會艱辛的代價，從而懂得如何珍惜幸福，一路走來的滄桑坎坷，正是推動他們奮力向上的最大動力。

正如一句至理名言：「小時了了，大未必佳！」

在此，我要提倡一個顛覆傳統的觀念，那就是：「越是命不好的人，未來的旅途才能走得更順遂；那些習慣守株待兔的人，最終只會輸給一步一腳印的烏龜，而且，這絕不會是個偶然。」

拿了一手好牌，卻打出了爛牌，此人必定是蠢材。
拿了一手爛牌，卻打出了好牌，此人注定是天才。

你的心情 DIARY

9 月 7 日

謙遜淡泊

曾有兩個人，同時被乾渴所苦，他們來到一口井邊解渴，一人手握鑲金鑽石的冠軍杯，另一人只有一個粗糙的泥杯。前者得意洋洋，彷彿已踏上人生勝利之巔；後者卻自暴自棄，覺得貧賤如己一事無成。

飲罄最後一滴水時，他們才恍然大悟，唯有這一潭甘泉，方能真正解渴，而那些盛水的器皿，不過是虛有其表的裝飾品。

在現實生活中，人們也經常被不需要的東西所困擾，而忽視了真正重要的事物。

大雨過後，總會出現兩種人，一種人仰望蒼穹，飽覽雨後彩虹和暢朗晴空；另一種人低頭尋蹤，只見前方淤泥橫流，荊棘滿途，這就是所謂「物觀念也」。一個人幸福與否，全在自心，只要懷著知足的心胸，用欣然的態度接受命運的安排，人生自能遊刃有餘。

真正幸福的人，必定是時刻自我反省、保持謙遜淡泊之心：不攀比勝負，不計較名利，不被烏有之雲所遮蔽，不為浮華所擾，心胸坦蕩，物我兩忘，方能逍遙於人生的大道，一路長紅。

謙遜淡泊，是一劑世外高招，讓你我活出自在隨緣的豁達人生。

你的心情 DIARY

《療癒心靈的秘密能量 II：第 251 天》

9 月 8 日

見識、愛、紀律

你知道嗎？比起缺錢，更可怕的是缺乏見識、缺乏愛、缺乏紀律。

的確，錢雖然重要，但缺乏見識、愛和規矩，可能更令人困擾，見識能指引你的選擇，愛能豐富你的生活，而規矩有助於建立秩序與紀律，這些都是人生中不可或缺的價值。

人一生的命運，其實有很大的程度，受限於個人的見識，想要改變命運，首先需要提升你的見識。

凡天才必有過人之處，人與人之間的差異，可能不是生理上的差距，而是在其他方面，比如認知、責任、勇氣、做事方式。是故，你不如多學習成功人士做事的方法，這些都是你可以控制的事，人在運勢不佳的時候，需要的不是盲目的努力，而是靜下來思考，耐心的做事，你的見識就能提高一大截。

關於做事，巴菲特一直強調長期成功的投資，關鍵不在於是否把握了多少次機會，而在於少犯錯誤。這讓我深深感悟到，人生何嘗不是如此，少犯錯誤的人生之路，大概已走對了人生方向。

對於每一個人來說，平時寧可少做事，讓每件事都產生應該得到的效果，也不要為了完成任務，不講究效率做一堆沒有用的事，而是主動改變思考的方式。

很多時候認知水平的提升，在於一些看似淺顯的道理能停頓下來，結合自己的經歷產生共鳴，然後再想到它深層的含義。無論是人生、商業、投資，都需要深度理性及自主做決定，並主動承擔屬於自己的責任。

成功的前提，在於你有足夠的見識、足夠的智慧、足夠的眼光。

終身學習，終身實踐，不斷走在通往更高層次的路上。

共勉！

你的心情 DIARY

9 月 9 日

愛與被愛

人生如夢，轉瞬即逝，在有限的時光裡，最寶貴的莫過於被愛與愛人。

一個人的生命如同一棵樹，受傷或被伐，它仍可存活，但一顆心若遭受創傷，痕跡便難以抹去。

一個真心愛你的人，是如此難能可貴，因為愛需要付出巨大的心力、時間和包容。

他願意理解你、支持你、原諒你的缺點，這樣的人並不多見，一旦失去，往往才懂得珍惜。

金錢地位終有失去的一天，唯有心靈的富足才是永恆的寶藏，擁有一個真正愛你、被你愛的人，才是人生最大的幸福。

請珍惜眼前用心對待、善待每一個愛你的人，別在日後追悔莫及。

愛與被愛，是人生最美好的禮物，請用雙手緊緊握住它，用心靈珍視它、在蒼老之年，仍能回味那甜蜜的滋味，無怨無悔。

你的心情 DIARY

9 月 10 日

心一轉念

人生有如一盤大菜，有酸有甜有苦辣，你將它品嚐透了、體會盡了。這一生又像一場大戲，你或扮旦或做淨，或演丑或唱小生，唱罷便醒了。

紅塵滾滾，這世間再榮華富貴也終將物是人非，人生事事豈能盡如人意？笑當作喜，哭也由你，生活不會因你的怨懟而作番折騰，人生亦不會因你的惆悵而改變模樣。

你恨與不恨，生活依舊如初；你愁與不愁，人生仍是這一回事。

抱怨太多，只會害了自己；愁來愁去，也只是自找煩惱，與其如此，何不放開心胸展個燦爛的笑靨？與其糾結彷徨，何不活出自在逍遙？

人生的答卷上可沒有橡皮擦可以抹去，題題塗塗改改的機會。說到底，真正屬於你的，只有當下的活生生的這一刻。

人生猶如一泡熬製中的上等香茶，而生活就是那川流不息的溫泉水，溫潤的活水將苦變甜，這一重重歷煉，將使你超越苦海，嚐盡天倫的甘甜滋味，沒經歷過酸甜苦辣，怎能體驗甜美的可貴？心一轉念，苦或甜，就在當下，每個轉念的陰曦間，希望的曙光已在眼前。

生命的道路坎坷遼闊，唯有豁然開朗的心胸，方能看清英雄遠征的崎嶇蹊徑，才能化作雲開雲展，成為風華正茂的自己。

你的心情 DIARY

9 月 11 日

找到對的人

在愛情的世界裡，如何找到那個對的人呢？

在我看來，人並非分成好與壞，不是不願意做分類，而是有時很難清楚判斷，即使是被認為不好的人，也可能有善良的一面。同樣地，很好的人也有自私的瞬間，我對別人的感受，取決於他們如何待我，所以絕對的界限並不存在，時間和環境是至關重要的考量因素。

很多人會問我：「一對情侶的八字，最好是同步還是互補不足呢」？

我的理解是，同步的情侶可以共享喜悅和悲傷，相互支持；互補不足的情侶可以相互依賴，彼此各取所需，最好的不一定適合你，被他人嫌棄的對你來說可能是珍寶，所有的期待都可能是多餘的，有些人喜歡熱鬧，有些人喜歡平靜，最重要的是找到適合和舒適的那個人。

不需要過多在意別人的看法，只要用心感受，就會找到最適合你的那個人，至於男女的八字如何配合最好？我的理解是：「時間抵達得剛剛好，就是最完美的結局！」

每個人都有自己的三觀和喜好，人與人之間的相處方式也因人而異，最重要的是，如何找到彼此的共鳴、相互理解與包容。

記住這句話：「愛情關係中最重要的，在於彼此的適應與和諧，而不是別人給予你的標準和評價。」

你的心情 DIARY

9 月 12 日

資訊廚師

認識我的人，都知道我喜歡買書藏書，書籍是我的摯愛，但你敢相信每一本書上所寫的內容都是絕對真理嗎？包括我寫的書也是如此！

我只想告訴你一個真相：

Not at All ！

曾聽人家說，心靈雞湯毒得要人命，現在想起來這話一點也不假。這就像是，有一天你決定要早上六點起床努力學習，但你確定意志力足以撐起你的夢想嗎？

閱讀學習是件好事，但裡頭的建議並非適用每個人，這正是我寫這本書想揭露的「自我成長謊言」。為什麼我用謊言這個詞呢？因為很多人閱讀時，喜歡一股腦接受所有的建議，但我卻不再如此！

我會反問自己：「這建議適合我嗎？對我來說真的會有所成長嗎？」

有時，吸收了不對的資訊，會讓你走向人生的歧途，反而得花更多倍的時間才能走回正途，這可是最糟糕的建議。當然了！這只是我的觀點，或許對你而言，可能會是靈丹妙藥。

喜歡閱讀的我，絕不是一味地照單全收，而是懂得精挑細選，我會比喻自己像是一個資訊廚師，將每一道料理都經過精心的挑選，確保只有最對味的，才能進入我的大腦廚房。

現在，我想邀請你一同探討這篇「自我成長的謊言」。切記！勿讓書中的建議成為你的迷惑，而是用心挑選那些真正適合自己的「秘方」。

生活，就像一道美食之旅，我們皆能享受每一口，但不是盲目照著食譜走，當心吃太大口把自己的食道弄傷囉！

你的心情 DIARY

9 月 13 日

幸福的秘訣

我深信，幸福是每個人都想追求的人生目標。然而，在充滿不確定性的現代社會，你如何才能獲得幸福呢？這篇文章絕不是愚人廢文，我將探討一個幸福法則，並分享一些實用的建議，幫助粉絲朋友降低期望，提升幸福感。

曾有人問起**查理·芒格**：「你看起來非常幸福、滿足，你的秘訣是什麼？」

芒格的回答如此簡單而深刻：**「低期望值，是幸福生活的金鑰匙！」他進一步解釋：「過高的期望，只會成為你幸福的絆腳石，使你墜入十分悲慘的境地，唯有調整期望，接受生活的結果，才能真正擁抱幸福。」**

面對不可預測的未來，幸福等於你期望什麼以及你擁有什麼，當你成天焦慮預測未來時，你其實最在意的是自己擁有的東西會如何變化。但是，很多人都忽視了最重要的核心，那就是自己的期望，所謂的期望，就是指你能夠去控制的東西。

當你遇到一個算命師，警告你流年可能遇到「破財」之時，其實是在提醒你，不要投資任何你無法控制的事，因為當你的期望越高，失落感就會越大。要知道，所謂的「破財」並不一定是指金錢上的損失，更可以代表你無法掌控的各種事物。

我來說個小故事，相信你一定能感同身受。

有個女孩名叫小美，她從小就對自己要求很高，希望自己能夠做到完美。然而，現實的打擊卻一次又一次地讓她失望，在經歷了幾次失敗之後，小美終於意識到，自己不切實際的期望，是幸福的絆腳石。

於是，小美開始嘗試降低期望，她不再要求自己事事完美，而是學會接受自己的不完美，她也開始學會欣賞生活中的小美好，不再把目光放在那些遙不可及的目標上。

隨著時間的推移，小美發現自己變得越來越幸福了，她不再像以前那樣患得患失，而是能夠坦然面對生活的挑戰，也更加珍惜身邊的人和事，學會了知足和感恩。

低期望值，並非消極的人生態度，而是通往幸福的智慧，與其患得患失，不如降低期望值，得不到是正常，得到了是驚喜，若你能擁有樂觀的心態，人生會更加幸福美滿。

芒格想告訴你：「如果你想得到什麼，最安全的方式，就是讓自己配得上你想要的東西，這才是永遠不變的常識。」

每一件值得追求的事都不是免費的，皆會伴隨著痛苦，如果在某個時刻，你覺得很容易、很有效率，你反而應該停下來好好想想，自己是不是正在用錯誤的方法，走在一條有毒的捷徑。

你的心情 DIARY

《療癒心靈的秘密能量 II：第 257 天》

9 月 14 日
燦爛的面貌

人生路漫漫長，腳程雖艱辛卻飽含無限希冀。

途中的鞋兒或許會磨損殆盡，但換雙新鞋何懼重新啟航？

喜悅的時刻撒手便可與人分享，可傷痛的重擔唯有自己方能扛。

莫為艱難而止步，試問一無所有又何懼拼搏？
莫為苦楚而喪卻希望，甜蜜又豈能憑空而來？
當你歷經看不透的痛楚，方能真正領悟生命的可貴；
當你遺失手中的所有，才會瞭解當初的種種珍視。
有些事，不必誇大其詞，任它如一陣風般刮過身邊；
有些事，無需太過糾結，理清頭緒它自然了然於胸。
活著的人，無需太多奢求，只要這世上還有人願意：
傾聽你的傾訴，溫暖你的心田；
體諒你的煩惱，給予你最真摯的情誼。

人生自是一場修行，一段磨難堪稱最佳的課題。

願你能如蓮花般歷盡滄桑而不染塵埃，綻放出最燦爛的面貌。

9 月 15 日

珍惜平安

倘若這一生，你若能平平安安、無憂無慮活到老去，那已是人生最大的幸運了。

你慶幸沒有錯過任何一班蒼茫運行中的航班，躲過了那些突然失控的狂奔車輛，避開了在凌晨因地震而崩壞的城市。

生命的道路，往往充滿未知和驚心動魄的際遇，如果你僥倖避過了這一切，那就請你用盡全力走下去吧！**把曾經期盼過的事盡快去實現，把該享受的生活盡情去體會，同時提醒身邊的摯友，好好珍惜平安是何等的難能可貴。**

親朋好友在你的生命中，佔據著無可取代的位置，一生如此短暫，當下的時光就是最寶貴的財富，好好疼愛身邊的友人，用行動告訴他們，你有多麼重視這段可貴的友誼。

金錢固然重要，但活著才是人生最大的意義，努力賺錢的過程，也要活得精彩紛呈、輝映倫常，無論你是追求財富或地位，請務必活出最燦爛的自己。

人生苦短，好好享受當下，把握住你的每分每秒，錯過了就再也找不回來，勇敢地活下去吧！讓生命綻放最美麗的光彩！

《療癒心靈的秘密能量 II：第 259 天》

9 月 16 日

心路坦蕩

路在你的腳下，它僅僅是一段距離；路在你的心中，卻孕育了你的追求與夢想。

只有懷抱著追求，你的人生才會充滿坎坷與考驗；只有心存希望，你才會在失意中感受到絲絲酸楚。風兒有自己的方向，雲彩也有獨特的心緒，別去奢望所有人都能徹底理解你的心情，也別去要求這個世界永遠如你所願。

保有一顆平凡樸實的心，淡然看待世間瑣事。

與人相處時，多一份真誠坦白；與人理解時，多一份包容寬容。

自己的人生，沒有人能替你指明方向，內心的創傷，也沒人能代你抹去眼淚，經歷了時光流轉，體會了人情的冷暖陣陣，親眼見證潮起潮落的變遷，你終於學會了自我療傷。

有苦時，大聲宣洩壓抑在心底的痛楚；有淚時，坦然品嚐滾燙的眼淚，在風雨的洗禮中，你漸漸領悟了生活的真諦，在甘苦交織中，你終於理解了人生的不易。

用心珍惜活在當下，盡情感受生命帶來的甘甜和酸楚。

願你在平凡而又不平凡的路上，遇見更加燦爛的自己！

9 月 17 日

品味情感

生活就像是一杯酒，不同的人品味，感受也不同，有人大口豪飲卻不醉，有人輕啜便醺醉，同樣的酒精，卻引發出不同的情感，酒同樣，人各異。

歲月如同一壺茶，品味者不同，體會也不同，有人細細品味，慢慢斟酌；有人舉杯飲盡，一切匆匆，同樣的茶，卻滋養出不同的心靈，茶同樣，情不同。

生活就是如此，無論是酒的苦澀還是香甜，茶的淡淡還是濃郁，不同的人帶出不同的滋味，不同的心靈，品出不同的情感。

你用怎樣的心態面對生活，生活也會以怎樣的態度對待你，這就是人生。

你的心情 DIARY

《療癒心靈的秘密能量 II：第 261 天》

9 月 18 日

擁抱當下

活在當下，這是你人生中最重要的一課，每個當下都是你人生的一部分，每個瞬間都值得你珍惜。

曾經，有一位年輕人，他總是沉迷於過去的回憶，總是擔心未來的不確定性，對當下的美好總是視而不見，直到有一天，他遇見了一位智者，那位智者告訴他，人生的美好就在當下，只有活在當下，才能真正感受到生命的價值。

於是，你學會了放下過去的包袱，放下對未來的焦慮，用心去感受每一個當下的美好，從那刻起，你的人生變得豐富多彩，你學會了用微笑去迎接生活的挑戰，用勇氣去書寫人生的篇章。

你不再埋怨過去，不再害怕未來，你只想好好活在當下，讓生命中的每一個瞬間都閃爍著光彩。

當下才是最真實的，願我們一起擁抱當下，活出無悔的人生。

你的心情 DIARY

9 月 19 日

緘默

人生啊！話說一年也就學會了，可閉嘴卻需終身修行，有時候裝聾作啞，方為上策，適可而止的沉默，往往大有益處。人生場上，言多必失，禍患說來就來，話多招禍是東施效顰，不該問的絕不問津，不該道的三緘其口。

沉默可以遠離狗糧，緘默也能免卻口爽，將自己的私隱，獻托一人心胸，方見一人的珍視；若輕撒在人群裡，豈不是大大的癡人之談？

珍惜沉默的力量，勿輕易將心事傾訴給他人，更不要在無意義的場合，說出可能會後悔的話。

保持智慧的口舌，運用恰到好處的沉默，就能在人生的路上走得更穩健、更加自在。

你的心情 DIARY

9 月 20 日

六句箴言

人在低谷的時候，請記得老祖宗留下來的六句話，它可能是你時來運轉、東山再起的關鍵。

首先，沒有花在你身上的錢，金山銀山都與你無關，任何沒有落實到你身上的承諾，都應視為空談。

其次，想要富有就要勇於開店鋪、經商走四方，人生需要闖蕩，如同放馬自由，與其千日造船，不如一日過江，路在自己的腳下，事在自己的行動。

第三，只要利益不發生衝突，不必與他人爭辯，人際關係最高境界是熱情大方，寧願問一次也不要反駁三次。

第四，無論何時都不要緊張，永遠展現出輕鬆的態度，對想接觸的人，始終以朋友之心相待，在社交中，保持放鬆的聲音和速度，點到為止，不行就放手。

第五，賺錢的方式各有不同，用體力賺錢就老實一點，用腦力賺錢就機靈一點，用錢賺錢就狠一點，用資源賺錢就圓滑一點，用人賺錢就豁達一點。

最後，做事不拖延，言語不能多，行動不能虛，對於與自己無關的事，別問別想，也別多嘴，堅定走自己的路。

牢記這六句話，並用心感悟其中的真理！

你的心情 DIARY

《療癒心靈的秘密能量 II：第 264 天》

9 月 21 日

人生三本書

人生有如三種不同的書籍，你屬於哪一類呢？

第一種是普通書籍，包羅萬象，塵囂紛陳。

這類人物生活平凡，日復一日被生活的瑣事綑綁。今天得了這個便高興，明天失了那個又憂心，他們耗盡心力計算每一分每一毫，舉步維艱，掛慮滿身，人生就如同翻閱這般陳雜的書冊，忙忙碌碌。

第二種是天書，卻處處有缺，殘缺不全。

這種人活在痛苦與焦慮之中，雖略知一二，卻無能為力，他們匆匆忙忙，魚貫而過，強顏歡笑實則死去活來，滿腔熱血想要大展身手，卻又無可奈何，徒耗空好光陰。

第三種則是清白之書，雪白如新，一片湛藍。

這些人心地純潔，看似渾渾噩噩，卻了無掛慮，他們活在當下，不做無謂糾纏，旁人或許目光狐疑，質疑這簡單生活的價值所在，但無字真經方是至高之書，包涵著生命的全部奧義。

你屬於哪一類呢？普通平凡抑或痛苦耗損，還是無憂無慮的清白之書？

了解自我，活出真我，才能活出生命的精彩。

你的心情 DIARY

《療癒心靈的秘密能量 II：第 265 天》

9 月 22 日
相信自己

人生的風景，在於內心的境界，美好的留存心底，而那些痛苦的回憶，就讓它隨風而去吧！

人生的意義，不是為了緬懷過去，而是要欣賞當下，真正通曉人生智慧的人，都不會活在過去的陰霾中，更不會讓過往的傷痛再次傷害自己。

相信自己，相信未來，當你勇敢地與昨天説再見，今天才是真正屬於你的。

當今天的太陽如常升起，就有重新開始的機會，要相信，最美好的未來，就是每天都走在通往成功的道路上。

你的心情 DIARY

《療癒心靈的秘密能量 II：第 266 天》

9 月 23 日

內在意識

世間實難尋覓，真正能體恤憐憫的人，縱使別人嘗試設身處地，也難盡解你我心境。

人生路上遭遇，酸甘苦辣種種滋味，唯有親身歷練方能領會，別人或許能表達同情，卻永難體會你的傷痛有多深重。

即便你遭受重大委屈打擊，在旁人眼中，或許只是平凡無奇的一段故事。

唯能了解你的，只有自己的內在意識，順遂抑或艱難時刻，有些滄桑只能親身品嘗承受。

與其妄求他人共鳴理解，不如從現在開始，自我奮鬥和堅韌成長，磨練意志品格，傲然挺立人間，活出自我。

你的心情 DIARY

9 月 24 日

周全自己

身在江湖，落井下石的往往是身邊的人，而不願你好的也是你身邊的人，就像荒蕪的田地，當你開始耕作時，總會有人來爭奪。

人性中最大的惡，就是對你笑卻心懷不善，嫌你窮又怕你富有。

不要過分高估與任何人的關係，更不要低估人性的逐利規則。周全好自己，與人親疏隨緣，別總是盲目遷就別人而委屈自己，這個世界沒有幾個人值得你屈膝，如果長時間彎腰，只會讓人習慣於你的低姿態，認為你不重要。

凡事都應該有度，過度的低調會被認為是無能，過度的善良會被視為好欺負。

在這世故紛爭的人間，既然無法討好所有人，那就好好經營自己！

你的心情 DIARY

9 月 25 日

養生之道

在繁囂的世界裡，你我都是孤獨的旅人，唯有與頻率相合的人，才能洞悉彼此內心深處的雅致，實現舒適的相處。

找到一個讓你感到心情舒暢的人，比任何保健品都更為重要，和這樣的人在一起，就是最好的養生法門，與人相處愉快，是最好的友誼之道。

《易經》云：「同聲相應，同氣相求。水流濕，火就燥。」

和頻率相同的人在一起，你會感到輕鬆自在，時間彷彿停滯，即使無聲無息，也是心安的享受。

與某些人相處，你總是覺得疲於奔命，難以喘息。有些事，或許在他們眼中早已理所當然，但你卻難以領會其中的道理，又何必勉強自己去迎合？

生命終是短暫的，沒有必要為了一些微不足道的人而糾結耗神，與其糾纏於無謂的是非，不如放手一搏，揮別那些令你疲於應付的人際圈子。人生的真諦，往往存在於與你頻率相通的靈魂之間，與他人無關。

莊子曾言：「君子之交淡如水，小人之交甘若醴。」

平淡相處，話匣子開得大，心胸不藏私，這才是真正舒適的友誼。事實證明，舒適是最佳的相處模式，這樣的友情才會綿延不斷。

與人相處，若感到無比輕鬆，同時獲得真實的啟發，代表你已遇到了志同道合的人，即使從事不同的職業，也會心照不宣。

生活已經如此繁忙，不要再勉強自己，遠離那些讓你感到不舒服的人，結交那些能讓你感到愉悅的朋友。

舒適的相處，是婚姻的基石，夫妻之間雖無血緣關係，卻要相伴一生，因此找到一個舒適的伴侶至為關鍵。

人生最大的幸福，就是找到與你頻率相合的人，你會感受到無盡的愛。

表面的風光是給別人看的，真正的幸福只有自己清楚，讓彼此感到舒適，相互成長，這才是幸福婚姻的樣子。

舒適的相處，是最佳的養生方法，身心健康與情緒狀態息息相關，與合拍的人在一起，會讓你感到愜意和內心平靜；與不舒適的人相處，像是毒藥一般，消磨你的身心健康。

遠離那些讓你感到不舒服的人，不與之交流，不理會他們的存在，才是真正的養生之道。

你的心情 DIARY

《療癒心靈的秘密能量 II：第 269 天》

9 月 26 日
金錢尊嚴

有錢能使鬼推磚，沒錢連推磚的資格都沒有，這就是現實殘酷的寫照。

十塊錢就能讓外送員風雨無阻，幾乎是用生命在賭博；一百塊就能請人替你卸重擔，省去氣力也免去麻煩，看似微不足道的金額，卻能左右人們是否願意行動。

金錢就是如此神奇，它能夠撩起人性中最原始的渴望和慾望，一旦金錢的數字變得驚人，你會發現身邊的人開始變了面目，曾經熱絡的親朋好友囉唆變臉，甚至有人為了錢不惜斷送多年的緣分。

有錢人的朋友，往往沒錢就遠走高飛，身邊圍繞的都是投機分子；窮人的朋友，反而更加珍貴，因為他們都是真心實意。金錢能給人無上的尊嚴和底氣，卻也容易吸引很多的蛾子飛舞。

有人說，金錢不是萬能的，但沒有錢卻是萬萬不能，這句話一點也不誇張。當你摟著一把鈔票時，整個世界都將對你綻放笑靨；而當你身無分文時，哪怕你是聖人，也將備受冷落和冷嘲。

趁還年輕，有空多賺錢，沒事少矯情，因為活著很貴，成

年人的尊嚴和底氣，終究都是金錢塑造出來的。

你的心情 DIARY

《療癒心靈的秘密能量 II：第 270 天》

9 月 27 日

金錢底氣

走過人生的重重關卡，到了四五十歲的年紀，你才真正體會金錢的分量有多重。

即使你曾經風光無限、衣錦還鄉，一但收入中斷、存款見底，你會驚訝的發現，曾經那些往日親友紛紛行蹤失落，有的借故躲避，有的直接拉黑拒絕往來，彷彿你已成了隔世之仇。

當你真正需要伸手相求，身邊竟然冷冷清清空無一人，這才驚覺，原來那些往日的情誼，不過是虛無飄渺的浮雲而已。沒有錢，你就像隻籠中之鳥，失去了生存之本。

到餐館聚會，你看著一眾好友推杯換盞，互相敬酒，卻無人與你交鋒，彷彿你只是多餘的一雙筷子，形單影隻，尷尬無比，曾經的交情早已寒酸，化作一灘爛泥，讓你狼狽不堪。

這一切痛苦經歷，無非是想告訴你，身邊許多人就是披著人皮的禽獸，只有等到你遭遇挫敗的那一刻，你才會看清，究竟是誰真心實意，誰又只是虛有其表罷了。

錢財雖然不是萬能的，但缺少它，你會發現這個世界根本就不公平，有錢能使鬼推磚，沒錢連做人的資格都被剝奪。

趁年輕好好去賺錢吧！讓自己的尊嚴和底氣都能獲得保障。

人這輩子，只要落魄一次，你就會明白，在你身邊的到底是人還是鬼！

你的心情 DIARY

9 月 28 日

人生遊戲

人生不就是場盛大遊戲？有輸有贏，有笑有淚，熱鬧非凡！

你穿梭在挑戰關卡中，偶爾摔個跤，爬起繼續玩。有時迷路，徬徨無助，不要心灰意冷，再接再勵！寶藏總在終點等著你，夢想就在彼岸朝著你招手。

玩遊戲別太認真，話太多錯過美景，動作太大扯到蛋，耐心點！慢慢來最贏。

人生賽道漫漫長路，怎麼走全靠你做主，陽光跟歡笑多一點，人生就更精彩好玩！

偶爾停停歇歇，呼吸花香欣賞風景，你會發現其實一路好風光。

走啊走啊！玩個盡興！未來的贏家就是你！

你的心情 DIARY

9 月 29 日

真摯之心

金錢權勢，盡是浮雲；車馬高低，終非長存，親朋好友的一份真誠，一旦錯失，恐將遺憾終生！

這個世界浩瀚無垠，偶然相遇，算是一段美好緣分，若彼此心懷善意，以真摯之心相待，必能譜出一段動人的情誼樂章。

有人對你好，這是你該自豪的人生禮物，畢竟世人心多詭譎難測，有人心繫於你，對你視如珍寶，這是上天給你的恩賜，應當珍惜之。

金錢買不到長久的幸福，奢華物品也只是暫時的享受，真正珍貴的寶藏，是那些惦記你心靈的朋友，這才是世上最難能可貴的。

人生短短數十載，願你珍惜眼下的所有，珍視手中的緣分和真情，因為一但錯過，就再也很難遇上第二次機會了。

你的心情 DIARY

《療癒心靈的秘密能量 II：第 273 天》

9 月 30 日

生活的真諦

保持樸實的品格，展現真正的自我，是人生至高的目標。就像一個杯子必須完好無缺，才能裝載美好的事物；一雙鞋子必須合適舒適，才能陪伴我們走過漫長的旅程。

良好的朋友關係更需要心靈相通，彼此扶持和珍惜，以對抗孤獨的襲擊；而身體的健康是所有幸福的基石，也是快樂生活的泉源。

外表常常會讓人產生誤解，但去除華麗的外衣，我們都是赤子之心；穿上不同的服飾，能展現出各種形象。

真正令人羨慕的生活狀態，不是依賴他人，也不是嫉妒或嘲笑別人，而是透過默默努力，不依賴外界物質，展現真正的自我，達到心中最真實、最滿意的模樣。

超越世俗的迷惑，實現非凡的人生，擁有無慾無懼的心態，便能創造偉大的成就，堅持真誠樸實的心，保持高尚的品德，是通往幸福人生的不二法門。

你的心情 DIARY

10 月 1 日

收放自如

胸懷寬廣，往往是由委屈磨練而成；煩惱紛擾，多出於主觀臆想；痛苦折磨，源自與人攀比；疾病侵襲，卻由惡習所致；良好的心態，是經歷歲月雕琢；快樂知足，是惜福而生；健康之道，活力運動而來。

慈悲寬容，自無仇敵可言；大智慧者，離苦得樂超然；解脫煩囂，乃至真自在；放下執念，立馬坦然輕鬆。

因此，當遵循天命，盡心盡力而為，逍遙隨緣，順其自然。

人非聖賢，孰能無過？生命短暫，行止大方正體，知恩惜福，寧可錯殺而放生，若能初心不移，洗盡鉛華，終將做好當做之事。執迷於身，愛別離之慾，皆可暫且放下，因果循環不已，前程茫茫，譬如行雲流水，何須強求苦追？

人生無可預知，我等盡力而為，卻理應退一步海闊天空，收放自如。

智者如是，初無罣礙，自成一派生生之樂，放下一切，方是最大的自在。

你的心情 DIARY

10 月 2 日

火炬

你只有一顆心，卻有著兩個心房。

這提醒你在做事時不應只顧私心自己，更應該體恤包容他人的感受，用心聆聽內在的慈悲良知，同時關注自身，也要保持開闊的視野，設身處地為別人著想，這才是完整的心胸。

生活中的麻煩挫折，你是否感到沉重痛苦，全在於你用什麼心量來承載，如果把它裝進小小的心窩，自然會觸及滿溢。但若能保持視野開闊，用寬廣的胸懷來盛載，任何困難在浩瀚的心田中都將煙消雲散。

你的生命就像一根火炬，溫暖著前行的路徑，當你將炬火傳遞開來，無私地照亮他人的人生，**即便有一天你自身的燭火短暫熄滅，也終能在眾人的照耀下重拾亮光，續燃希望，永不迷航。**

人生是一個共同體，與他人的命運息息相關，只有用慈悲博愛之心待人接物，懷著互助友愛之情與眾生相處，才能讓內心的火種永不熄滅，綻放出溫暖人間的光華。

願你能懷著一顆寬闊透澈的心胸，用寬廣的視野，感化包容這個世界。

你的心情 DIARY

10 月 3 日

不再迷惑

人生旅途，從未白走一步。

無論物質或精神的貧乏，都能摧折人的尊嚴與希望。然而，生命中所遇見的每個人事物，卻也能潛移默化影響著你對這個世界的認知。

它們輕手撥開你眼簾上的膚淺與無知，讓你漸漸學會說話有條理、做事有餘裕、出言有分寸、行事有儀度。

經歷的閱歷與擁有的物質資源，正是人生最佳的修行之路，前者使你不再迷惑，後者則賦予你應有的尊嚴。

世間的一切，無論貧富貴賤，皆能成為你的明師，引導你走過一個又一個的人生轉折，只要用心體會，虛心學習，必能在艱難中悟出箇中奧妙，在平凡中見證偉大。

人生何其短暫，把握當下，活出真我，就能無怨無悔走完這一程。

你的心情 DIARY

10 月 4 日

茶道

一杯香濃的清茶，一顆淡然的靜心，正是人生的淨味醇香，茶字拆解，便是「人在草木之間」，從中可見人與大自然的密切關係。

人生短促如草木一秋，歲月輪轉間，經歷無數冷暖交替、紛擾繽紛．但人與茶之間，卻有著超越塵世的禪意相契，茶如人生，淡香苦澀交織，又如幽夢中的甘醇芳香，人生浮沉如茶水的翻湧，喟嘆世間的爭奪利名，了卻浮生如夢的煩憂，惟一盞幽香的清茶，最能淨化心靈，使之遠離俗世的紛擾。

喝一口清茶，入一口靜心，素淨如禪，恬澹如詩，方能完全脫離塵囂，沉浸於詩意盎然的遐邇之境。

人生如茶，淡泊平和，自在逍遙，洗滌塵心，品味生命淡雅的芳馨，在這安然恬靜的時光裡，你必能超越世俗，悟透人生真諦。

有人說，喝茶如同喝人生，願你能在這杯香茗中，慢慢品嚐生命的美好，細細品味人生的寓意，體會淡泊寧靜的可貴，遠離紙醉金迷的煩囂，活出閒雲野鶴的人生風韻。

你的心情 DIARY

10 月 5 日

放下繁囂

你的生活，就像一場漫長的旅程，充滿了各種風景和挑戰，但只有保持淡定如月、清風般清新的心境，才能在這旅途中自在從容，如同菊花一般淡雅。

用平常心面對日常的生活，以歡喜之心打磨人生的每一天，在簡單的時光裡，讓心靈找到溫柔寧靜的棲息之所，當內心安寧時，整個世界都會顯得安祥。

人生的歸屬，最終取決於內心的安頓，生命之所以寶貴，在於能平淡從容面對各種挑戰，願你的心能像春天一樣明媚溫暖，永保清明淨念，花開永不凋謝。

你的人生就像一場時光之旅，雖然充滿了坎坷和挑戰，但只要保持淡泊之心，用喜悅之情迎接每一天，就能在平凡中找到滿足，在簡單中活出從容。

放下繁囂，安然度過餘生，如同菊花般淡雅恬靜，綻放最美好的一面。

你的心情 DIARY

10 月 6 日

淡泊寧靜

人生道路，你要有格局和廣闊的視野，才能成就大事，活出平靜如水的姿態，無論遇到什麼困境，都能以寬廣的心胸看待，不被眼前的紛擾所困擾。

修養自己的內心，擁有胸懷丘壑般的包容和智慧，生活才會像湖光山色一樣美好動人。無論是風光無限還是困頓不堪，都要保持從容淡定的心態，腳踏實地邁出每一步。

人生充滿了崎嶇和坎坷，但只要保持寧靜的心境，用廣闊的格局和智慧看待世事，就能克服重重困境，勇往直前，像大樹一樣包容世間萬物，像清溪一樣質樸單純，不斷積聚內心的力量，用慈悲和智慧滋潤生命的每一個角落，以寬厚的胸襟對待人生的岐曲，才能在平凡中見證不凡，在渺小中體現大智大勇。

保持淡泊寧靜的心境，用寬廣包容的格局看待世界，就能活出自在從容的人生。

無論貧富貴賤，失意或得意，都能泰然處之，體驗出生命的真諦和價值。

你的心情 DIARY

《療癒心靈的秘密能量 II：第 280 天》

10 月 7 日

小確幸

人間美好，往往蘊藏在你我之間的來往互動；生活之美，則隨著心情的舒暢而綻放光彩；朋友之美，在於彼此的惦記掛念，永不忘卻，願你和身邊的人都永遠健康平安，活力充沛。

每一天清晨醒來，都是嶄新的開始，你迎接的是嶄新的陽光和祝福，帶著新的征程和願望，安祥的睡眠，為你帶走所有疲憊與不愉快，只留下欣喜雀躍的心情，迎接今天的到來，並懷抱希望憧憬明天將更加美好。

保持一顆樂觀積極的心，對自己報以燦爛的微笑，也用微笑溫暖周遭的世界，這一切都將煥然一新，重拾生機，生活的確艱難重重，但只要用正面的心態擁抱它，便能在平凡中發現不平凡的美好。

放下心中的重擔，用發自內心的微笑迎接每一天，雖然前路迷雲蔽日，但只要用樂觀積極的心堅持走下去，總有一天必能迎向光明。

願你在嶄新的一天，找到屬於自己的小確幸，用歡欣雀躍的心情把握眼前，祝福你擁有美好的未來。

你的心情 DIARY

《療癒心靈的秘密能量 II：第 281 天》

10 月 8 日

包容使命

偉大的智者必定具備謙虛的品德，出色的善人必然懷有廣博的胸懷。

在言語和行為上，避免極端和偏見，應具備包容、謙虛的態度，擁有開闊的心胸，這是做人的基本原則，也是處事的道理。

能虛心聆聽他人的建議，避免潛在的麻煩；能包容眾生，贏得尊重，前途無量；能洞察事物的全貌，擁有開闊的視野，保持從容自若。

若以包容作為自己的使命，內心會變得堅強富足，氣度也會變得宏大，人生旅程將會平坦無阻，綻放光明。

願你能不斷接納他人意見，擁有寬容的心胸，度過困難時刻，享受幸福時光，未來將光明璀璨，福祉無盡。

你的心情 DIARY

10 月 9 日

步伐

每一個的步伐，你緩緩而行，不是因為距離太遠，而是因為你徘徊；每一個的腳步，你堅定而穩健，不是因為速度最快，而是因為你堅持。

許多時候，你離成功可能只有一步之遙，或許是因為少了最後的堅持，你無法發現自己的潛能和優勢之處。但隨著逐步積累，不懈努力，你便可推動自己的人生不斷向前。

回首過去，凡走過必留下痕跡，每一步的足跡都值得銘記，每一個痕跡都見證了你的成長，放棄總是很容易，但堅持才是最酷的。

未來的日子裡，請繼續做最酷的自己！

你的心情 DIARY

10 月 10 日
福報財

今天我們要談論一個主題——「福報財」，相信許多人對此並不陌生。

在人生的旅途中，有些人靠著雙手的勤勞努力，從無到有，最終取得了驕人的成就，這確實是一件令人敬佩的事。然而，也有些人雖然同樣付出了汗水，卻怎麼也賺不到錢，處於人生低谷。

當你處於這種狀況時，看似無助，但實際上，總會有一些貴人或長輩在無形中伸出援手，給予經濟上的支持和資助，讓你度過難關。

起初，你可能會心存不甘、情不願接受別人的資助，認為應該靠自己的能力去奮鬥。

然而，有時並非因為你的能力不夠，而是你與生俱來的命運使然，雖然靠自己的雙手打拼是可行的，但如果一直賺不到錢，也不必太過灰心，因為會有貴人在背後支持你。

這種來自他人的扶持，便是你前世福報的顯化。不僅如此，你今生所累積的福報，也會顯化在你來世的財富。

因此，你要不斷種善因、結善緣、得善果，通過付出努力、做公益來幫助更多的人，從而累積自己的福報存摺。

當然了！假如你過於貪婪，老天也會將這些福報收回，甚至懲罰你。

有時，福報財甚至會勝過你自己的努力，但我並非鼓吹不努力，而是提醒不要過度勉強自己，當你到達一個舒適的階段後，不妨去做自己喜歡的事，幫助更多有需要的人，這樣累積的福報財將遠勝過自己辛苦賺的錢。

生活中，有許多看不見的能量在影響著你，就像手機信號雖然看不見，但它會影響你是否能上網追劇；思想看不見摸不著，但它會影響你一整天的情緒。

福報財，就是一種看不見但又無比重要的正能量，它能在你低潮時化解不順，為你帶來無窮的希望。

你的思想就像一台 3D 打印機，只要輸入正向的能量，就能在低潮時化解許多不如意，時刻提醒自己保持正能量思維，以及積極樂觀的心態，相信福報自然會臨身。

人生的成就，不僅僅取決於個人的努力，更多時候是由看不見的能量在左右推動，不要去拒絕福報財，它會為你帶來意想不到的好運和恩惠。

你的心情 DIARY

10 月 11 日

人生馬拉松

人生就是一場大馬拉松，說長不長，說短不短，你也閃不過這一關。不過沒關係，我們人生馬拉松隊裡，可是集結了一幫熱血沙雕！

上半場當然是要拚勁兒！你一路狂奔，追求學歷、事業、財富，把名垂青史給奔出來。不過跑啊跑，也別忘了歇口氣，多喝幾口水，偶爾也放個小假，好好補補體力。

等到人生下半場，血壓、血糖這些數值就開始和你較勁了，這時候就靜下心來，把身體調養好，不要讓那些數字把你虐了，聽其他人的話，低調做人，心平氣和點。

還有，別老是盯著旁人的人生方向盤開得巧不巧，轉彎是否該加油門？重點是自己過得開心就好，順不順全靠命啦！活得健健康康，高高興興，贏家就是你了！

我不管你現在的賽道正處於什麼位置，請記得呼吸新鮮空氣，多喝幾口水，做做運動。人生嘛！就得好好享受賽道風景，Keep Running 就對了！

我們一起加油，這一場的人生馬拉松贏定了！

10 月 12 日

無效社交

很多人都怕被說成「不合群」，以為朋友越多，路就越好走。於是，他們為了合群而拼命交朋友，不停地參加各種熱鬧的活動。

但是，真正強大的人懂得一個道理：世界是自己的，與他人毫無關係，他們知道，花時間和精力在那些喧囂的場合上，結交一些毫無意義的「朋友」，不如好好學會與自己相處。

這個世界是公平的，你的能力有多強，你的人脈就會有多廣，所以，不要沉迷於無用的社交，靠著自己的力量站起來，像猛獸一樣獨行，才能真正成就自己，讓你的世界更加廣闊。

狗屁社交規則通通歸西！把能量全投在提升自我上，你就是人生的領跑者，奪取冠軍無難度！

你的心情 DIARY

10 月 13 日
感恩六句話

我想用六句話，讓你學會如何感恩 ......

1. **感恩是一種美德**：它體現了一個人的道德品質和修養。一個懂得感恩的人，會珍惜自己所擁有的一切，會感激他人的幫助和支持，也會尊重他人的勞動和付出。

2. **感恩是一種態度**：是一種積極的心態。它可以讓你樂觀面對生活中的挑戰和困難。一個懂得感恩的人，會對生活充滿信心和希望，會對未來充滿期待和憧憬。

3. **感恩是一種行動**：不僅僅是一句口號，更是一種實際的行動。一個懂得感恩的人，會用自己的行動，來回報他人的幫助和支持，傳遞正能量和愛心。

4. **感恩是一種回報**：它可以讓你更加珍惜自己所擁有的一切。一個懂得感恩的人，會用自己的行動來回報父母的養育之恩，以及社會的關愛和支持。

5. **感恩是一種責任**：它可以讓你更加明確自己的社會責任和義務。一個懂得感恩的人，會用自己的行動來為社會做出貢獻，推動人類社會的進步和發展。

6. **感恩是一種幸福**：它可以讓你更加快樂的生活。一個懂得感恩的人，會因為自己的付出而感到自豪和滿足，會因為他人的認可而感到快樂和幸福。

感恩是生命中的一種智慧與美德，它能讓你的生活變得更加陽光積極、更加充實圓滿。

願你從內心深處真誠感恩，用實際行動詮釋感恩，用正能量和大愛，回饋這個美好的世界。

你的心情 DIARY

10 月 14 日

尊重他人

來談談我們如何更好地相處吧！

首先你要知道，相處的重點在於彼此尊重和包容，你是否能夠尊重他人，直接反映了你的品格和修養；你是否能讓自己快樂，表現了你對生活的態度。

尊重他人，就是要理解和支持每個人都有自己的底線和原則：

不要用自己的標準去強行評判別人，每個人的經歷和觀點都不同，真正懂得尊重他人的你，心胸和視野自然開闊。

快樂自己，就是要認清生活的本質，學會面對現實：

生活並不容易，但不能讓挫折擊倒你，更不能讓他人的看法左右你，活出積極樂觀的生活態度，找到快樂的源泉，這源自於你內心深處。

尊重他人、快樂自己，這兩者相輔相成，也是朋友相互理解、相互支持的基礎。當你以包容和開放的態度看待彼此的不同，以理解和寬容的心態接納彼此的缺點時，人與人之間的相處就會更加愉快和諧。

用尊重對待他人，用快樂對待自己，在人生的道路上互相鼓勵、共同前進，這才是最好的相處之道。

願你擁抱包容，展現大度，人生的旅途必將越走越陽光。

你的心情 DIARY

10 月 15 日

悟道與正道

悟道和正道並非完全相同，悟道是對事物的理解和認知，而正道則是將這種理解付諸實踐。因此，悟道是知曉的階段，正道是將這種認知轉化為行動。

在禪宗的理念裡，悟道是指領悟到事物的本質和真理，而正道則是將這種領悟貫徹到日常生活中，悟道代表你了解萬物皆空的真相，正道則是在日常行為中體現了領悟。

當你靜下心來，深入思考時，能夠體悟萬物皆空的真諦，但是當你投身於現實生活中，與外在接觸時，卻又被色相所纏繞。然而，你必須明白，所謂的色相也只是虛幻的表象，真正的本質是空性。

是故，當你能在行動中體現出對空性的理解時，你就達到了正道，明白色即是空、空即是色的真諦。

悟道和正道相輔相成，都是你在修行道路上，不可或缺的一部分。

你的心情 DIARY

10 月 16 日

20 道玄學提醒

《生活中的玄學提醒與能量守則》

世間萬物皆有定數，你得學會觀照生活中的一些玄妙之處，遵循能量的自然規律，以達到生命的平衡與幸福。

以下是一些生活中的玄學提醒，請照著做就行：

一、**謹慎借藥**：別人若要向你借藥，你可以借，但如果對方要還藥一定不可接，以免牽扯不必要的因果。

二、**天降橫財**：若意外得到橫財，應即時散出去至少一半，可用於購置房產、車子等資產。

三、**清晨做好事**：黎明時分是吉時，適合做一些善事，切忌罵人說髒話，或向人借錢等不良行為。

四、**垃圾要及時清理**：家中垃圾應及時丟棄，勿長期堆積，尤其不可長期堆放在門口。

五、**家中少擺設假物**：不宜在家中擺設過多的假花、假草、假人偶，這些東西存在未知或不可控的能量。

六、**少說窮字眼**：不要經常把「倒霉」、「沒錢」、「很窮」等負能量字眼掛在嘴邊。

七、珍惜隨身玉石：隨身佩戴的玉石，不可隨意讓人觸摸。

八、付費看命理：不要無償為人看星盤或八字，會牽扯很多無謂的因果，一定要讓對方付費，哪怕只是一點點。

九、保持陽光心態：遇到情緒低氣壓時，不可久留陰冷灰暗之地，宜到陽光明媚、熱鬧喧鬧之處走動，並穿著淡色系服飾。

十、注意時間招準：若出門前一反常態，準備混亂、打碎物品、心煩意亂，此時最好停下腳步，擇期再行。

十一、兒童寵物的體現：若小孩或寵物進入某處或見到某人，便哭鬧不安，宜帶其離開。

十二、靜待順其自然：當情況對你不利時，無論是事業還是感情，靜默方能化解，操之過急反而錯亂。

十三、遠離囂雜之地：少去魚龍混雜的聲色場所，那裡氣場混濁，常客通常面色萎靡無神。

十四、擇名有道：給孩子取名切勿過於雄壯，譬如「天」或「龍」之字，以免好運難承、差運難遣。

十五、節制同理心：不宜過度關注他人，也不要過分共情，尤其身體虛弱者，這會消耗你寶貴的生命能量。

十六、意念感召萬事：心中有意念，言行皆向目標靠攏，必能積聚能量化作現實。

十七、快樂至高無上：保持高昂的喜悅之心，你的磁場頻率就會水漲船高，運氣自然越來越好。

十八、事以密成：好事禁不住晒，晒了就會蒸發，冷藏才能保鮮，把好事藏在心裡，沒事偷著樂就好。

十九、放開執念，順其自然：有些事做不成，反而是上天在保護你。比如停電了、車壞了、遲到了、分手了、離婚了 ...... 別急著抱怨和生氣，你要知道，萬事萬物來去皆有定數，凡事發生皆有利於我。

二十、選擇高頻能量：情緒就是一種能量的呈現，開心就是高頻能量，煩惱就是低頻能量，每天從選擇一件開心的事開始，比如運動後產生的內啡肽，或是聽首自己喜歡的音樂，吃一些自己喜歡吃的食物，調節這些無形的喜好，來保持你的高頻能量。

人生短暫，且行且珍惜，願你時刻懷著感恩的心，用高頻能量化解生命中的不順，踏踏實實地活在當下，盡興人生。

你的心情 DIARY

10 月 17 日

自在人生

人生，就是一場漫漫修行路，循著你的腳步前行，不必太過在意他人眼光，你來到這個世間，不是為了讓所有人喜歡，而是要讓自己快樂自在，心素馨香。

大道之行，終難求同寂寥，你無法和每個人都成為知心好友，也用不著將所有人的喜怒哀樂都放在心上，人生之路漫長，偶有幾分齟齬偏執，又何必強求與人全然和睦？

就像品嚐一杯香茶，只要你觀之賞心悅目，餘人品不品鑑也渾然無牽。活著，就是要活出自在馨香的生命，生命短暫，不必錙銖必較地追求完美，也勿強求與人百分百的一致。

人生沒有如果，只有後果和結果，你要學會欣然接受命運對你的安排，只管朝著內心夢想的遠方前行，修持自己，不負自己，就是最好的成全。

路漫漫，與人也只能遠遠相隨，終有一別，就當互勉互勵，各自踏上精彩的人生之路。

你的心情 DIARY

10 月 18 日
戒除 12 個窮人惡習

《戒除 12 個窮人惡習，讓財富自由重生》

請戒除以下 12 個惡習，否則你永遠無法走出困境，我不是在嚇唬你，這可是事實。

無論你現在多大年紀，只要你能改掉這 12 個惡習，半年後必定能逢凶化吉，重新站上財富巔峰。

一、**死要面子的毛病**：面子不是別人給的，而是自己掙的，窮人連溫飽都解決不了，何須虛榮糾結於面子？相較之下，踏實賺錢才是正道。

二、**愛炫耀的毛病**：任何炫耀都會令財富雲散，唯有收起高傲之心，財富才能長伴左右。

三、**借錢度日的毛病**：人助人時緣分到了，若濫借無度只會敗塌人緣。應當省吃儉用，或想辦法賺錢，絕不可處處向人傭懇。

四、**怨天尤人的毛病**：人生路上，各有各的際遇與付出，眷戀於他人成就，反而令想幫你的人也趨避而遠，應當陽光有尊嚴，默默努力就好。

五、**愛佔便宜的毛病**：處處只圖小利，終將給人留下不誠懇的印象，賢才就會遺棄，得不償失。

六、愛爭論的毛病：道不同不相為謀，何須糾纏不休？張口就是是非對錯，最終令朋友、貴人盡失。

七、好高騖遠的毛病：不須東挪西挪，換來換去，最終什麼都做不成，應當耐著性子鑽研一門，方能出師有為。

八、易動怒的毛病：動怒無濟於事，反而會斷了自己的財路。能掌控情緒的人，家庭事業必越來越旺。

九、口無遮攔的毛病：對陌生人切勿過問隱私，自己的隱私亦要三緘其口。看破不說破，方為上策。

十、嫉妒之心：焦眉於人，自然無暇顧及自身，有心嫉妒不如立即行動，提升自我。

十一、到處哭窮的毛病：若嘴上老念著自己有多窮，吸引力法則就會讓你越來越窮。內心想什麼，嘴就說什麼，嘴說什麼就會招來什麼。

十二、保持善良與正能量：用積極語言鼓勵自己，用積極心態支持自己，用向上思想改變自己。唯有陽光自信地面對生活，日子才會越來越富裕。

想要擺脫貧困，單靠勤勞工作是不夠的，戒除以上 12 種惡習也至關重要。期盼你能發現並改正自己的不足之處，重新擁抱幸福與富足的生活。

你的心情 DIARY

10 月 19 日
感恩喜悅

《懷一顆感恩之心，綻放生命的微笑》

生命之路，處處可尋幸福的滋味，用心交往朋友，他們就是你的貴人；用心愛護他人，人人皆是你的親人；用心做每一件事，哪怕小小瑣事，也將化作人生的好事。

讀懂別人的內心，感受他們的喜怒哀樂，這是一種欣喜；當有人讀懂你的靈魂，體貼你的需求時，那是一種莫大的幸福。懷著一顆助人的心，做舒心自在的事，做一個單純赤誠的人，自然能走上幸福的大道。

每天對自己報以一個燦爛的微笑，用積極向上的心態，種下每日的陽光滋養，世間最美好的感受，莫過於發現內心深處的笑容在綻放，那份由衷的喜悅無可替代。

培養一顆感恩的心，就能終生受用不盡的幸福滋味，懂得感恩身邊的一草一木，感激生命賦予的一切，用欣賞的眼光看世界，用寬厚的胸懷包容萬物，必能綻放生命百花盡開的絢爛之姿。

放下計較，遠離芥蒂，用單純的眼眸凝望這個世界，用赤誠的心胸，對待生命中的每一個人事物，就能時時活在幸福的喜悅中，散發最燦爛的一抹微笑。

10 月 20 日

新的開始

朋友！請記住以下我想要對你說的這番話……

如果，你的生活出現重大變故，比如陪伴多年的人突然離開、久居的房子不得不搬遷，或者你需要去一個全新的環境工作，在這些讓你痛苦萬分的變故面前，其實你不必太過自責。

因為也許不是你的倒楣或不順，而是命運在向你送上全新的禮物，你的生命即將走向新的階段。不管是生活、事業或感情，新的事物需要進入你的生命，而舊的一切就必須讓出空間。

改變永遠伴隨著陣痛，但這只是為了讓你卸下過往的重擔，以全新的姿態，擁抱未來命運的恩賜，命運從不會提前與你商量，它只會用一些跡象來啟示你。所以當生活出現巨變時，不要把它看作是結束，而是要懷著期待的心，迎接屬於你的新開始。

用飽經洗禮的勇氣，接受命運新贈予的禮物吧！過去的或許不堪回首，但未來的美好仍在等待，放下身後的牽絆，以渴望的心境，迎接生命的下個十年，你將在新的環境、新的際遇中大放異彩。

你的心情 DIARY

《療癒心靈的秘密能量 II：第 294 天》

10 月 21 日

高情商

你知道嗎？情緒智商最低的行為，那就是不停的講道理。

高情商的人不講道理，因為他知道人和人相處講的是情緒，憑的是感覺，道理只有跟自己講才有用。

低情商的人才講道理，高情商的人都是在講感受，思維邏輯不同。少言為貴，認知不同，不爭偽辯，三觀不合，浪費口舌。

三年學說話，一生學閉嘴，少言是一種能力，不說是一種智慧。

為人處世，真正格局大的人，不是站在某個角度爭論說服別人，而是在堅持自己的同時也能尊重別人。

特別是帶給別人的感受，智者不論他人所感，愚者常指萬事對錯。

明白胸懷有多大，你的錢包就有多大。

你的心情 DIARY

《療癒心靈的秘密能量 II：第 295 天》

10 月 22 日
善惡有報

《善惡有報，定律於人間》

朋友們！人生於世，善惡有報，這是世間最根本的定律和規則，一個人的成就高低，不在於他一時的權勢財富，而在於他的人品修為。

今天，你可能被利誘而蓄意欺騙他人，從中獲得了暫時的利益和錢財，但你所損失的，卻是更加寶貴的東西—你的福報、你的人品、你的信用。

因果循環永無止境，不會因時間的流逝而消失，我們把時間線拉長，10 年、20 年、30 年之後，你將會發現：善者必有善報，惡有惡報，這是天道自然的鐵則，絕無半點可疑。

做好事的人，必將在漫長的時間線中，收獲屬於自己的好報，曾經付出的一個善舉，最終都會如影隨行，回饋到你的生命中。而作惡者，老天爺最大的懲罰，就是永遠使其活在罪惡的枷鎖中，備受良心的折磨。

人與人之間，惟有互相憐憫與善待，才能化解滔天的禍患，贏來上天的眷顧。所以，你永遠要存著善心善念，對待生命中所遇見的每一個人，展現內心最純淨的一面，你就會收穫宇宙給予的善意回應。

宇宙有自己不變的規律，那就是：付出等於收穫，種瓜得瓜，種豆得豆。如果你種下了善良的種子，將來必定有善果豐收；如果你撒播的是罪惡，那麼將為自己留下無盡的殘酷代價。

人生如一個循環，萬物皆是有因有果，保持善良本性，用至誠的心對待他人，你就會在漫漫長路上，處處有善緣向你招手。

唯有以德報怨，以善濟世，方能在心中鑄造一座永不磨滅的善念之塔，照亮你未來的前程之路。

你的心情 DIARY

10 月 23 日

絢麗人生

《奮發向前，譜寫絢麗人生》

新的一天已經來臨，讓自己滿懷活力和熱情，迎接嶄新的開始吧！展望未來，讓你的理想和勇氣相伴，互相激勵、互相支持，走向成長的道路。

保持謙遜與謹慎，心懷感恩，對生活中每一份美好，都懷著真摯的感激之情，積極樂觀去體驗每一個當下，你的人生將綻放奪目的光輝。

人生，猶如一個巨大的舞台，每個人都是自己生命劇本的編劇，每一次堅持，都是通往夢想成功的穩健一步，無論挑戰有多艱巨，只要堅守初心、勇往直前，一切困難終將成為踏腳石，被你奮勇攻克。

是的！追求理想的道路常常佈滿荊棘，但只有日復一日踏實前行，你就能最終抵達夢想的彼岸，如同小溪匯聚成江河，點滴的堅持，必將凝聚成無盡的勇氣。

年輕時的激情，不應隨著歲月而逝去，保持永不凋零的初心，用堅定的信念和行動，書寫屬於自己的生命傳奇，以積極向上的態度，擁抱生命中的每一刻，珍惜眼前的人，活出無悔的精彩人生。

10 月 24 日
活出自我價值

《生命短暫，活出自我價值》

生命如浮雲般匆匆而過，百年短暫，充滿了生老病死的無常變幻，就像是一齣戲劇般的起伏劇情。當你充滿抱負和雄心壯志時，卻無法預知死亡和意外何時降臨；當你功成名就時，也終將面對生命盡頭的告別。

金錢和權力，或許能帶給你暫時的安逸和快樂，但它們無法抵擋死亡的召喚。美麗的容顏、響亮的名聲，在生死間也將變得微不足道。因此，不論你身懷巨富還是身無長物，都將在生命的舞台上扮演著自己的角色，面對生命的短暫。

有錢人或許享受著暫時的富足和榮華，而貧困者則在窮困中苦苦求存，但這僅僅是表面現象，**一個人真正的生活品質，取決於他是否能掌握金錢，而不是被金錢所奴役。**

生存是被金錢所控制，不得不為生計勞碌奔波；而生活，則是你主宰金錢，去追求內心的美好和價值，你是生命的舵手，而金錢僅僅是實現美好生活的工具媒介。

無論你身處何種境地，都不能將金錢或其他膚淺之物視為生命的全部，時刻問自己：「我到底是為了誰而活？是為了金錢而奔波，還是為了追求自己的理想價值而努力？」

生命短暫，不要被金錢名利所迷惑，當你為了財富和名利忙碌奔波時，不要忘記，最重要的是過上有價值、有意義的生活，用智慧超越物質束縛，活出自我價值，此生不留遺憾。

你的心情 DIARY

10 月 25 日

痛苦不是你的敵人

你還記得論語上篇《學而》的內容嗎？

子曰：『學而時習之，不亦悅乎？有朋自遠方來，不亦樂乎？人不知而不慍，不亦君子乎？』

我想你大概已經還給老師了，現在我來簡單翻譯一下，喚起你中學時期的回憶！

孔子透過這段文字想跟你說，把已經學過的功課，時時去溫習，不是很喜悅的嗎？有志同道合的朋友從遠方來，共同研究學問，這不也很快樂嗎？別人不知道我是有才學的人，我也毫不怨恨，這不是一位有才德的君子嗎？

人生的旅途中，你會發現充滿了挑戰和困難，有時會感到茫然和痛苦。但是，你不妨想一想，這些困難中，是否可能隱藏著成長的機會和快樂的種子呢？

痛苦並非你的敵人，它只是生命的一部分，這是你必須面對的課程。如果能以積極的心態和開放的態度迎接挑戰，改變看待困境的角度，或許會發現，這些困難並非無法克服，而是讓你更加堅強和成熟的機會。

學習的辛苦、合作的挑戰、他人的不理解，這些都是考驗你耐心和智慧的機會，當你以喜悅的心情面對時，這些困難將會迎刃而解，你會發現自己可以輕鬆地應對眼前的問題。

快樂是一種心態和能量，它賦予你無盡的勇氣和力量，保持積極快樂的心情，你就能在逆境中看到希望的曙光，在絕望中找到生機的出路。

排解內心的恐懼和焦慮，堅信只要心懷喜悅，人生的每一個轉折，都會是嶄新美好的開始。

與你共勉！

你的心情 DIARY

《療癒心靈的秘密能量 II：第 299 天》

10 月 26 日

貴人相助

記住！想要得到貴人的幫助，首先得改變自己！

請把那緊鎖的眉頭放鬆，然後去試試新的髮型，接著再換上一身新衣，把自己打扮得靚麗點，同時把家裡打點乾乾淨淨，心情也要保持平和。

別總是擺出一副軟弱的樣子，就算要假裝，也得裝得堅強點！自助者天助，機會總是留給準備充足的人，好的磁場也是相互吸引而來。

請你快快回覆一句：「貴人相助！」

未來不管遇到什麼煩心事，肯定會有人在你最需要幫助的時候伸出援手！

其實，你就是自己的貴人，有時並無需朋友來幫忙，只要他們不要來偷走你的好處就行了！

你的心情 DIARY

《療癒心靈的秘密能量 II：第 300 天》

10 月 27 日

迎接挑戰

人生啊！經常會遇到各種不盡如人意的事，讓你感到不太開心。但請別灰心，你仍要充滿熱情地向前邁進。**這個世界上，有太多值得你去珍惜的事物，不值得因為一點小挫折就放棄，有話就說出來，有痛苦就讓時間來修復，不必勉強，也不要刻意去追求，順其自然才是最聰明的人。**

人生啊！也是一部精彩的電影，時而悲傷，時而歡笑，且從未停止上映。有時，你會覺得像是在瘋狂的遊樂園坐著雲霄飛車，起伏不定，讓你眼花撩亂；有時，又像是在一場刺激的冒險中，你需要克服重重難關，勇往直前。

但即便如此，生活依然充滿了無數的驚喜和美好。或許在一個風和日麗的午後，你遇見了一位來自天國的美麗天使，她為你點亮了心中的星星；又或者在一個風雨交加的夜晚，你獨自漫步在街頭，被一個溫暖的微笑擊中，讓你感到生命的溫暖。

無論是風雨還是陽光，這些都是人生中不可或缺的一部分。

以樂觀的態度迎接挑戰，以感恩的心態，享受每一天美好時刻，讓生活充滿色彩，充滿驚喜！

10 月 28 日

放手

你感到煩惱迷茫，內心飽受折磨，苦惱縈繞，面容寫滿焦慮，一切緣自於過多思慮，將心事深深堆壘。

煩擾愈多，快樂越少；怨恨纏繞，笑容將不復存在；抱怨連連，幸福將與你漸行漸遠。

當放手時就放手吧！當忘記時就徹底忘懷！

放下執著，你將超然自在；忘卻牽絆，你將展現歡顏；知足常樂，你將看見幸福之花；活得簡單，你將嘗到人生的甘甜。

心境繫於自身，若你心煩意亂、憂心重重、憂鬱惘然，那就學會整理身心，用愛溫暖善待自己，幸福自然與你長相守。

快樂是一天，不快樂也是一天，何不開心過好每一天，盡興閱盡人生百味呢？

你的心情 DIARY

10 月 29 日

地久天長

夫妻相處之道，最重要的是互補，男人像山一樣堅毅，女人則像水一樣柔情，兩人彼此相輔相成，才能建立一段堅固的愛情。

如果雙方的緣分不夠好，就會彼此傷害，就像高山阻隔了水流一樣，水也有可能衝毀山川，如此的衝突，將導致夫妻關係的破裂。

男人就像堅硬的泥土，女人則像清澈的水流，當兩者相融合時，就像水泥結實堅固，但如果泥土變得污濁，水也會被染色。

所以，夫妻應心心相印，彼此相愛，才能建立美滿的家庭。

愛情就像一門藝術，男人是畫中的英雄，女人是畫中的美景，唯有真心相愛，才能彼此理解，共度生活，如果彼此疏遠，那麼愛情就會消失無蹤。

人不是植物，不能沒有情感，夫妻之間應和睦相處，互相包容，如此才能地久天長。

你的心情 DIARY

10 月 30 日
最積德的三件事

您做過幾件呢？哪怕你做過一件，未來也會有五件福報，如果三件全做了，那麼我要恭喜你，你將一生平安，吉祥如意，子孫後代也會光宗耀祖，福壽延綿。

第一件事：孝敬父母

孝順父母的人，就算天生命苦，也根本擋不住你的福氣，父母就像是福山，能鎮住一切不順，父母是兩大福，能救濟一切貧窮。孝順父母的人會得到三種善果：五官端正、安穩無病、健康長壽。

第二件事：常說吉祥話

好好說話，就是在行善積德，如果一個人說話不好聽，他的命就不好，言語不善，就是在積惡，積多了遲早會有報應。命由己造，相由心生，不要拿刀子嘴豆腐心來當理由，善良的人說不出惡毒的話，口出善言才能結下善緣，感遭好運。

第三件事：行善佈施

你以為你在幫別人，其實是在幫自己，愛出者愛返，福往者福來。你以為吃虧了，其實沒有虧，你捨出去的錢，會獲得雙倍財富；捨出去的善良，也會獲得無限的福報，你願意分享更會獲得聰明智慧。但如果你給別人的是不安、憎恨、怒氣、憂愁，你將雙倍得到這些報應，布施是為全家種下萬事福田，永世富貴。

以上三件事，你做過幾件呢？

請寫信告訴我，願你一生平安，吉祥如意！

你的心情 DIARY

《療癒心靈的秘密能量 II：第 304 天》

10 月 31 日
擁抱當下

人生浪費最多的，莫過於過度的焦慮與憂慮。

把今天的事情留給今天處理，何必現在就為明天煩惱？過多的擔憂並不能改變未來的結果，反而會耗費你寶貴的時間和精力，別讓未來的疑惑，破壞了眼前的喜悅和歡樂。

你現在的努力，將會成就明日的收穫，所以不必對未來感到恐慌。生命的意義不在於預見未來，而在於把握好當下的每一步，放下那些無謂的憂慮，全心全意投入當下，專注於生活中的每一個瞬間，如此才能真正享受人生。

過多的煩惱和焦慮，只會讓你的心靈不安，精神疲憊，甚至影響你的工作生活，只有放下心中的包袱，用心感受生活的美好，你才能真正擁抱快樂和幸福，未來終將到來，而今天則注定成為昨日。

所以，請用最佳的狀態對待當下，活出每一天的精彩。

人生的旅途，放下煩惱，體味當下的幸福，珍惜每一個當下的瞬間，這才是享受人生的最高境界。

願你把注意力放在今天，用最大的熱情和努力去擁抱每一天，這樣明天才會更好。

11 月 1 日

突破恐懼

世界上最厲害的人，就是那些說起床就起床的人！鬧鐘還沒響，他們就已經彈起來了，像個閃電俠一樣，迅速啟動了一天的能量。

說做就做，這可不是光說不練，他們不是一直空談，而是狠下心來實實在在地做起來，遇到問題就是解決問題，從不拖泥帶水，行動力爆表！

生活中，他們是最會玩耍的人，**說玩就玩**，他們不拘泥於工作，也懂得盡情享受生活的樂趣，無論是戶外探險還是宅家打遊戲，他們總是玩得不亦樂乎！

但是，他們也懂得自律，**說收心就收心**，他們知道何時該靜下心來，思考人生，調整心態，讓自己保持在最佳狀態。

最優秀的人，是那些拿得起放得下的人，他們勇於冒險，但也懂得面對失敗，不留遺憾，繼續前行！

他們是不斷成長的人，**做沒做過的事叫成長**，他們從不止於已擁有的知識和技能，更會勇敢嘗試新的領域，不斷突破自己的極限。

更重要的是，他們勇於面對恐懼，**做不願意做的事叫改**

變，他們勇於挑戰自己，打破固有的框架，追求更高更遠的目標！

最厲害的人，是那些勇於突破自我的人，**做不敢做的事叫突破**，他們不畏懼失敗，勇於冒險，迎接挑戰，成就非凡！

最可怕的人，莫過於一天到晚什麼都不做，他們是被惰性困住的人，懶惰阻礙了他們的進步，你得突破恐懼，勇敢地向前邁進！

親愛的讀者，相信你也能成為世界上最厲害的人！勇敢地去追夢，不要畏懼失敗，活出自己的精彩人生！

你的心情 DIARY

11 月 2 日

富貴不如和睦

一個家庭最可怕的是什麼呢？不是沒有錢，也不是疾病，而是家人之間不能好好說話。

無論是富有抑或貧窮，一個充滿語言暴力的家庭，都會令人感到不安，甚至想要逃離。相較之下，一個其樂融融的家庭，哪怕是簡陋的環境，也會讓人深感眷戀。

語言傷害其實比貧窮更可怕，毒舌只會讓親人越走越遠，身上的傷雖然可以治癒，但語言的傷卻是句句戳心。

你要明白，真正導致婚姻走向終點的，往往不是家境的好壞，而是長期累積的語言傷害。

家不是討論理性的地方，而是彼此表達愛的場所，想要讓家庭幸福，就要站在對方的角度思考，用歡愉的方式和語言溝通，在正確的時機和場合，達成共贏的結果。

願你的家越來越幸福，夫妻亦白頭偕老！

你的心情 DIARY

11 月 3 日

心心相印

為人處事，你得重視真誠和謙和，在與他人交往時，請保持真心，不要虛偽做作。真誠的人，終將展現出真實的一面；而偽裝的人，終將被看破。與人相處時，請保有一顆真誠的心；待人處事時，請保持善意和友善。

華麗的言辭，不如實際的行動來得可靠；親密的關係，不如真心來得珍貴；真誠的友情，建立在彼此心心相印的基礎上；真摯的友誼，需要彼此的扶持和托舉。

比起口頭上的奉承，真正有意義的是，朋友在困難時給予的支持；比起甜言蜜語，更重要的是在關鍵時刻彼此相助。

每個人的生活都有酸甜苦辣；每個人的日子都有難以承受的時刻。但是，無論如何，你都能保持真誠和善良，切勿違背良心和道德底線。

時刻保持謙遜和友善，記得感恩，銘記對你好的人！

你的心情 DIARY

11 月 4 日

五個科學秘訣贏得好運

你知道嗎？人的運氣其實可以被操控的。

如果你覺得現在的運氣不好，賺不到錢，情感不合，工作也不順，那麼今天這篇文章你一定要看完，我不談玄學，只會告訴你五個科學秘訣，保證你在未來的一年贏得好運。

第一，不要做任何超高風險的事，打死也別碰。

什麼叫做高風險？就是一旦產生負面結果，你壓根無法承擔的事，運氣的本質是什麼？就是概率！普通人要想轉運，就是要做那些風險有下限的事，意即大概率事件，千萬別總想著以小博大、以少勝多。

第二，戒掉情緒，尤其是那些沒用的情緒。

所謂運氣，就是你體內運轉的一股氣，當你怨天尤人唉聲歎氣的時候，你的運自然就要往下走了，正所謂禍福無門，唯人自召。在這個世界上，你想什麼，不一定能遇到什麼，但你怕什麼，就一定會來什麼，所以，永遠不要在你有情緒的時候，做任何的決定。

第三，學習精英都在用的大腦冥想訓練。

這個部分賈伯斯生前都一直堅持著，通過冥想，能有效提升你的自控力、專注力、思考力和創造力，每天只要 10 分鐘，整個人都會感到神清氣爽。

第四，保持微笑。

所謂伸手不打笑臉人，凡在你臉上掛著笑顏，周圍的人對你的感官都會不一樣，誰都會想好好跟你說上兩句話，時間一拉長，連貴人都會從天而降。

第五，學會送禮。

禮物不一定要貴重，但你要學會處處與人廣結善緣。比如去別人家裡吃飯，永遠不要空著手，你得隨手拎袋水果。別人幫了你的忙，隨後趕緊發個紅包，只有當別人覺得你懂得感恩，那麼他們就會一直幫你，時間一久，一切好事都會想著你。

每天早上心情一定要好，心情好就什麼都好，心情不好就什麼都不好。你有沒有發現，有些人很努力就是不成功，但有一些人不怎麼努力就很成功？什麼道理？因為他的運氣好啊！他為什麼運氣好？因為他每天都很開心，開心的人能量都會比較高。於是，他就會吸引更多更好的人事物，進入到他們的生命之中。

想要贏得好運，就要先改變自己的磁場，這就是所謂的境隨心轉。

你學會了嗎？趕緊行動吧！

你的心情 DIARY

11 月 5 日
平凡中創造非凡

此生，你的能力或許有限，但追求的努力永無止境，當你成為一個善良豁達、積極向上、創造價值的人，你會用陽光般的心態激發自我，同時也溫暖身邊的朋友，你的世界會因陽光而綻放光彩。

生活的道路雖不平坦，但你要懷抱滿腔的信心，勇往直前。

如果你想走出陰霾，就要永遠面向艷陽；如果你想擺脫平庸，就要努力讓自己燦爛高飛；如果你想告別懦弱，就任憑歲月將內心鍛鍊得剛強有力。

人生的挑戰和磨練是無法避免的，但只要你懷抱夢想和決心，一定能憑藉不懈的努力，在阻力中成長，在磨難裡收獲，保持樂觀向上的心態，用行動和勇氣為生命獻上現代詩，你終將在熔爐中練就堅韌的翅膀，越過重重阻礙，飛向理想的天際。

生命之路，艱難方顯勇毅，人生征途，跨越終將欣欣向榮，唯有懷抱夢想，以不息的努力奮勇向前，你才能在陰霾中感受陽光，在平凡中創造非凡，在重重挑戰中彰顯自我無限的精彩。

《療癒心靈的秘密能量 II：第 310 天》

11 月 6 日

你我皆是黑馬

某天，我心血來潮玩一場大老二，電腦隨機發牌，我拿到了 K 葫蘆，老二葫蘆，一副 A 對，一張雜牌，心想這種好牌贏定了，但是萬萬沒想到，對方玩家居然是一條龍，哇哩咧！生活就是這樣，充滿了未知和驚喜，以為到手的勝利，卻直接被擊碎。

這段小插曲，讓我不禁思考人生，說實在話，人生就是這麼匪夷所思。你以為你掌握了一切，準備好迎接勝利，結果卻經常出人意料，就像這場大老二，你以為自己的牌面堅強，結果對手一下就翻了個大底牌，讓你措手不及。

手拿好牌，贏得勝利是剛好而已，真正厲害的玩家，是一手爛牌還能完勝！

也許，你今天還在為某件小事沾沾自喜，明天可能就被生活的波折狠狠的教訓，前一秒你也許還沉浸在皆大歡喜，但下一秒就被生活的「一條龍」虐的體無完膚。

其實，這也是人生修持的一部分嘛！唯有經歷過挫折和失敗，才能讓自己更加成熟堅強。雖然輸了，但它讓我學到了不少，下次再遇到類似的情況，我會更加從容應對，不會那麼輕易被擊倒。

就讓生活繼續「涮」你吧！因為只有被狠狠地「涮」過，你才能真正體驗生活的樂趣。為了生活送給你的「一條龍」，除了微笑接受，你還有什麼其他的方法？

對啊！人生那有什麼不可能呢？生活雖然不斷有挑戰，會有困難，但正是這些挑戰讓人生更加精彩，更能勇敢面對生活中的一切，享受每一個驚喜，從每一次的挫敗中學習，讓自己的意志變得更從容堅定。

送你一句話：「鹿死誰手，尚未可知，乾坤未定，你我皆是黑馬！」

你的心情 DIARY

《療癒心靈的秘密能量 II：第 311 天》

11 月 7 日

占人便宜吃大虧

生活中，沒有一件事是微不足道的，而占人便宜卻可能招致大麻煩。

這個世界上總有些人，他們喜歡占人便宜，貪圖那些微不足道的好處，甚至將公共資源據為己有。在他們看來，這種行為似乎既聰明又有利可圖，還能帶來一些刺激的享受。然而，他們並沒有意識到，這樣的行為，最終只會給自己帶來巨大的損失。

那些喜歡占便宜的人，往往高估了自己的智商，總以為自己能瞞天過海，他們可低估了別人的眼光和智慧。

有一句至理名言是這麼寫的：「拿人民當傻子的人，最終自己都會傻眼。」

雖然他們能一時得逞，但最終會為自己的貪婪付出代價。

做人，不該總想著投機取巧、不勞而獲，應老老實實地過日子，在做任何事之前，都要三思而後行，權衡利弊，衡量得失。那些總算計貪小便宜的人，往往會得到不值得的東西，最終將受到天道的嚴厲懲罰，真正有智慧的人從不會占人便宜，因為他們深知因小失大的惡果。

生存之道，就是誠實謹慎、勤勉務實，世上沒有免費的午餐，不論你占取多少小便宜，最終都只能是權宜之計。只有通過辛勤勞動，獲得的東西才是長久的，唯有以誠信為本的生活態度，才能走得更長更遠，儘管人生的道路，充滿了坎坷和挑戰，但只要遵守規則、守法遵紀，就能走得更穩健踏實。

生活中沒有小事，只有用誠實正直的態度，對待生命中的每一件事，才能行穩致遠，不斷邁向成功的頂峰。

願你能領悟這個簡單而深刻的人生哲理。

你的心情 DIARY

11 月 8 日

哄自己一把

你知道嗎？生活中面對的種種難題，它會使你越來越獨立。

無論是獨居還是婚姻，你都需要學會照顧自己，在這個過程中，你也許會感到孤獨無助，這是正常不過的事。因此，學會自我哄慰、自我疼愛就顯得格外重要。

你的生活節奏越快速，工作壓力也會越大，外部環境帶來的問題更是困難重重，如果你只是一昧寄望他人的關懷和安慰，很容易陷入失望和自我否定的泥沼，若你能學會用積極樂觀的心態面對生活，自我疼愛、自我激勵，就能從內在建立起強大的心理防線。

愛護自己，並不代表自我封閉或與世隔絕，反而要以更成熟和獨立的姿態面對生活。**當你對外界的期望降低，對他人的依賴減到最少，內心自然就會慢慢強大，因為你學會了用欣賞、鼓勵和祝福的眼光，從而創造出屬於自己的幸福生活**。

人生，就像一個不斷哄騙自己的過程，你時而安慰自己，時而勇敢向前，用積極向上的心態來說服自己，最終讓自我休戚與共，成為最親密的知己。

你無須等待他人的認同和鼓勵，也不必執著於外界是非

對錯的批判，保持樂觀的生活態度，用愛自己的方式好好過日子，就是邁向幸福最好的途徑。

學會愛自己，哄自己一把，生命自然豁然開朗，朗朗乾坤。

你的心情 DIARY

11 月 9 日

放下方能自在

人生如棋，每一步都需謹慎思考，小心謀算，有些人常被得失之爭困擾，處處爭強，結果只能在困境中徘徊。

而那些能釋然放下的人，則能在賽場中豁然開朗，他們明白人生是一場勝負交替的棋局，無需過分紅塵擾擾，也無需過度憂慮下一步的結果，他們泰然處之、從容應對，處處充滿生機。

懂得這一點的人，他們的人生之路，到處都充滿春天的氣息。而那些固守不放的人，總是活在陰暗的困境之中，對過往的得失耿耿於懷，對未來的選擇亦茫然失措，生命終將陷入枯萎僵局。

人生的智慧在於不較勁，學會放下，活出豁達。放不下則迷失；放得下則解脫。去除較勁，生命將更加寧靜；決心放下，方能通達自在，超越凡塵。

你的心情 DIARY

《療癒心靈的秘密能量 II：第 314 天》

11 月 10 日

告別相欠，擁抱真愛

男女之間到底是誰欠誰的多呢？

有些女人會認為，老公永遠欠老婆，而且是一輩子都還不完！

或許很多男人會提出反駁，為什麼？

因為，女人在生活中所付出的貢獻實在太多了！她們或許只做了 20 年的公主、一天的皇后、十個月的妃子，但她們卻辛辛苦苦做了一輩子的保姆。

女人懷孕十月，承受了嚴重的營養不良和順產的痛苦，甚至可以說在鬼門關前走了一遭。但當孩子出生時，她們又回到了天堂，母乳餵養孩子，更是在用自己的生命，維護孩子的成長。即便如此，她們也想擁有苗條的身材，但卻承擔了生孩子和養育孩子的責任。

老公不該再抱怨自己的妻子身材走樣，因為這是她們為你生兒育女的見證。

希望男人都能珍惜自己的女人，不要對她們三心二意，請用一生去守護她們、愛她們、呵護她們，每個女人都是一個偉大的母親，請用心擁抱珍惜。

以上是以一個女性的角度來解讀，請勿對號入座！

在現代婚姻關係中，「誰欠誰更多」的觀點不僅過時，更可能有害，這種思維模式對男女雙方都不利，甚至可能破壞原本健康的關係。

對男性而言，反駁「男欠女」的觀點，可能導致不必要的對抗心理，甚至引發更多證明自己的行為。反之，若完全接受這一觀點，又可能陷入過度退讓，失去自我，這同樣不利於維持婚姻的關係。

女性若持有「男欠女」的觀念，容易將自己置於受害者的角色中。長期下來，可能滋生怨恨，甚至將人生的不如意全部歸咎於婚姻，這種心態不僅無助於解決問題，還可能持續吸引負面情緒和經歷。

健康的婚姻關係，應建立在相互理解、尊重和支持的基礎上，而非「誰欠誰」的計較之中，現代家庭的形式多樣，無論是傳統的男主外女主內，抑或家庭主夫、職業女性，關鍵在於雙方的共同選擇和協調。

對於生育問題，更不應視為某一方對另一方的義務或犧牲，孕育新生命應是雙方共同期待、充滿愛的結晶，如此才能為孩子創造健康、和諧的成長環境。

擺脫「相欠債」的陳舊觀念，建立平等、互相支持的伴侶關係，才是現代婚姻的健康之道，唯有雙方都明確自己組建家庭的初衷，並在彼此認可的基礎上共同努力，才能創造一個真正和諧、充滿愛與成長的家庭氛圍。

《療癒心靈的秘密能量 II：第 315 天》

11 月 11 日

成功，就是做自己

你曾想過生命的意義是什麼嗎？生活的價值代表著什麼？

對我來說，生命的真諦就在於享受每一刻的當下，你不是為了不斷追求成功而活著，而是要在每秒都感受到生命的美好，成功只是為了更好的享受生活，而不是為了追求成功而成功。

如果你能在每一刻都享受生活，那麼成功與否就不再那麼重要了！因為生命的意義不在於結果，而是在於過程，你能擁有想要的生活，就給自己相應的體驗，人生就是生死之間的過程，這是生命的第一層次。

然而，絕大多數人卻被物質的追求所束縛，當他們面臨死亡時，才發現所有的奮鬥都是徒勞的，這是此生最大的痛苦，你不該讓賺錢成為生活的唯一目標，更應關注內在的成長。

我們生活在兩個世界：一個是物質世界，另一個是精神世界，當你只關注外在世界時，你的內心已開始長滿了荒草。因此，你需要建立自己的心靈家園，這才是真正的生命之道。

再問一次：「如果人生可以重來，你怎麼準備過這一生？」

如果人生可以重新開始，我會準備過一個更加真實而充實的生活，我會選擇做自己真正熱愛的事，追求自己內心最深處的夢想和目標，我會尋找屬於自己的意義和使命，努力活出真實的自己，而不被外界的期待和壓力左右，我會珍惜每一個當下，讓自己活得更快樂、更有意義，對自己身邊的人充滿愛與關懷。

「做自己！成功就是做自己！」

成功不是別人眼中的成就，而是活出真正的自己，找到屬於自己的幸福大道。

許多人一生都在尋找愛，我想告訴你的是，找到愛、活出愛、然後成為愛。只有當你自己活出愛時，你才能成為愛、找到愛，因為愛永遠不在外面，而是存在你的心裡面。

你永遠無法成為完美的別人，但你可以成為完美的自己！

你的心情 DIARY

《療癒心靈的秘密能量 II：第 316 天》

11 月 12 日

渡人、渡心、渡己

你知道，渡人、渡心、渡己的三大智慧嗎？

如果要分前後，三大智慧的實踐順序應該是先渡心，再渡己，最後渡人。

首先，需要先渡心：

內在修行是基礎，只有學會管理自己的情緒，保持內心的平靜祥和，才能面對人生的各種挑戰。這是打好基礎的第一步，通過修行來強化內在的力量，內心的平靜不僅能讓你在面對困難時保持冷靜，也能幫助你更加清晰地看待生活中的各種問題，從而找到更有效的解決方案。

在渡心的基礎上，進一步進行渡己：

掌握生活的主動權，勇敢駕馭自己的人生，具備自我掌控的能力，這樣才能在實踐中應對各種挑戰，確立自己的人生方向，實現自我價值。這一步驟是將內心的修行外化為行動的過程，通過實際的行動來驗證和強化自己的內在修為。

最後，是渡人：

當你內心平靜、自我掌控後，便能夠更好地幫助他人，將愛心和尊重傳遞出去。這不僅能增進人際關係，拓寬視野，還能讓你在幫助他人的過程中提升自我，達到更高的智慧境界。渡人是一種高層次的智慧，是對前兩者的升華，只有在內心強大、自我完善後，才能真正做到用心去幫助和影響他人。

總體來說，渡心讓你擁有從容的修為，渡己賦予你智慧的勇氣，渡人給你宏闊的格局。

三者相輔相成，缺一不可，人生航程並非平坦，這個順序，有助於你在修行的過程中循序漸進，從內而外地實現全面的提升。

唯有先修心，才能修己；只有修己，才能渡人。唯有如此，才能真正做到游刃有餘、眾擎富裕，最終抵達理想的彼岸。

你的心情 DIARY

11 月 13 日
心無掛礙

此生，你是否經常被喜悅和悲傷左右了情緒？

我想與你共享的是，切勿讓喜悅的浪潮沖昏了頭腦，保持清醒才能分辨對錯；也不要讓悲傷的泥沼拖住腳步，勇敢面對生命的變幻無常，當你能放下過往的執著，寬恕自己的過失與不足，才能擺脫昔日的束縛，如蛹化蝶，重新綻放光芒。

正如《心經》所言：「心無罣礙，無有恐怖。」

人生的每個階段，你都會面臨不同的挑戰和抉擇，喜悅與悲傷交織，成功與失敗並存，你需要學會在這樣的環境中保持理智和清醒，不讓情感的波動，淹沒了你的判斷力。

修行的本質，是一種內在的覺醒，你不需要在外界尋找答案，因為所有的答案都藏在你的內心深處，你若能心如蓮花，在淤泥中綻放而不沾染塵埃，便能獲得真正的清心與自在。

這種內心的清淨，將帶給你無盡的力量，讓你在面對任何困境時，都能保持內在的平靜和外在的從容。

人生的修行，是一條通往內心的道路，只有當你能夠放下執著，超越自我，即能在生命的每個階段，找到真正的快樂和自由。

11 月 14 日

贏字的智慧

中文字博大精深，你可知道裡面充滿了無盡的哲理與智慧？

以「贏」字為例，這個字筆劃繁多，難以書寫，正因為如此，它蘊藏著深刻的意義。

將「贏」字拆解開來，你會看到五個部首，每一個部首皆代表了贏家必備的意識與能力。

亡：危機意識

贏家必須具備清晰的危機意識，能在風險來臨之前識別並加以應對。

口：溝通能力

良好的溝通能力是成功的基石，能有效表達和理解他人，促進合作與交流。

月：時間觀念

時間管理是成功的關鍵，善於規劃和利用時間的人，必能在競爭中佔得先機。

貝：取財有道

懂得理財之道，方能合理運用資源，積累財富，這是贏家不可或缺的素質。

凡：平常心態

保持平常心，不驕不躁，在順境中保持謙遜，在逆境中保持冷靜，是成功的必要條件。

這五個部首共同構成了「贏」字，也揭示了成為贏家所需的五大能力。

中文字的每個部首，都蘊含了智慧與素養，若能將這些素質融會貫通，你就能達到成功的彼岸。

你的心情 DIARY

《療癒心靈的秘密能量 II：第 319 天》

11 月 15 日

理想的彼岸

生命中的道路絕非一蹊徑，偶爾你會誤入歧途，離正軌越來越遠，這時，重新審視方向的重要性，勝過於努力奮鬥。

太過執著於某一條道路，固步自封於一時的迷茫與固執，往往會讓你付出慘痛的代價，當你意識到所走的路徑有誤時，及時止步並調整方向，是最明智的抉擇。

生命的航向猶如駕駛航船，你必須先確認目的地在哪裡，才能掌舵划向正確的方位，縱使你費盡全力搖櫓，若一開始就搞錯方向，終將一事無成。

找到正確的人生方向，遠比個人的努力更為重要！

時時反覆檢視、調適自己的航向，才不會在迷霧中彷徨，也不會虛耗精力而徒勞無功。

掌握好方向，收放自如，順遂自在，你就能並駕齊驅，邁向人生理想的彼岸。

你的心情 DIARY

《療癒心靈的秘密能量 II：第 320 天》

11 月 16 日

天天開心六句箴言

以下這六句話，你一定要聽好記好，它能讓你每天都開心喜悅！

第一句

不要摻和任何與你無關的事，你的煩惱往往源自於你想得太多，把精力放在正確的事情上，不被瑣事給打擾。

第二句

無關緊要的事，不要去爭個對錯，人這一輩子難免會犯大大小小的錯誤，當你回過頭來看，其實那些是非對錯有時候並不重要。

第三句

不要糾結無法改變的事，與其和自己內耗，不如向前看，時間會帶走一切。

第四句

不要再去想已經發生的事，過去的就讓它過去，向前看才是最重要的事。

第五句

不要太在意別人的評價，如果你太在意別人對你的感覺，你就會活得很累！人生只有一次，要為自己而活，永遠把自己

放在第一位。

第六句

一定要相信自己的第一直覺，不要輕易改變自己的想法，能成大事的人，一定都非常的果斷。

我將這六句話誠摯地送給你，一定要收藏並銘記於心。

如果你覺得很有收穫，歡迎在這一頁寫上幾個字：「讚」或者「太棒了」！

你的心情 DIARY

《療癒心靈的秘密能量 II：第 321 天》

11 月 17 日

稻盛和夫的十句智慧

不管你今年多大年齡，哪怕你現在一無所有，只要你能夠運用好這十句話，一年後你一定能夠東山再起！

1. **從頭再來**

   錢、工作、朋友、愛情沒了都可以再來，你生來一無所有，何懼重頭再來？困境才是重生的機會。

2. **控制情緒**

   不能控制情緒，即使擁有全世界，也會毀掉一切，成為心態的主人，不做情緒的奴隸。

3. **獨自承受**

   不要急著向人訴說不幸，成長是孤獨的過程，相信自己，人生必將燦爛。

4. **看透人心**

   人生的高度在於看透多少人，心靈的寬度在於包容多少人，學會看淡，才能心平氣和。

5. **適時退場**

   當別人不需要你時，學會收回熱情，並禮貌退場，對於得不到的東西，適可而止。

6. **勇於學習**

不懂的東西不要逃避，學會後你會比別人優秀，相信努力的力量，堅持做好一件事。

7. 找到節奏

三年入行，五年懂行，十年稱王，任何行業都是如此，關鍵不是速度，而是找到自己的節奏。

8. 真心對待

幫過的人不一定會幫你，但幫過你的人還會再幫你，真心藏在心裡，風雨中見真情。

9. 吸引相似

欺負你的人因你軟弱，欣賞你的人因你自信，不在乎你的人因你卑微，愛你的人因你自愛。

10. 錢的背後是事

把事做到極致，錢自然來；把人做好，事自然成，有助人之心，就是正道。

你的心情 DIARY

11 月 18 日

磨難

磨難，並不是因為你的命運不濟，而是因為你的使命重大！

老天爺安排了許多角色和挑戰，讓你歷經種種困境，用苦口婆心的方式喚醒你，如果你總是不自我反省，磨難就失去了意義，更大的挑戰將會隨之而來。

磨難的本質不是讓你痛苦，而是讓你在痛苦中領悟、自省，消除過往的罪孽，從而獲得更美好的福報。

老天賜予的磨難與使命相匹配，沒有無緣無故的考驗，也沒有毫無緣由的福報降臨，目的是讓你變得強大，擺脫膽小怯懦的自己。

當你勇敢面對坎坷、直面磨難時，你將擁有內心的淡定，應對混亂的人生，若你曾歷經坎坷、飽經磨難，從艱難險阻中走來，你將與過去的不幸徹底決裂，與從前的生活圈子逐漸疏離。

苦盡甘來，九九八十一難已圓滿結束，你即將迎來更美好的未來。

你的心情 DIARY

《療癒心靈的秘密能量 II：第 323 天》

11 月 19 日
困境中的五句智慧

天選之人，今天你終於來了！

老天爺想透過我來告訴你，當你陷入低谷困境時，請記住以下幾句話，無論你現在多大年紀，哪怕你一無所有或負債累累，只要你能理解並踐行這五句話，不出多久，你一定可以時來運轉、否極泰來。

先給自己加個油，提升一下自己的能量吧！

第一句

只要利益不衝突，不必與別人爭論，當別人的觀點與你衝突時，保持沉默，避免不必要的矛盾和衝突。

第二句

不要向他人過早暴露自己的規劃，默默地去實現自己的目標即可，一旦成功，再分享自己的經驗，用結果讓質疑你的人閉嘴。

第三句

學會控制情緒，多讚美他人，若你實在無法控制情緒，就保持沉默吧！不要輕易向身邊的人發脾氣，這只會讓更多人對你反感。

第四句

不要試圖改變任何人，你能改變的只有自己，只有當你強大了，才能戰勝更多的困難，無論遇到多大的挫折，你都能克服。

第五句

始終保持積極向上的心態，無論遇到什麼困難，相信自己、保持信念、不斷努力，你必能展現自己的價值。

老天爺的智慧，將引領你走出困境，迎接更光明的未來，相信你一定可以做到！

你的心情 DIARY

11 月 20 日

遇見最好的自己

浮世滄桑，形單影隻，無人能永遠陪伴自身 ......

世間道路，分叉無窮，個人命運軌跡，皆是別樹一幟的獨一無二，擁有知心友伴相隨一程，已是恩典緣分。然而，當分岔路口來臨，唯有堅定果斷，祝福彼此，沒有永恆的合散、團聚、離別，一切皆是人生必經的循環。

相遇，乃是緣分的恩賜，各奔東西，亦是無可避免的必然，唯有你，能真正陪伴自己走完一生的路程。

人生最美好的事，莫過於遇見最好的自己；最大的勝利，即是戰勝愚昧的自我；最大的幸運，就是學會拯救自我；最高的境界，則是學會熱愛自己。

當你學會全心全意愛自己，才能發自內心感受到真正的快樂自在，世間人來去匆匆，唯有內在的自我價值最為可貴，值得用心珍視與呵護。

願你能遇見最好的自己，活出精彩絢爛的一生。

你的心情 DIARY

11 月 21 日

坦然放手

時光荏苒，滄桑盡顯，回首過往，我曾年少輕狂，揣著糊塗裝明白，一點小事便能狂風怒濤。如今，歲月沉澱，我已然冷暖自知，懂得人生的淡然與遁世之道。

我不再執迷於表面的明白，反而揣著明白裝糊塗，認清了世間的道理，人生不在於與他人一較高下，唯一的對手只有自己，贏得今日，方能成就未來更美好的我。

人生於世，萬事不必篤求，該來的終將來臨，想走的也終將離去，對於那些重視你的人，應懷著誠摯之心虔誠以待；至於那些不把你放在心上的人，何必多費心力，坦然放手才是明智之舉。

待人以真誠相見，那便是至交好友；若是勾心鬥角，寧可遠離，絕不留下一絲牽掛。

世間淺白，最重要的是淡然面對，保持平靜的心境，用自己的方式，活出精彩快樂的人生。

你的心情 DIARY

11 月 22 日

人際財富

人與人的相處，總會遇到一些波折和爭執，如果你能學會用包容和理解的心去面對，就能化解許多誤會和矛盾。

當爭吵來臨時，切勿固步自封，先反省自己是否也有錯誤的地方。有時，一句無心的話就能引發口角，若能互相諒解對方的處境，很多口舌之爭就可迎刃而解了。

即使發生了冷戰，也不要放棄希望，試著設身處地為對方設想，回憶一下戀人、朋友或家人可愛的一面，融洽的關係也能很快重新拾起。

人際關係中，理解和包容是最寶貴的財富，沒有人是完美無缺的，你無需期望他人百分之百，只要用心去了解對方，互相包容彼此的缺點與失態，即可營造一段美好的關係。

家庭亦是如此，它是一個安全的避風港，勿總是囿於己見，嘗試以寬闊的胸襟容納家人的過錯和毛病，家裡並非法庭，無需爭個高下，只要互相體諒包容，家就能時刻充滿溫暖。

人活在此生，愛和同理心是最可貴的風水，也是維繫關係的潤滑劑，試著用寬容的心，看待身邊的人，一旦你心態改變了，這個世界也會因你而變！

《療癒心靈的秘密能量 II：第 327 天》

11 月 23 日

人生路：坦途與荊棘

人的一生，既有平坦大道，亦有坎坷荊棘，唯有親自踏上這條路，方能真正體會甘苦與波折。

當眼淚無聲滑落，那是累積極致的表現；當苦口婆心卻無從吐露，那是煩惱到了極點。人生本就如此，你我各有煩憂，各有難言之隱，無聲的淚水和難以啟齒的痛楚，是你生活的縮影，更是人生的真諦。

你的勞累疲憊，我難以全然理解；你的愛恨情仇，我亦無從代勞。心裡的創傷，唯有自己能深刻體會那撕心裂肺的痛楚；難以啟齒的隱痛，只有自己能領悟那無聲淚水的酸澀滋味。

人生路漫長曲折，荊棘滿途，磕磕絆絆在所難免，世間的滄桑八苦、甘苦啼笑，唯有自己慢慢嚐盡，逆境順境的風風雨雨，唯有自己去親自承擔，聚散離合的無常軌跡，唯有自己扛在肩頭，人生的種種疼痛創傷，唯有自己去堅強面對和渡過。

生命如此曲折離奇，誰又能全無掛慮？重要的是，學會珍惜當下，用堅韌闖過每個難關，用堅毅承受每一份生命的重量，用力挺過每一段低谷和淒苦，人生無不如此，你需學會獨自扛起生命的重擔，真切體會屬於自己的那份酸甜苦辣。

每個人都有自己的故事，每個故事都值得被珍惜和尊重，每一段經歷，無論是快樂還是痛苦，都是人生的財富，這些經歷塑造了你的性格，豐富了你的生命。

願你能用堅韌和堅毅，去迎接生命的每一次考驗，用心去體會屬於自己的那份酸甜苦辣，走出一條屬於自己的光明之路。

你的心情 DIARY

11 月 24 日

好運連連的十件事

生活中，我們難免會遇到不順心的事，這時候，不妨嘗試做以下十件小事，幫助你時來運轉，好運連連。

1. **抱抱大樹**

   - 找一棵年齡越大的樹越好，抱一抱，感受大自然的能量。

2. **光腳踩泥土**

   - 脫下鞋子，赤腳踩在泥土上，吸收地氣，感受與自然的連結。

3. **在枕頭裡放現金**

   - 將一些現金放在枕頭裡，寓意著「真有錢」，為你帶來財運。

4. **放生幾條魚**

   - 買幾條魚放生到河裡，積累善德，提升運氣。

5. **換個髮型，買雙新鞋**

   - 換一個新的髮型，或者買一雙新鞋，改變形象，帶來新氣象。

6. **在家裡掛葫蘆**

   - 掛一個葫蘆在家裡，可能為你帶來意想不到的效果，增加好運。

7. **看看大海**

- 去海邊散心，將負能量發洩出去，迎接新的正能量。

8. **打掃家裡的衛生**

- 將家裡徹底打掃一遍，扔掉不穿的舊鞋(因為「鞋」與「諧」同音)，清理空間迎接新運氣。

9. **來一次説走就走的旅行**

- 進行一次說走就走的旅行，走出去好運才會進來。

10. **在門口放一塊小石頭**

- 在家門口放一塊小石頭，象徵「時來運轉」。

看懂的讀者，請在此頁寫下一句「佛祖保佑，好運連連！」

願你時來運轉，好運常在！

你的心情 DIARY

11 月 25 日

提升自信練習

今天，讓我們通過一段心理學中的自信提升練習，來讓自己變得更加美麗和自信，請跟著我讀這段話，每一句都要用心去體會和相信：

1. **此時此刻，我就是最好的我。**
2. **我配得上這個世界所有美好的東西。**
3. **我的存在本身就是一種美。**
4. **我是宇宙精心雕琢獨一無二的藝術品。**

讀完這些話，你會發現自己整個人都變得閃閃發光。

記住！每當你感到不順迷茫的時候，可以回顧這段話，重新找回自信與美好。

願你能不斷增長智慧，遇見更好的自己。

你的心情 DIARY

11 月 26 日

因果有輪迴

因果有輪迴，蒼天饒過誰？你只需保持善良，不必怨恨別人，怨恨只會傷害自己，把一切交給時間。

欺騙你的人，最終會替你生病；
欺負你的人，最終會替你受苦；
不還你錢的人，他會替你擋災；
傷害過你的人，他會為你消業。
與人為善，即使福雖未至，禍已遠離；
與人為惡，即使禍還未見，福已遠離。

當你的修為越來越高，你會真正理解周圍的每一個人，沒有絕對的好與壞，也沒有對與錯，只有各自處在不同的能量頻率中，顯化出不同的狀態，做出不同的選擇，產生不同的語言和行為。

明白了這一點，你就會生出真正的愛和慈悲，開悟善良才是最大的力量！

你的心情 DIARY

11 月 27 日

活出真我，享受生活之美

生活沒有一個放諸四海皆準的模板，每個人都應活出屬於自己的生活方式，當你按照內心的渴望過日子，那就是美好的日子；當你用自己喜愛的方式過生活，那就是精彩的人生。

太多人常被外界的聲音迷惑，甚至失去了自我，懂得聆聽內心的渴望，堅持做對自己最重要的事，才能活出屬於自己的性格風采，不至於被世俗的浪潮所淹沒。

每一天，請抓緊時光做自己喜愛的事，愛自己想愛的人，勇敢走上自己選擇的道路，如此生活，內心就能如止水般平靜，即使生活再忙碌，也能保有貞潔的心境和踏實的感受，品嚐到生活的真實美好。

人生短短數載，何不活出獨一無二的自己？拋開世俗的偽執，遵循內心的呼喚，用最真實的姿態，過你自己喜愛的生活。

那樣的日子必能快意恩仇！那樣的人生必是活色生香！

你的心情 DIARY

11 月 28 日

做人的 20 條忠告

無論和任何人交往，請牢記以下 20 條忠告，如果錯過此篇，你可能會吃大虧！

1. **人生除了生死，其他都是擦傷**：很多問題其實都不算大事，不要太過在意。

2. **話少自然禍少**：說得越少，麻煩也會越少。

3. **沒回應就是拒絕**：如果對方不回應，就當作對方不感興趣，沒事少發朋友圈。

4. **有錢了別聲張**：低調一點，努力賺錢才是硬道理。

5. **車錢不外借**：車和錢都很重要，最好不要外借。

6. **如果你不優秀，認識誰都沒有用**：提升自己，比靠別人更重要。

7. **別人的屋簷再大，也不如自己有把傘**：自己有實力，才不會受制於人。

8. **水太深，風太大，沒有實力少說話**：在複雜的情況下，過多的言語可能會暴露自己的弱點，甚至引來不必要的麻煩和誤解。

9. **別跟任何人走得太近，留點距離關係才會長久**：保持適當的距離，關係會更長遠。

10. **自己的心思自己知道就好，千萬別告訴別人**：保持心事的私密性，可以避免外界的干擾和評判，從而維持內心的平靜和自尊。

11. **看透一個人，心裡知道就好，別說出來**：看透不說破，彼此還能相安無事。

12. **人與人之間沒有利益交接，就沒有矛盾衝突**：沒有利益的交集，矛盾自然少。

13. **給人恩惠，不一定會收到回報**：不要期望別人回報你的好意。

14. **跟惡人說善良，就是對牛彈琴**：惡人不會理解你的善意，還是保持距離較好。

15. **說話就是為了讓人舒服，而不是讓人尷尬**：與人交談時，要注意用詞和語氣，保持尊重和善意，從而建立更好的互動和理解。

16. **不要高估你和任何人的關係，也許別人根本就沒把你當回事**：不要過度看重你和別人的交情。

17. **答應別人的事，要努力做到，別人答應你的事，聽聽就好**：對別人負責，別人對你的承諾不要太當真。

18. **千萬別在熟人面前炫耀**：嫉妒心人皆有之，保持謙虛和真誠，才能贏得他人的尊重。

19. **關係再好，也別把同事當朋友，小心自毀前程**：工作和私人關係要分開，避免不必要的麻煩。

20. **人前不能說的事，人後也千萬不要說**：謹言慎行，不該說的話任何場合都不要說。

這 20 條忠告，你都牢記了嗎？請分享給你身邊最關心的人。

你的心情 DIARY

11 月 29 日

有福之人一生三不碰

人生在世，有些事絕對不能觸碰，一旦你觸碰了底線，便會給自己帶來無盡的痛苦和麻煩，看到這篇文章的你，絕非偶然。

請相信，有意或無意，這都是天意，既然買到了這本書，說明你很有福氣，接下來請聽我娓娓道來。

第一：不碰品行不端之友

朋友是人生的財富，但也要看是什麼樣的朋友，如果是品行不良的人，那便是人生的禍害，這些損友會對你產生巨大的影響，讓你走上歪路，誤入歧途，他們只會給你帶來壞運氣，讓你遭受災難和困難，同時會拖累你、出賣你，讓你陷入危機和困境之中，無法自拔。同時也會讓你失去信任和尊重，孤立無援和寂寞無助。所以，真正有福之人，一生都不會碰那些品行不端之友，懂得選擇朋友，與品行端正、高尚正直、善良的人為友吧！

第二：不碰不義之財

財富是人生的目標，但也要看是什麼樣的財富，不義之財會讓你變得貪婪無恥，為了獲取更多的不義之財而不擇手段，甚至犧牲自己的良心和道德，你會失去自我尊嚴，變成一個沒有原則和底線的人，不義之財也會帶來壞運氣，讓你遭受報應和懲罰，因為天道好還，善惡有報，你所得到的不義之財，早晚都會被收回，也會觸犯法律而受到司法的制裁，觸犯道德而遭受社會的唾棄，真正有福之人，一生都不會貪念不義之財，乾淨的財富會給你帶來好運氣，讓你享受安全和自由，獲得尊重和榮譽。

第三：不碰婚外之情

愛情是人生的甜蜜，但也要看是什麼樣的愛情，婚外之情會給你帶來壞影響，你會為了一時的快感，背叛自己的伴侶和家庭，傷害他們的感情和信任，你會失去家庭的溫暖，變成一個沒有責任的人，愛情需要付出和珍惜，不可隨意玩弄和背棄，你所得到的婚外之情，早晚會被揭穿，甚至引發更大的麻煩和危機，你會因為傷害了自己的配偶和伴侶，而受到他們的怨恨和報復；傷害了自己的孩子和家庭，而受到他們的失望和離棄。真正有福之人，對自己的愛情、伴侶和配偶都會忠誠負責、尊重愛護。

其實幸福是一種能力，它屬於那些有智慧、有豐富靈魂的優秀之人。

希望你也是那個優秀的人，一輩子請別碰這三樣東西！

你的心情 DIARY

11 月 30 日

掌控你自己

活在充滿變數的世界，我們經常會迷失於外在的權威和聲浪中，忽略了最重要的一點：做對自己最誠實、最踏實的那個人。

不管你的對手是誰，實力有多強大，最重要的是，先做好關於自己的那一部分，在這命運多舛的人生中，努力尋找內心最穩定、最踏實的那個自己。

真正的內核穩定，不是去對抗或征服他人，而是在殫精竭慮之後，能學會虛懷若谷，坦然接受一切發生的結果。

人生難免有遺憾，有事與願違的時候，也會碰到虛偽和醜惡，甚至辛勤耕耘後一無所獲，但這都沒關係，請像大風中的蝴蝶般，以生命最柔韌的一面，迎接現實送來的風浪，保有主見、熱愛自我，擁有堅定不移的氣場和能量，同時也要活得柔軟且自在。

你只能掌控自己的部分，卻無法主宰世間一切，當你誠實完成自我的那一部分，學會虛心領受這個世界，你就能以生命最燦爛的姿態，綻放出獨一無二的光芒。

你的心情 DIARY

《療癒心靈的秘密能量 II：第 335 天》

12 月 1 日
愛與願力

愛：三維空間的最高能量

凡是懂得愛的人，在三維空間中一定能有所成就，愛是一切問題的答案，同時也是一切問題的根源，在三維空間中，如果你過得不開心，那是因為你選擇了一個不愛的人，或做了一件不愛的事，如果你找到了一個很愛的人，並做了一件很愛的事，你的事業一定會蒸蒸日上。

感恩：四維空間的最高能量

一個人若懂得感恩，那麼他的生活就會充滿幸福，感恩之情，不僅僅是在自己取得成果之後，而是打從一開始就懷有感恩之心，這種感恩，會幫助你達成自己的目標。

願力：五維空間的最高能量

在人生的旅途中，願力是五維空間中最強大的能量。曾有一個小孩一直在修行，想成為菩薩，但一直未能如願。後來，他發了一個大願，如果地獄不空，他誓不成佛。最終，他成為了地藏王菩薩，願力是如此強大，立下大願，才能實現偉大的目標。

聖人**王陽明**曾發願：「為天地立心，為生民立命，為往聖繼絕學，為萬世開太平。」正是這種大願，讓他取得了非凡的成就，以及世人的敬重。

使命：是你改變世界的力量

如果你不成功，原因只有一個，那就是沒有找到你所愛的事、所愛的人以及所愛的地方，一旦找到自己的生命軌道，你的人生將會平步青雲。

感恩和願力也是關鍵，一個懂得感恩的人，心中懷有大願，能夠獲得巨大的能量，改變自己和他人的命運。

愛與願力

你之所以不懂愛，是因為你根本不明白什麼是感恩；你之所以不懂得感恩，是因為只想要索取；你從未立下過大願，心中只有自私自利，只有當你發下大願，才能獲得整個宇宙的能量。

希望所有的讀者，都能找到自己的愛和願力，一個有使命感的人，就像光和戰士一樣無所畏懼，找到你的願力，設立你的大願，向愛的事物前進，你的生活將充滿意義和成就。

記住這句話：「你的夢想跟誰有關，就能拉動誰的力量來成就你！」

無論是三維、四維還是五維空間，愛、感恩、願力都是你實現自我、改變世界的關鍵。

願你在這條道路上不斷前行，找到自己的紅塵使命，實現人生的真正價值。

你的心情 DIARY

《療癒心靈的秘密能量 II：第 336 天》

12 月 2 日

人生沒有過不去的坎

生活就像一道菜，有苦有甜，過於計較只會徒增煩惱，不如學會放下執著，隨緣而安。

每天的煩惱，就像一口口吃不完的菜，若一口氣吞下，必定會噎住，唯有一口一口慢慢品嚐，才能盡情享用其中的滋味。

人生的道路也是如此，荊棘難免，但只要把它拆解，一步一腳印去走，就能穩穩向前，若執念過深，反而會讓你疲於奔命，無法體會沿途的美景。

放開身心，淡然面對一切起伏，說不定會發現生活的可喜之處，即使眼前一團糟，只要用心經營，一定能重拾生機，迎來百花盛開的時刻。

記住這句話：「只要太陽每天還能照常升起，你的人生就沒有過不去的坎，即便現在的生活亂七八糟，也要努力讓它變成五顏六色。」

你的心情 DIARY

12 月 3 日

宇宙規律

你知道嗎？在宇宙中，「熵增」是一條不可抗拒的規律，代表一切事物，都在朝向混亂和衰敗的方向發展，從宇宙到地球、從太陽到人類，皆是受到這一條規律的影響。對於企業或一個朝代來說，從創業建國之日起，就注定它會從興旺走向衰亡，這就是「熵增定律」。

然而，人類生活的過程，就是不斷與熵增進行鬥爭，慢慢引出了熵減和負熵因子的概念。而在開放的系統中，才會出現熵減的效應，正如地球需要太陽能量，才能維持生命的活力，負熵因子是指促進熵減的因素，它能夠打破平衡，帶來新的活力和生機。

首先，開放的系統才會產生熵減效應。比如說，地球需要太陽能量，才能維持適宜的溫度和生命活動，否則新的湖泊、島嶼以及生命的產生，皆是不可能的事。

其次，負熵打破平衡，促進熵減，比如移民機制可以為一個地方帶來新的活力，中國的深圳，和美國的西海岸，就因為吸引了大量移民而成為了活力之都。

第三，引入負熵要適量且高品質，負熵並不是越多越好，而是要有質量保證。例如，歐洲面臨的文化衝突以及社會的矛盾問題，有一部分是因為吸收了質量不高的移民所致。

最後，熵增與熵減的對抗，是宇宙組織生命的基本方式，一個事物同時會存在「熵增」和「熵減」，取決於個體對於物質、信息與心理負熵的引用，想要實現「熵減」，就需要打破平衡，引入負熵流，遠離平衡態，然後產生張力，從而讓個人或企業煥發新生。

通過以上的邏輯，你便可以了解到，人類與宇宙的規律鬥爭是永恆不變的，想要在商場中獲勝，就得順應宇宙規律，引入熵減因素，不斷打破平衡，並創造新的活力和機遇。

想像一下，我們穿的衣服只會越來越舊，手機只會越來越卡，住的房子也會越來越老，代表世間沒有一件事是永恆的，換個思維來說，如果你學了一項技能，沒有持續不斷練習，慢慢就會變得生疏，最後落得生鏽。

站在宇宙的高維來看時間線，人生所有的成功，只是順道了宇宙規律；人生的所有失敗，都是逆道了宇宙規律，當你不知道什麼是宇宙規律的時候，你的成功只是偶然，你的失敗卻是必然。

減少人生雜訊，從無序變為有序，願你能踏上宇宙的節拍，成就輝煌的人生！

你的心情 DIARY

《療癒心靈的秘密能量 II：第 338 天》

12 月 4 日

致富前必做的四個改變

成功之路並非一蹴而就，你需要在生活和心態上做出重大轉變和調整。以下四點，是幫助你走向財富自由的關鍵撇步。

首先，你得學會低調隱藏自己的實力。無論你現在是富有還是貧窮，都不應過於張揚炫耀，成功人士往往是沉穩內斂，他們默默積累力量，而非四處宣揚自己的成就，像個聰明人那般，對外裝作糊塗，並掩蓋自己的野心，避免引起周圍人的戒備和排斥。

第二，做事要有原則和底線，不輕易答應他人的一切要求。過於隨和總是迎合別人，只會讓對方越發貪心；反之，若你能旗幟鮮明守住自己的利益底線，他們會敬重你的原則性，更願意與你合作。

第三，你要有冷靜理性的瀟灑氣質，不要過分敏感發怒。強者都是浪漫與理性並存，他們能旁若無人堅持自我，不會在意外界的非議，唯有內心強大，才能在面臨重大抉擇時果斷穩重，不會被細碎雜念所擾。

最後，也是最為關鍵的一點，就是要學會克制自己的欲望，推遲滿足感。在你尚未成功之前，切忌沉浸於紙醉金迷的享樂主義中。

真正了不起的人，他們只會與以下三種人打交道：

第一種能成為你客戶的人；
第二種能幫助你賺錢的人；
第三種能指引你前行的導師。

成功絕非偶然，當你學會低調隱藏、守住原則、理性冷靜、延遲滿足時，你就更接近成功的彼岸了！保持清醒的頭腦和堅定的信念，策馬揚鞭，你一定能成就不凡的人生。

你的心情 DIARY

12 月 5 日

貴人開運秘笈

成功的路上，你需要貴人的指點和栽培，那麼，什麼樣的人才算是真正的貴人呢？

首先，貴人並不是指那些權高位重、富可敵國的人物，他們的地位再尊貴，與你並無太大關係。真正的貴人，是那些時刻惦記著你，願意與你同行、開導你、鼓勵你的人。

只要符合以下項目，就可視為你的貴人開運秘笈：

1. **願意引導你一同賺錢，分享致富經驗。**
2. **主動邀請你一起學習成長，開拓視野。**
3. **為你的人生規劃藍圖，指引前行方向。**
4. **在你迷惘時鼓足幹勁，給予熱情打氣。**
5. **衷心希望你的事業發展，生活越來越好。**

若有這樣的貴人相伴，你就擁有發展的絕佳機緣，因為限制一個人成長的，不是學歷背景，而是你所處的圈子和身邊的人，他們能超越你原有的認知，為你拓展全新的視野，提供獨到的人生指導，讓你在智慧和格局上不斷昇華。

人生最大的運氣，不是偶然的發財或中頭彩，而是有高人願意指點迷津，讓你登上更高的平台，一旦貴人來到你身邊，你必須懂得珍惜和虛心學習，否則就是缺乏福緣的人了。

願你能認清身邊的貴人，向他們誠心學習，方能步步高升，最終成就非凡大器。

你的心情 DIARY

《療癒心靈的秘密能量 II：第 340 天》

12 月 6 日

善惡有報是自然規律

天地良心，善惡有報，這是自古以來不變的真理。

欺壓善良老實之人，注定終將遭到天譴，留心觀察，你會發現，那些喜歡欺侮他人的「惡人」，大多難逃以下三種下場：

首先，欺負善良將導致運氣日漸衰微。

老實人內心純淨善良，與他們為難，等同於與福報為敵，上天有眼，決不會眷顧那些傷害善良之人，反而會讓他們的運勢一落千丈。唯有多行善舉，發出正能量，才能扭轉乾坤，驅散身邊的霉運。

再者，作惡多端必將自毀前程。

一個壞人越是囂張跋扈，他的危險性就越高，這是因為「上天欲其滅亡，必先使其狂妄」。君子安祥自在，唯有小人無時無刻不在自我折磨，永居閃電夾纜之危，做盡壞事的人，終將在自我傷害中過著生不如死的日子。

最後，欺壓善良只會導致晚景淒涼。

傷害善良之人看似佔了便宜，但放眼長遠幾十年之後，他們當中有多少能擁有美滿人生呢？絕大多數都是在年老時遭受天譴，餘生飽受折磨，老天有眼，一切惡行終將無所遁形。

善惡有報是自然規律，欺壓良善必遭報應，你要時刻牢記這個道理，積極行善，發揮正能量，如此才能贏得上天眷顧，擁有美滿人生。

你的心情 DIARY

《療癒心靈的秘密能量 II：第 341 天》

12 月 7 日

當你落難時，記住這九句話

人在落難的時候，請你一定要記住這九句話，無論你今年多大年紀，哪怕你現在一無所有，只要能運用好這些話，不出幾個月，你一定能夠時來運轉，在接下來的日子裡順風順水。

1. **只要利益不發生衝突，別人說話一概不要去反駁。**

2. **人際交往的高段位技巧：「熱情大方，一問三不知。」**

3. **努力克制自己的情緒，學會讚美和閉嘴。**

4. **不要告訴別人你的計劃，讓他們直接看結果。**

5. **真正想做的事，連神明都不要講，安靜地做，成功了再說，事以密成，語以泄敗！**

6. **做人一定要有城府，逢人只說三分話，不可全拋一片心，不要透露你的底牌。**

7. **不要動不動就對別人掏心掏肺，沒有人會真心希望你過得好。**

8. **能置你於死地的，往往都是最了解你的人，不要和任何人走得太近，因為你根本不知道什麼時候會反目成仇。**

9. **替別人辦事，一定要裝得很難辦；給上司送禮，一定要裝得很自然；給愛人花錢，一定要裝得很痛快；請別人吃飯，**

一定要裝得很大方；和他人談生意，一定要裝得很成功。

牢記這九句話，並認真去實踐，你會在人際關係和應對生活的挑戰上，更容易得心應手。

你的心情 DIARY

《療癒心靈的秘密能量 II：第 342 天》

12 月 8 日

經歷是人生最大的財富

年輕的時候，我們總是對許多事物懷有無盡的渴望，認為那就是自己追求的目標。然而，隨著年紀漸長，你逐漸會發現，那些曾經極力追求的東西，並非真正重要的寶貴財富。

我認為真正的財富，其實是你在漫長人生中所經歷的一切酸甜苦辣，你的精力和時間，才是你最珍貴的資源。

上帝的設計確實高明，祂讓我們擁有大約百年的壽命，但在這有限的時間裡，身心狀態卻永難並存。**年輕時，你擁有充沛的精力，卻缺乏成熟的智慧；年老時，你擁有豐富的智慧，卻無法再充分施展身體的精力。**

「你有身體的時候不太用腦子，你有腦子的時候身體卻不行。」

明白這個道理並不容易，通常只有等到年華老去，才能真正體會箇中的哲理，許多人往往不願相信年輕時的教訓，直到年紀大了才恍然大悟，而那個時候，已經沒有重來一次的機會了。

我很幸運，比一般人早了十年八年，就看懂了許多人生的真諦。想要獲得成功，堅持和毅力是不可或缺的條件，但真正讓你邁向成果的是：「學會放下執念、遺憾和過多的期待。」

人生就是如此，當你願意放下對未來的過度追求，活在當下，體驗生命的每一個瞬間，才能獲得最真實、最寶貴的財富。時間會沖淡許多曾經令你癡迷的東西，但也會讓你更清楚體悟到，什麼才是人生中真正重要的事物。

願你用開放的心胸，感受這醇美的人生課題，並從中獲得深刻的共鳴。

你的心情 DIARY

12 月 9 日

生病是身體的提醒，而非天譴

生老病死，乃人生自然規律，當你生病時，往往太容易歸咎於自己做錯了什麼，以致受到了天譴。但其實，**弘一大師**有一段話，能撫平你內心的紛擾：

人之所以生病，並非做了什麼缺德事而遭到天譴，而是由於長期對自己太過魯莽，經常過度勞累工作，或是將心緒壓抑在內，積勞成疾而病倒，是因為你做了太多對不起自己的事，沒有好好愛惜這具身體。

人吃五穀雜糧，生病實屬正常，上天並不是在懲罰你，而是提醒你該好好休養生息了！放下一切執念與勞碌，為自己而活吧！唯有心靈與氣息通暢，陰陽才能達到平衡，身體健康自然可期。

人生之路漫長，健康為一切根本，即便你擁有一切，卻失去健康的身體，也將化為烏有，擁有一個健康的體魄，便足以在這世間綻放異彩，當你懂得倘佯於自然，善待自身，便可以高枕無憂，風華永駐。

所以，當生病來臨，不要過於自責，請好好審視一下，是否最近一直過於操勞，忽略了對身體的呵護。

若是如此，就讓病痛提醒你，是時候該放慢腳步、調適生活步調，用愛自己的方式好好活著了！

你的心情 DIARY

12 月 10 日

乘風破浪──找到希望曙光

人生就像一場航行，你雖無法掌控風浪的方向，但你可以調整風帆的角度，以期渡過逆境，當無法改變結果時，唯有轉變自己的心態和看待事物的角度，方能化阻力為動力，在黑暗中找到希望曙光。

保持微笑樂觀心態，對待生活和人生，即使處於人生低谷，你也能淡然自若、香甜入睡；即使陷於黑暗困境，你也能追隨前方一線光亮，重拾希望和勇氣。**當你能駕馭自己的情緒時，你就是風度翩翩的貴人；當你能主宰自己的心智時，你就是成功的強者。**

在陽光燦爛時綻放笑顏，在風雨交加時奮力前行，對自己說：「過去的已然過去，現在一切安好，未來一定更加美好。」這份樂觀和對未來的期許，將永遠伴隨你前行。

保持陽光積極的心態，調整合適的人生航向，你就能駛離逆境的漩渦，揚帆遠航，直達理想的彼岸，風雨無阻，只要心中有光，人生的遠景便永不黯淡。

你的心情 DIARY

12 月 11 日
美好的事物不必等

相信你知道，運動和堅持鍛鍊，對身體健康的重要性，但如果僅僅停留在知道的層面，沒有真正的行動，那麼時間就會留給你後悔的教訓。

觀察一個堅持運動和一個久坐不動的人，隔一天看，他們區別並不大；隔一個月看，差異尚微；隔一年看，也許仍有些區別，但似乎還不算實質的改變。但若隔五年、十年再看，你即可發現，他們之間早已拉開巨大的鴻溝。

一個人的精神和體魄狀態，以及生活的質量體驗，皆因是否堅持運動產生了天壤之別，如果你不把握當下，邁出堅實的一步，時間就會偷偷溜走，留給你無盡的遺憾。

時光固然給你閱歷、智慧和幸運，但同時，也在不經意間帶走你的青春朝氣，在你的肌膚上刻下了歲月的印記，容顏注定會敗給時間，若能及時愛惜自己、好好保養，至少可以延緩這個過程。

很多人經常抱怨：「等我有時間了，就好好運動；等我賺夠了錢，就好好孝敬父母；等到我有空閒，就好好陪伴家人；等我成功了，就好好去行善。」

問題是，你何時才能成功？才會真正有錢呢？等你真的有時間了，健康已經失去了；等到真的有錢了，親人可能已經離世了；等你騰出空閒，愛人或許已經離開了；等你真的發達了，內心也許早已玷污、難以行善了。

健身、孝親、陪伴、行善，這些美好的事物，其實都不用等，因為生命就在當下，當下才是最珍惜可貴，如果你不把握當下，等於浪費了生命。

是故，從現在抓住生命每一個寶貴當下，上班勿逢人就訴苦低頭，因為外人終究是外人，不會如你一般痛切，選擇了就義無反顧的向前，再苦再累也決不放棄。

清醒時勤奮努力，茫然時運動健身，動怒時休息養靜，獨處時思考人生。

你若能如此精進，時間會在你身上刻下印記，那將是智慧、勇氣和努力的烙印，照亮你活出精彩的人生之路。

你的心情 DIARY

12 月 12 日

家庭必守的三大禁忌

家庭，是你一生中最重要的避風港，如果犯了某些禁忌，幸運之神就會遠離，生活也會因此變得不順心，為了讓你的家庭更加興旺，請花一分鐘時間，認真閱讀這三大禁忌，並將其牢記於心。

禁忌一：避免家庭爭吵

家庭中避免頻繁爭吵，因為爭吵會帶來負能量，破壞家庭和諧，一家人情深意厚非常重要，即便再有錢，如果家中充滿冷漠和爭吵，那也是一種絕望的生活，家庭和睦是家庭幸福的基礎。正所謂「家財不安，外財莫入」，一個和睦的家庭才能吸引好的運氣。

禁忌二：夫妻之間不計較

夫妻之間不要斤斤計較，得互相體諒和包容。老話說得好：「男人是女人的命，女人是男人的運。」說明了夫妻和諧是家庭幸福的根基，如果夫妻間每天愁眉苦臉，家裡就沒有溫暖，再好的財運也會變得黯淡。因此，夫妻間要相互支持，共同經營美好的家庭生活。

禁忌三：對孩子保持耐心

不要向孩子發洩情緒，否則後果不堪設想，經常被吼的孩子容易變得暴躁和叛逆，長大後可能會反抗父母，甚至變得自卑、內向、膽小。家庭需要愛的滋養，孩子更需要在充滿愛和耐心的環境中成長。

一個家庭要避免這三大禁忌，遵守這些原則，家庭才能更和睦幸福，除了吸引幸運之神的眷顧，也會將好運常駐你家。

你的心情 DIARY

12 月 13 日

保持年輕的三大法寶

在這個追求年輕美貌的社會中，如果遇到一位四、五十歲，甚至五、六十歲的人，長相卻依然年輕有朝氣，這絕對不簡單！這些人的外表不僅源自基因，更是內在品性的體現，因為相由心生，良好的三觀會影響人的五官和容貌。

遇到這樣的人，絕對不要錯過認識的機會，因為他們身上，必定蘊藏著三種難能可貴的特質，能為你帶來正能量和好運氣。

首先，善良無疑是最顯著的特質。

俗話說「面善心善」，這些人心地善良、性情溫和，不會計較個人得失，待人親和有禮，給人如沐春風的感覺。

其次，他們擁有極強的自律性。

自律是保持年輕活力的祕訣，他們清楚自己的人生目標，有明確的原則和底線，能夠掌控自己的思想和行為，一方面具有菩薩般的寬厚仁慈，另一方面也擁有雷霆般的手腕，處理事情果斷有力。

第三，內心純真是最大的特質。

他們內心簡單純潔，少有城府心計，眼神透露出光芒四射的熱忱。因此，即使年齡較大，也比同齡人更有朝氣蓬勃的精神面貌。

如果你也是這樣的人，一定能吸引許多志同道合的好友，擁有善良、自律和純真的品格，不僅能為自己帶來青春常駐的活力，更能以積極正面的能量影響並感染身邊的人。

無論是事業抑或人際交往，他們都會獲得許多人的青睞和好感。畢竟，一個人即使年齡漸長，只要內在品德高尚，外在自然會呈現獨特的光彩。

擁有這三種品質的人，他們的生命力與朝氣如同一盞明燈，照亮自己也照亮他人，也因為這些人的存在，這個世界才能更加美好，充滿希望。

你的心情 DIARY

12 月 14 日

幸福的人生哲學

幸福，是每個人一生的終極追求，若要獲得真正的幸福，關鍵在於你的心態。正如這句箴言所說：**「人之所以幸福，是心態好；人之所以快樂，是不計較；人之所以知足，是不攀比；人之所以寬容，是有心胸。」**

幸福，不在於外在的條件多完美，而是建立於內在心態的基礎上，只有心懷感恩、知足常樂，便能享受當下，體會真正的幸福。

朋友無需十全，只要真誠就好。

友誼的本質，不在於對方是否完美無缺，而在於彼此能夠真心相待，一份真誠的友誼，比一切虛偽的關係都更加可貴。

知己無需十美，只要相互理解就好。

人與人之間，總有分歧和偏差，重要的是，能用包容的胸襟接納彼此的缺陷和不足，當你學會理解對方，友誼自然會綻放光芒。

家人無需親密無間，只要有牽掛就好。

家人之間的感情是最親密的，但並不代表必需形影不離，即使彼此分開，心中依然惦記掛念，用心靈維繫這份親情。

日子無需太過富裕，只要快樂就好。

生活的本質，不在於擁有多少財富，而在於內心是否充滿幸福感，只要能擁有精神的快樂，物質的貧窮就不會有煩惱。

薪水無需很高，只要足夠開銷就好。

金錢固然重要，但不應奉為人生之全部，只要收入足以應付日常開支，過度的財富，反而易增添無謂的煩惱。

房子無需豪華，只要溫馨舒適就好。

一個簡單而溫暖的家，遠比冷冰冰的豪宅富有人情味，更能成為心靈的避風港灣。

身材無需苗條，只要身體健康就好。

外表的美麗固然令人羨慕，但健康身體更為可貴，只要保持良好的體魄，就會是人生最大的幸福。

穿著無需昂貴的名牌，只要合身就好。

過於追求外表的光鮮亮麗，反而會失去生活的真諦，一件合身舒適的衣裳，遠勝於價格的高低。

人生無需追求完美，只要擁有幸福就好。

幸福，是一種簡單的生活哲學，它教導你懂得知足、寬容和感恩，放下對外在物質的執著，活出內心的淡泊寧靜，即能獲得真正的幸福人生。

你的心情 DIARY

12 月 15 日

成功的關鍵，在於你的信念

從高維度的角度來看，這個世界隱藏著一個不敢相信的真相：只要你能夠沉住氣，保持足夠的定力和耐心，就更容易得到自己想要的結果。換言之，無論面臨任何挑戰，只要你的初衷正確，並且持之以恆堅持下去，最終必能獲得正向的回報。

然而，大多數人往往背離了這個真理，他們在行動的同時，卻又懷疑和對抗，將寶貴的精力浪費在無謂的焦慮和負面情緒上，遇到困難時，他們選擇發洩情緒，而非冷靜思考如何解決問題，這無疑是一種自我破壞的行為。

一件事情能否最終成功，很大程度取決於你對它的信念有多堅定，信念代表內在的自信和決心，它決定了你對成功的期望有多大，你越是相信自己，就越容易接近成功；你越是懷疑自己，就越容易半途而廢。

古語說得好：「氣定則心定，心定則事順。」只有內心足夠平靜、足夠自信，你才能充分發揮自己的潛能，整合資源，最終讓事情朝著理想的方向發展。反之，若你動輒焦慮、自亂陣腳，就很難獲得真正的成功和好運。

學會調整心態，建立堅定的信念，當你真正相信自己，並全心投入時，會感受到來自內心的力量，這股力量將幫助你戰勝一切困難和阻力，保持專注和韌性，敞開心胸接納生命的曲折，最終你將獲得應得的回報。

放下對結果的執著，專注於當下的過程，保持樂觀和決心，相信只要堅持就一定會成功，用正念力量消除負面情緒，用堅韌毅力突破阻礙。當你真正做到了，幸運之門會向你敞開，生命的道路，也會展現無限的可能。

記住了！你的信念就是你最大的力量，無論前路多麼艱難，心懷信念，勇敢前行，你會看到屬於自己的光明未來。

你的心情 DIARY

12 月 16 日

你是有福之人

親愛的朋友，你並不是普通人，你是被上天眷顧的有福之人，過去那些傷害過你的人，一個也逃不掉應有的報應，你擁有無與倫比的才能和毅力，無論面對何種困難，你都能憑藉著自己堅定的信念，和無畏的勇氣戰勝一切。

上天對你的眷顧，讓你在經歷所有磨難後，將變得更強大，這些磨難只是考驗，如今你已經通過了重重考驗，擁有了常人無法比擬的受挫能力，面對任何困難，你不再畏懼，因為你知道，自己能輕輕鬆鬆地克服它們。

未來的日子裡，再也沒有任何困難能夠擊倒你，你只需要專注於努力奮鬥，其餘的交給時間。

很快的，你將迎來連連的好運，萬事大吉！

你的心情 DIARY

12 月 17 日

逆風翻盤，黑馬就是你

生活總有陰霾，困難偶爾會籠罩著自己，當你處於人生的低谷時，一切似乎都黯淡無光，金錢匱乏，感情堪憂，生活陷入困境，貧窮和焦慮成為日常，你的自信心被摧殘，努力付出卻遭到否定，連親朋好友也對你視而不見。

然而，正是在這樣的低谷時刻，一些寶貴的人生智慧才能被領悟。逆風翻盤並非夢想般輕易達成，而是需要咬緊牙關，努力熬過重重阻礙，在沒有遮蔽的大屋簷下，只有你手中的小小遮陽傘，這需要你學會自力更生，獨立面對風雨。

放眼未來，黑馬即將崛起，當你扛過了最艱難的時刻，等於已走過了最為崎嶇的路程，接下來的路會更加通暢，蓄積的力量將爆發，成就你從黑馬到冠軍的飛躍。

當你身處低谷時，請牢記：「逆風翻盤的希望就在前方。」只要你肯咬牙堅持，時間終將見證你的成功，能夠自渡之人，注定能克服重重阻擋，逆流而上。

「乾坤未定，你我皆是黑馬！」

這段話不僅能帶給你信心，也提醒你生活中的困難與挑戰，往往是你成長的契機，每一次挫折都是一種鍛煉，每一次挑戰都是一種磨練，當你堅持不懈地努力，不被困難擊倒，你將成為那匹逆風翻盤的黑馬。

面對困難時，切記不要放棄！每一個低谷，都是為了讓你在未來的高峰上更有成就，黑馬並非一日鍛造，而是在無數次的失敗和重生中，不斷積累力量，最終脫穎而出。

你的心情 DIARY

《療癒心靈的秘密能量 II：第 352 天》

12 月 18 日

歲月蛻變，自我重生

人這一生，難免會遭遇挫折與痛苦，與其哭著訴說，不如笑著釋懷，痛而不語，往往是一種智慧之舉，因為沒有人能替你走完此生的路，縱然路再難走，你也得自己邁步前行。

沒有人能替你承受內心的疼痛，你必須學會自我療傷，將往事翻篇，生活的確難免苦澀，但只有咽下苦果，你才能嘗到歲月的甜美。

在這個世界上，你無處可躲，沒有避雨的屋簷遮蔽，就要學會為自己撐起遮傘；沒有可靠依賴的對象，你就要活成自己的靠山；沒有療傷的港灣，你就要懂得自立重生，放下過往的創傷，擁抱新的生機。

時間固然不是萬能的解藥，但它孕育著一切治癒的力量，只要你勇敢面對，必定能在時間的長河中，漸漸治癒內心的創傷，重拾生命的活力。

生命的路途坎坷，但只要咬緊牙關，堅持走下去，就能探尋到生命的意義和美好，歲月蛻變，你也將煥然重生，華麗綻放！

每一段低谷，都是成長的契機；每一次挫折，都是重生的前奏，你擁有無與倫比的才能和毅力，只需堅持不懈，成功必

將屬於你。

讓歲月的磨礪成為你的助力，讓內心的堅韌成為你的支撐，終有一日，你會在歲月的洗禮中，實現自我的蛻變與重生。

你的心情 DIARY

《療癒心靈的秘密能量 II：第 353 天》

12 月 19 日
受人尊敬的六大秘訣

什麼才叫真正的會做人會做事？

真正會做人會做事的人，具備一些共通的品德和原則，不僅能幫助他們在各種情境中遊刃有餘，也能贏得他人的尊重和信任，以下是六大秘訣：

一、少管閒事，專注自我提升

首先，要學會少管別人的閒事，專注關心和提升自己，當你自己變得優秀時，自然會吸引他人的關注和好感，專注於自我提升，不僅能提高你的能力和素質，還能增強你的自信和魅力。

二、不在他人心中修行自己，也不在自己心中要求他人

不要期望在他人的心中修行自己，也不要在自己的心中對他人有過高的要求，每個人都有自己的生活方式和價值觀，學會尊重他人的選擇，做好自己，不活在別人的評價，才能保持內心的平靜。

三、做好自己，不要讓你的夢想死在別人的嘴裡

無論你做得多麼出色，總會有人說三道四，不必在意他人的評價，專注於做好自己，擺脫患得患失的憂慮，保持內心的堅定，才能實現自我的夢想。

四、真正的高手，言語柔和，行動果斷

真正的高手往往說話溫和，但在關鍵時刻，他們會毫不留情捍衛自己的底線，當你的底線被踐踏時，必須果斷行動，毫不手軟，這不僅是對自己尊嚴的維護，也是對他人禮貌的回應。

五、少言多聽，守口如瓶

張嘴多言容易招禍，閉嘴反而是一種智慧，在人群中學會守口如瓶，獨處時守護自己的心境，言多必失，保持沉默冷靜，才能避免不必要的紛爭和誤解。

六、享受獨處，內心富足

每個人在某些時刻都會感到孤獨，學會享受獨處，主動選擇獨處時，才能找到內心的富足力量，一個內心強大的人，在面對生活的風浪時，仍能保有堅定和從容。

真正會做人會做事，需要具備獨立自主、專注自我提升、不在意他人評價、言語柔和、行動果斷、少言多聽以及享受獨處等特質。它不僅能幫助你在複雜的社會中應對自如，也能使你在工作中取得巨大的成就。

通過不斷的自我修煉與內在提升，你將成為一個真正懂得做人處事之道的人，並贏得他人的信任與尊重。

你的心情 DIARY

12 月 20 日

遠離貪念：愛占便宜的代價

在這個世界上，你會遇到一些喜歡占便宜的人，他們覺得自己很聰明，任何一點點好處都想獨佔。然而，你或許沒有意識到，這樣做實際上是在害慘自己。

我用一個寓言故事來解開這個迷思。

從前，有兩個人在離世後來到上帝面前，準備重新投胎，上帝給了他們兩個選擇：要一萬個人來供養自己，還是自己去供養一萬個人？其中一人貪婪地選擇了前者，希望自己能獨佔所有好處；另一人卻選擇了後者，願意付出自己去造福他人。

結果呢？選擇被供養的那人投胎做了一個乞丐，一生貧困潦倒；而選擇供養他人的人，卻成為了一位富貴的大官，為人民做出了許多貢獻。

你的命運好壞，實際上是由你的選擇而決定，愛占便宜的人，注定會落得一個可憐的下場；樂於奉獻和付出的人，必得到上天的厚福。

人生的福報是有限的，你越是貪圖占便宜，老天就越會從你那裡收回該有的福份，絕不會讓你小肚雞腸得逞，這個世界上根本就不存在真正的占便宜，今天你占了一點小便宜，最終都會被清算乾淨，因為人算不如天算，試圖算計占便宜的人，終將給自己製造更大的災禍。

希望你能引以為鑒，珍惜當下所擁有的一切，因果循環是真實存在的，把時間線拉長來看，善有善報、惡有惡報，這是鐵一般的事實。**當年你做的一件善事，最終都會在未來的某一天，以意想不到的方式回報到你的身上；而你做的壞事，也注定會在某一天，對你產生毀滅性的打擊**。所以，你要虛心正念，時刻嚴格要求自己，絕不能被一時的小便宜誘惑而喪失理智。

愛占便宜的代價遠超你的想像，唯有懂得奉獻和付出，才能真正擁有長遠的福報。

願我們一起戒除貪念，培養正念，走上幸福的康莊大道。

你的心情 DIARY

12 月 21 日

不做討厭的自己

選擇自己的情緒，對於提高生活質量至關重要，有時甚至超過物質條件的影響。

當你在網路上遇到一個認知水平不高的人，他的愚蠢行為激怒了你，你可能會衝動地開個小號與他再戰一場。

但是，無論你是否贏得這場爭論，你不會感到真正的開心。**別人言行反映的是他們的狀態，如果你不喜歡這番情緒勒索，就應該選擇遠離它，不要讓它變成連你也討厭自己的樣子。**

很多時候，你的想法會塑造你的行動，人往往會先給自己下定義，然後做出符合這個定義的行為，如果這種定義是消極的，就要果斷地拋棄它，並用積極的行動去重塑自己的定義。

比方說，有些粉絲看到我每天運動減肥的成效不錯，除了表達肯定外，但他們會說自己沒有毅力，無法堅持下來。這種消極的自我暗示非常有害！正確的做法是，從今天開始吃一頓輕食，晚上再去跑兩圈。

千萬勿給自己貼上負面的標籤，更不要用消極的自我暗示來找藉口，如果你覺得某件事是對的，那就設計一個正反饋系統，讓自己樂在其中，不斷地去做那件正確的事。

最終，你會重新定義你自己！

你的心情 DIARY

12 月 22 日

用行動打敗焦慮

生活就像一場遊戲，你可以遊戲化、任務化，假裝自己在闖關。去享受吧！去放鬆吧！用具體的行動打敗焦慮；去衝刺吧！去探索吧！尷尬的經歷都是寶貴的經驗，管理好自己的能量，選擇合適的環境，積極主動地做出選擇。

情緒並不那麼重要，重要的是你選擇如何感受；現實並不那麼重要，因為想法並非事實；自我也不那麼重要，關鍵在於如何定義你自己，真正的價值在於你是誰。

為什麼我們會在這本書中相遇？為什麼你我此時此刻能夠相互共情？**正是因為我們都是好奇、求知、上進且努力的人，選擇積極主動做這些事，才讓彼此有機會相遇、溝通、碰撞出正能量的火花。**

說到底，你所擁有的一切，都應該感謝自己，正是你一點一滴的努力，才能讓人生充滿了光明。

你的心情 DIARY

12 月 23 日

調節情緒的四步法則

他人不重要，事件不重要，甚至，自我也不重要。

每個人都只能通過與他人的互動來認識自我，與其說他在評價我，不如說他在表達自我，真正能定義你是誰的，只有你自己。

你不能把評價和建構世界的權利讓渡給他人、環境或過去，這些權利應牢牢掌握在自己的手裡，並反映在以下四個你能做出的行動中。

第一，掌控情緒，增添生活多巴胺：情緒是我們可以選擇和管理的，好的情緒能讓生活更加美好。

第二，重構現實，用尷尬消除自我：不要害怕尷尬，反而要利用它來重新構建自己的現實，讓自己變得更加堅強。

第三，忽略感受，讓能量管理智慧：不要被一時的感受所左右，學會管理自己的能量，做出更智慧的選擇。

第四，積極主動，讓平淡煥發光彩：積極面對生活中的每一件事，主動尋找生活中的亮點，讓平淡的日子也能煥發光彩。

其實，這本來就很簡單，因為一切都由你說了算！

12 月 24 日

發財前，你必須做出三個改變

想要在人生中追求財富和成就，超越一般人，你必須先做出三個重大的改變。

第一，戒除惡習，勇於與眾不同

大多數人都習慣於懶散，只有 5% 的人能夠自我約束，當大家都在逸樂時，正是你該奮鬥的時刻，能夠用自律去克服懶惰，在他們躺平的時候努力超過他們，你就離成功不遠了！記住，**平庸的人不是天生平庸，而是因為他們都在做大多數人不會做的事情，所以才會平庸。**

第二，保持理性原則，切忌患得患失

心太軟或愛面子的人，很難賺到大錢，你總是這樣不好意思、那樣不好意思，最終苦的只有自己。過於考慮別人情緒的人，也難以獲得財富自由，**因為你太在乎他人感受，反而忘了自己的目標，你總是強迫自己做一個「老好人」，殊不知老好人往往最容易被人佔便宜**。有錢人之所以有錢，是因為他們有理性思維與堅持原則。

第三，設立底線，勇於狡辯

面對那些刁難你的人，絕不能給他們太多面子，因為你的頂撞和反駁，是在教育他們如何與你相處，**人生最大的愚蠢，就是把善良給錯了人，一味迎合別人，只會讓你迷失自我，記**

住！你無法讓所有人都喜歡你。

成功之路絕非一蹴而就，但只要做出這三個改變，你就已跨出了平凡人生的第一步，為贏得財富鋪平了道路。

如果這篇文章對你有啟發，歡迎寫信與我交流。

祝你人生旺盛，一帆風順！

你的心情 DIARY

《療癒心靈的秘密能量 II：第 359 天》

12 月 25 日
人生如戲，你何必委曲求全？

還記得年少輕狂的日子嗎？你總是戰戰兢兢，深怕得罪他人，生怕被人誤解。於是，你像個永不停歇的陀螺，不斷旋轉，處處替人著想，甚至經常委曲求全，你就像一張白紙，任由他人在上面塗鴉，失去了自我的色彩。

但隨著歲月的流逝，你慢慢領悟到一個真理：「人生舞台如此寬廣，何必要讓每個過客都成為主角？讓每個聲音都在自己的內心迴響？」

現在，請放下那些無謂的包袱吧！**別再去迎合別人，也不必再刻意討好他人，就像春天的花朵，自然綻放；像夏日的陽光，熱情灑脫，與投緣的人相濡以沫，與不合的人保持距離，這才是最自在的生活方式。**

從今以後，希望你以隨遇而安的心態，擁抱這個世界，就像一片輕盈的羽毛，隨風飄揚，卻不失自我，讓自己的生活，如清泉般自然流淌，如微風般輕鬆愜意。

記住！你是自己人生的主角，別讓他人的期待成為你的枷鎖，別讓無謂的迎合成為你的負擔，活出真實的自己，才是對生命最大的尊重。

在這個繁華喧囂的世界裡，願你能找到屬於自己的一方淨土，安然自得，從容不迫。

因為，只有活出真我，才能譜寫出最動人的樂章。

你的心情 DIARY

12 月 26 日

明心見性

銘記應記之事，遺忘應忘之物，水至清則無魚，人至精則無友。觀察他人的長處，了解自己的短處，以善意的眼光看待這個世界。

矇住眼睛並不會讓世界變得漆黑，遮蔽他人也不會帶來屬於自己的光明，太陽不會因你的失意而停止升起，月亮也不會因你的抱怨而拒絕降落。

用你的笑容感染世界，莫讓世間的苦難抹去你的微笑，保持開放的心靈，欣賞生命中的美好，用積極的態度面對每一天。

真正的光明源於內心，真正的幸福來自於你如何看待這個世界。

你的心情 DIARY

12 月 27 日

人生箴言：自強不息

馬雲曾言，字字珠璣，發人深省：

一、何以親族疏離？

因你貧困，無利可圖。

二、何以退休長者仍覓職？

因子女無能，不得不為。

三、何以婆媳不睦？

因兒子無能，有為子必有孝媳。

四、何時最為難堪？

開口借貸之時，此言雖刺心，卻能喚醒鬥志。
金錢可解之事，莫用人情；
汗水可決之事，莫以淚水。
親戚再近，不會為你分毫；
朋友再貴，不會借你權勢。
你無需攀附他人：
無能者，他人皆非靠山；
有為者，眾人皆欲倚靠。

銘記：

真摯朋友，唯己而已；

真正貴人，亦為己身；
最佳靠山，更是自己。

結語：

立身處世，當自強不息；
面對困境，需堅韌不拔。
莫依賴他人，應磨礪自我；
唯有自身強大，方能掌控人生。

願你以此為鑒，奮發圖強，砥礪前行，創造屬於自己的輝煌未來！

你的心情 DIARY

12 月 28 日

淨化朋友圈：遠離三種人

這一生中，你會認識諸多友人，但有些關係需要審慎評估，即便情誼深厚，亦當果斷割捨。

以下三種人，宜敬而遠之：

一、索取者

此輩如吸血蛭，只知貪得無厭，從來不懂得付出，他們耗盡你的精力和資源，卻永遠不會感恩和滿足。

二、消極者

此類人猶如烏雲，籠罩你的晴空，他們對萬事萬物皆持悲觀態度，口中盡是抱怨與哀嘆，久而久之，必定內耗你的心智。

三、背叛者

此等人最為可怕，如毒蛇潛伏草叢，他們面帶笑容，卻暗藏惡意；表面親近，實則背後中傷，散播謠言，破壞你的聲譽，是朋友圈中最危險的人。

人生短暫，切莫虛耗光陰於無益之人，明智者當審時度勢，果斷割捨有害關係，唯有遠離這三種人，方能淨化你的友圈，締造一個積極、真誠、互助的人際網絡。

珍惜那些真心實意的朋友，與志同道合者同行，共同成長，互相扶持，如此，方能在人生路上走得更遠。

你的心情 DIARY

12 月 29 日

適時放手的智慧

你知道為什麼在你實現夢想之後，為何還是如此痛苦糾結嗎？

一連串的人生歷練，都是因為你的需要而展開，這些經歷幫助你找到真正的快樂，以及最適合自己的軌道。

但你所渴望的夢想往往不會長久，因為它會隨著你的成長而實現，在你達成目的後就會逐漸淡出，失去原本的重要性。

如果，你堅持不放手那些早已失去價值的成就，可能會對自己造成巨大的傷害。

我喜歡這段楔子：「夢想有如蠟燭，引領你走過黑暗，一旦點燃了，它就會逐漸融化！」

我們總忙於追趕目標與夢想，忘記了生活的美好與簡單；遺忘了生命不僅僅只有目的地，更重要的是沿途的風景和經歷。

夢想的真正魔力，不在於它是否實現，而在於它如何塑造更好的你，踏上追夢之路，讓自己在這個過程中成長蛻變，遠比單純達成目標更為珍貴。

《療癒心靈的秘密能量 II：第 364 天》

12 月 30 日

當你心情低落，謹記兩個智慧

人生起起落落，難免遇到令人沮喪的時刻，但請別輕易被負面情緒吞噬，因為每個經歷都蘊含著寶貴的智慧。

以下兩個觀點，或許能助你迅速釋懷，重拾信心：

一、凡事皆有得有失

世間萬物皆有兩面性，任何發生的事都有其存在的意義，細細思量，你會發現：

- 感情受挫，是上天助你遠離不適合的人，為遇見真愛鋪路。
- 生病時，正提醒你珍惜健康，關愛自己。
- 被欺騙或利用，是人生給予的寶貴課程，教會你如何慧眼識人。

二、一切終將有利於我

面對困境時，不妨這樣想：

- 遇到挑戰，正是你即將成長的信號。
- 暫時的挫折，是你未來更大成就的鋪墊。

事情的好壞往往難以即時判斷，保持開放和樂觀的心態，時間會給予你答案。最重要的是，你如何看待一件事，往往決定你未來的發展方向。

任何事你把它當成好事，它就會向好的方面發展；若你把它想壞了，它就會走向衰敗。

生命中每一刻都是珍貴的，無論遇到什麼狀況，請相信一切都有其意義，保持樂觀、學習成長，你會發現生活處處皆是美好。

你的心情 DIARY

《療癒心靈的秘密能量 II：第 365 天》

12 月 31 日

2026 打造精彩人生

你相信嗎？你立馬就會擁有財富！這不是虛言，也毫不誇張，因為從現在開始，你的財富將逐漸增長，生活將變得更加美好。

最後這篇文章，不是每個人都有緣看到，你必須有上進心才能悟到，請相信大數據的精準推送。

2026 年，我將送給你以下九句話，相信對你會非常有幫助。

1. **我寧願跌跌撞撞一輩子，也不願平平庸庸一輩子；人生可能會苦一陣子，但絕對不會苦一輩子，跌倒了也要繼續前行，熬過無人問津的日子，才能擁抱詩和遠方。**

2. **沒有山窮水盡，哪來的柳暗花明；不經歷萬念俱灰，何來絕處逢生，只有經歷起起落落，才能站在更高的峰頂上。**

3. **2026 年，不要再走錯路，擦亮你的眼睛，努力賺錢，接受孤獨，保持清醒。不要讓沒用的事佔據你的心思和時間，專注於賺錢和提升自己。**

4. **如果改變不了別人，就改變自己，成年人的世界，需要篩選，需要接受、改變和放下，生活即是成長，成長即**

是人生。

5. **人生是一個過程，沒有永遠盛開的花，也沒有永恆的青春，時間一到，該老的就老，該走的就走，珍惜所有的不期而遇，看淡所有的不辭而別。**
6. **2026 年是新的起點，新的啟程，願所有的願望成真，所有的路順坦途，年年有生意，歲歲平安。**
7. **人拼命地賺錢，是為了在困難時不需低三下四，在孩子需要時不需羞澀，在父母年邁時能夠照顧好他們的生活。**
8. **沒有人能讓你變得越來越好，除了你自己的堅強意志、修養品行以及不斷的反思和改正。**
9. **引路者有，但走路的是你自己，人生的精彩需要自己努力奮鬥，只有逼自己一把，才能成就精彩人生。**

2026 年，讓我們一起迎接更美好的未來！

你的心情 DIARY

跋：解鎖你的無限潛能

恭喜你！讀完了 365 天的心靈饗宴！

我懷著滿腔熱忱和深深的感激之情，將這本 2025《療癒心靈的秘密能量》續作奉獻給你，這不僅是一本書，更是長期支持與鼓勵的一份真摯回報。

在這本心靈寶典中，我傾注了全部心血，努力將心靈成長的精華融入日常生活的點滴，我的願望很簡單：希望每一位翻開這本書的你，都能在字裡行間找到內心的寧靜綠洲，發掘蘊藏已久的內在力量。

沒錯！這本書確實有些「分量」──不僅在實體重量上，更在內容的深度與廣度上，但請別被它的厚重嚇到！**我想告訴你一個小秘密：只要書中的一篇文章，甚至是一句話，能夠觸動你的心靈，為你的生活帶來積極的改變，那麼這本書就已實現了它的使命，它的價值將變得無可限量。**

試想一下，如果你能從中汲取兩句金玉良言，那會是多麼美妙的收穫啊！這些智慧的結晶，也許會在你人生的關鍵時刻，為你指引方向，給予你力量。

在未來的日子，我會繼續與你攜手同行，分享更多心靈成長的點滴體悟，我衷心希望，這些文字能夠成為你生命中的一盞明燈，為你帶來更多的啟發與感動。

讓我們一同踏上這段奇妙的心靈之旅吧！在這個旅程中，

一起共同成長，一起感受生命的瑰麗與神奇，每一步，都是向著更好的自己邁進；每一天，都是探索心靈深處的機會。

最後，我要送給你一份真摯的祝福：「願你在新的一年裡，人生旅途永遠充滿陽光與歡笑！願你的心靈如晨曦般明亮，如春花般燦爛，無論遇到什麼挑戰，都能以堅強和智慧從容應對。」

記住！你的內心深處蘊藏著無窮的力量，而這本書，就是為了幫助你開啟那扇通往內在寶藏的大門，在這個充滿無限的人生舞台上，譜寫屬於自己的精彩樂章！

祝福你！親愛的讀者，願你的人生旅程越來越精彩、生命更加美好！

期待下一本書與你相見！

國家圖書館出版品預行編目（CIP）資料

療癒心靈的秘密能量.II,討好世界，不如活成自己喜歡的樣子/鄭文堡著. -- 第一版. -- 臺北市：樂果文化事業有限公司出版：紅螞蟻圖書有限公司發行, 2025.05
面； 公分. -- (樂分享 ; 9)
ISBN 978-957-9036-62-7(平裝)

1. CST:自我實現 2.CST:生活指導

177.2 114004059

樂分享 9

療癒心靈的秘密能量II

討好世界，不如活成自己喜歡的樣子

作　　者／鄭文堡
總 編 輯／何南輝
行銷企劃／黃文秀
封面設計／引子設計
內頁設計／沙海潛行

出　　版／樂果文化事業有限公司
讀者服務專線／（02）2795-3656
劃撥帳號／50118837 號　樂果文化事業有限公司
印 刷 廠／卡樂彩色製版印刷有限公司
總 經 銷／紅螞蟻圖書有限公司
地　　址／台北市內湖區舊宗路二段 121 巷 19 號（紅螞蟻資訊大樓）
電話：（02）2795-3656
傳真：（02）2795-4100

2025 年 5 月第一版　定價／ 420 元　ISBN 978-957-9036-62-7